de que cor
SERÁ SENTIR?

MARINA DE OLIVEIRA COSTA

de que cor
SERÁ SENTIR?

método psicanalítico na psicose

Manole

COPYRIGHT ©2016 EDITORA MANOLE LTDA.,
por meio de contrato de coedição com a autora.
MINHA EDITORA é um selo editorial Manole
EDITOR GESTOR: Walter Luiz Coutinho
EDITORA: Karin Gutz Inglez
PRODUÇÃO EDITORIAL: Janicéia Pereira, Cristiana Gonzaga S. Corrêa e Juliana Morais
CAPA E PROJETO GRÁFICO: Daniel Justi
IMAGEM DA CAPA: Study for three heads, 1962 (tela de Bacon)
IMAGEM DA GUARDA: Tela de Marina de Oliveira Costa (foto: Sérgio Guerini)

DADOS INTERNACIONAIS DE CATALOGAÇÃO NA PUBLICAÇÃO (CIP)
(CÂMARA BRASILEIRA DO LIVRO, SP, BRASIL)

Costa, Marina de Oliveira
De que cor será sentir?: método psicanalítico na psicose/
Marina de Oliveira Costa. – Barueri, SP: Manole, 2016.
Bibliografia
ISBN 978-85-7868-095-4

1. Artigos psicanalíticos - Coletâneas
2. Psicanalise 3. Psicanálise - Aspectos psicológicos
4. Psicoses 5. Psicoses - Tratamento - Estudo de I. Título.

16-01290   CDD-150.195

ÍNDICES PARA CATÁLOGO SISTEMÁTICO:
1. Psicose: Método psicanalítico: Psicologia   150.195

Todos os direitos reservados.
Nenhuma parte deste livro poderá ser reproduzida, por
qualquer processo, sem a permissão expressa dos editores.
É proibida a reprodução por xerox.

A Editora Manole é filiada à ABDR – Associação Brasileira de Direitos Reprográficos.

1ª edição – 2016

EDITORA MANOLE LTDA.
Avenida Ceci, 672 – Tamboré
06460-120 – Barueri – SP – Brasil
Tel.: (11) 4196-6000 – Fax: (11) 4196-6021
www.manole.com.br | info@manole.com.br

Impresso no Brasil | *Printed in Brazil*

Este livro contempla as regras do Acordo Ortográfico da Língua
Portuguesa de 1990, que entrou em vigor no Brasil em 2009.

São de responsabilidade da autora as informações contidas nesta obra.

Picasso. Os desamparados, 1903.

*A todos aqueles cujo
abandono induziu à clivagem.*

Prefácio   XIII

Apresentação   XVII

Introdução   XXI

CAPÍTULO I

História da oficina: o método como caminho de resgate da subjetividade   37

Metodologia   37

Oficina de pintura   42

Descrição da oficina   43

Da imagem à palavra: a entrada na Psicanálise   44

CAPÍTULO II

Tinta fresca: CUIDADO!   55

Arte e figurabilidade   55

Zona de ilusão   57

Os espelhos   72

CAPÍTULO III

Cem personagens em busca de autor: o caso Taylor   89

Primeiro momento   89

The wall (O muro)   91

Segundo momento   157

Platoon (um filme de guerra)   157

O primeiro dia de consultório 163

Análise do caso 179

CAPÍTULO IV

Reflexões sobre a técnica modificada em instituição 209

sobre a transferência e a experiência 231

sobre a possibilidade de sonho e delírio 237

sobre o sujeito transicional 240

sobre a figurabilidade e o trabalho em duplo 247

sobre a imagem 252

hoje tive um sonho que... 255

sobre a interpretação 256

podemos falar de simetria? 263

ainda sobre a interpretação 271

um pouco sobre o setting e a instituição 274

e o corpo do analista, onde fica? 279

Pourquoi docteur, pourquoi docteur, n'écoutes-tu pas mes hallucinations, pourquoi docteur, écoutes-tu mes rêves et pas mes hallucinations? 284

conversando com as referências de Antonino Ferro 291

Considerações finais 319

Referências bibliográficas 327

Agradecimentos

Agradeço, de modo particular, ao professor Alfredo Naffah Neto, que se dispôs, com fôlego, a iluminar as sombras do texto, e a Luis Cláudio M. Figueiredo, cujos seminários ampliaram, de maneira significativa, a apuração de minha escuta nesse campo de pesquisa.

À sensibilidade crítica de Daniel Kupermann, que me foi de grande valia.

A Sergio Fingermann debito a constante interlocução do olhar, o que me tornou cada vez mais implicada na sensibilidade do ver.

A meu pai, *in memoriam*, que plantou em mim essa fascinação pela imagem.

A meu marido José e a meus filhos Luis Felipe, Cristiana e Ana Carolina, as imagens felizes que me acompanham nessa travessia, em que, como diz Fernando Pessoa, "Há barcos para muitos portos, mas nenhum para a vida não doer...".

De modo especial, agradeço a André Marcelo Dedomenico, na época diretor do hospital-dia (Caps) e meu colega de formação em Psicodrama. E, em especial, a todos os pacientes do Caps de São Mateus, coautores deste livro, com quem aprendi todos os dias a percorrer as fronteiras da sensibilidade humana.

> *[...] Valeu a pena?*
> *Tudo vale a pena, se a alma não é pequena/*
> *quem quer passar além do Bojador/*
> *tem que passar além da dor. Deus, ao*
> *mar, o perigo e o abismo deu,*
> *mas nele é que espelhou o céu.*

> *Fernando Pessoa*

Prefácio

> Contam que, num manicômio, um dos loucos estava com o ouvido colado à parede, já há bastante tempo e que o psiquiatra, curioso, foi tentar saber o que ele escutava. Então, encostou o seu ouvido à parede, durante algum tempo, e disse consternado "Mas..., não estou escutando nada!". "Pois é, doutor", replicou o louco, "desde ontem que isso está assim..." (piada popular)

Escutar o silêncio e perscrutar o vazio, em busca de rastros de acontecimentos que não chegaram a se tornar experiência humana, que devido ao nível de traumatismo gerado, tiveram que ser postos à margem da vida; ou, numa descrição ainda mais precisa: tentar resgatar, desse limbo marginal, vidas que não chegaram a vingar, que permanecem como espectros vagando a esmo: esta, talvez, seja a tarefa – grande parte das vezes malograda ou mesmo impossível –, da análise de psicóticos. E é disso, precisamente, que trata esse livro.

Fruto da dissertação de mestrado produzida e defendida por Marina de Oliveira Costa na PUC-SP, em 2010, e que tive o prazer de orientar, o livro consiste numa pesquisa, lindamente conduzida, sobre a metodologia psicanalítica no tratamento de psicóticos. Centrada num estudo de caso interessantíssimo – de um psicótico tratado num dos Caps da cidade de São Paulo numa análise de 8 anos, posteriormente continuada no consultório de Marina por mais algum tempo (até que o paciente teve de mudar de cidade e, consequentemente, de analista) –, mas analisando, também, fragmentos de vários outros casos clínicos por ela tratados, a sua pesquisa nos conta as dificuldades, entraves, por vezes, barreiras intransponíveis, que se tem de enfrentar nesse tipo de processo psicanalítico. Mas também das satisfações das conquistas efetuadas; da paciência necessária para que alguma mudança significativa surja; dos caminhos sinuosos e dos desvios necessários ao acompanhamento de cada paciente.

Mas não é do livro que pretendo falar aqui, pois penso que ele é suficientemente eloquente para falar por si mesmo e não quero privar o leitor de acompanhar, passo a passo, o seu desenrolar. Quero falar um pouco do que foi a minha experiência de orientação do mestrado de Marina, da riqueza enorme que foi a nossa relação, da pesquisadora incansável que encontrei pela frente e de sua independência como psicanalista e como pesquisadora.

Marina procurou-me, primeiramente, vindo assistir aos meus seminários sobre Winnicott na PUC-SP (no Programa de Estudos Pós-graduados em Psicologia Clínica), como aluna ouvinte, e foi adentrando o mestrado lentamente, pelas bordas. Tendo nós dois uma trajetória similar (ambos tendo sido psicodramatistas antes de nos tornarmos psicanalistas), havia uma identificação inicial que facilitava as coisas. E, muito depressa, Marina começou a se encantar com as propostas winnicottianas.

Mas, além de psicanalista, Marina é artista plástica e o seu trabalho com os psicóticos no Caps processava-se todo a partir de oficinas de pinturas, nas quais a imagem era usada para dar forma ao indizível/invisível da personalidade psicótica. Ora, para mim, tudo interessava muitíssimo:

XIV

a análise de psicóticos, o trabalho psicanalítico em instituição, o uso das artes plásticas como instrumental clínico, a escolha das ferramentas conceituais e clínicas winnicottianas. Todas essas características já bastariam para tornar a nossa relação institucional bastante rica.

Entretanto, eu jamais imaginaria que, para além desses interesses comuns, nossas diferenças constituiriam a parte mais rica da experiência, pois me ensinariam – um pouco mais, pelo menos – a aprender a respeitar a alteridade.

Explico-me melhor: sou um psicanalista lentamente cultivado dentro de uma tradição singular – a winnicottiana –, que procura desenvolver de fora para dentro e a partir das relações internas entre os conceitos, pensando o corpo teórico como um todo articulado. Assim, quando trabalho com outros autores, como Freud, Ferenczi, Klein, Bion, Green, Roussillon etc., é sempre na busca pelas singularidades conceituais dos mesmos e sua repercussão na clínica desses autores, que me servem para problematizar a clínica winnicottiana e diferenciá-la das outras. Ou seja, quando penso numa psicanálise trans-escolas, é sempre pela problematização das diferenças conceituais, sua repercussão nas técnicas clínicas e nos resultados obtidos com os pacientes.

Marina, como psicanalista e pesquisadora, caminha na contramão de tudo isso: vocês verão como ela faz o seu tema de pesquisa espelhar-se em múltiplos autores, simplesmente passando de um a outro: procura juntar Winnicott e Bion pela intermediação de Antonino Ferro e, não contente com isso, busca a mediação de Ferenczi, do casal Botella, de Gaetano Benedetti, de Roussillon, de Bleger, de Fédida, de Figueiredo, dos meus próprios textos – isso somente para citar alguns dos autores –, como se nenhuma vertente teórica, sozinha, lhe bastasse, como se quisesse esgotar todas as possibilidades de compreensão do seu tema de pesquisa. Perceberão também como, por meio dessa junção de incompossíveis, ela

XV

consegue teoricamente construir algo como uma pintura cubista, na qual diferentes perspectivas concorrem, em um mesmo quadro, para compor uma única fisionomia. Ao reler o seu trabalho, perguntei-me o quanto esse espelhamento incessante e incansável em diferentes teorias psicanalíticas não acaba por expressar a própria busca alucinada do psicótico por uma fisionomia própria, ou seja, o quanto a sua metodologia não é decorrente do seu próprio tema de pesquisa. Entretanto, a que pesem todos os méritos desse procedimento, nada é mais distante do meu modo de praticar psicanálise.

Mas não é justamente essa busca incansável e independente que torna a pesquisa de Marina rica e polivalente, abrindo a sua temática para diferentes possibilidades de compreensão? Não é disso justamente que advém a sua riqueza? Penso que sim, e foi isso que aprendi a admirar, após os inevitáveis choques iniciais, no processo de orientação da dissertação de mestrado.

Reunindo todos esses ingredientes, este livro interessa a todos aqueles que, de uma forma ou de outra, praticam ou querem praticar a psicanálise de psicóticos, mas também àqueles que se interessam pelos usos da psicanálise em instituições públicas. Além disso, seu interesse ultrapassa o âmbito profissional, pois nos revela os interstícios e as dobras mais invisíveis da alma humana, quando mergulhada na mais profunda dor de existir.

Que mais se pode esperar de um livro?

Alfredo Naffah Neto

Apresentação

Viajar? Para viajar basta existir. (...)
Fernando Pessoa

Este livro procura inserir o leitor nessa viagem, a da existência, em que diversos podem ser os caminhos do método psicanalítico ao tratarmos pacientes psicóticos em instituição (ou não). Foi escrito em razão da minha dissertação de mestrado, apresentada à Pontifícia Universidade Católica de São Paulo, em 2010.

Vamos partir de articulações com a literatura, com a poesia e com a pintura, tal como fazia com os pacientes, e nos emaranhar nas dificuldades de se estabelecer um processo regressivo, empenhado no trabalho de resgate de partes cindidas do sujeito, após uma explosão psicótica.

Penso que a importância desse trabalho com pacientes difíceis foi poder mostrar que, ao levarmos em conta a possibilidade que nos é oferecida por mediações terapêuticas, como, no caso, a leitura e a pintura, ocorre uma modificação da técnica, que leva a um afrouxamento das resistências, capaz de induzir outras possibilidades de sonho, onde a palavra vem a faltar. Experiências primitivas ainda não simbolizadas podem emergir com seus contornos, tornando-se figuráveis. A expressão artística, ao gerar uma imagem, condensa fragmentos de uma história que pode enfim ser contada ao se tornar capaz de ser vista e escutada através da associação de palavras e novas imagens, e compreendida além do verbal, incluindo-se, também aí, o que acontece na dinâmica transferencial.

Ao criarmos um novo lugar para a expressão do que não era representado e, portanto, incapaz de vir à tona, podemos vivenciar e reconhecer o papel fundante da imagem na experiência, como linguagem arcaica na problemática precoce, como possibilidade de comunicação e transformação na psicose.

Para isso, fiz questão de transcrever muitos diálogos sem apelar apenas para minha narrativa, mas trazendo as falas pueris dos pacientes assim como se apresentaram nas sessões: elas se fixaram de tal maneira em minha mente que achei relevante transcrevê-las em toda sua pureza, para dar ao leitor, profissional da área ou não, uma ideia sobre a importância da maneira quase infantil necessária ao trabalharmos, no início: tratar e ouvir a criança que se apresenta, até que ela possa se mostrar de outra maneira.

Isso inclui a possibilidade de explorarmos esse tempo de *holding*, sem tornar-se puro manejo e, na verdade, sem perder o nome de psicanálise, como nos disse Winnicott[1] em relação ao que, quando e como fazer, a partir da experiência clínica. Por meio de fragmentos de um caso clínico acompanhado por quase oito anos em instituição psiquiátrica, procurei compreender a escuta das imagens reveladas pela escrita e pela pintura como um modo de pensar diretamente conectado, não só com os mecanismos e fantasmas inconscientes do analisando, mas com os pontos de fratura em seu funcionamento.

---

1 WINNICOTT, D.W. "Classificação: existe uma contribuição psicanalítica à classificação psiquiátrica?"(1959-1964). In: *O ambiente e os processos de maturação.* Porto Alegre: Artmed, 1983.

Durante o percurso, as associações de imagens emergentes, tais como as que serão experimentadas por nós, por meio das imagens da escrita, da poesia e das tintas, calam fundo e, se sustentadas pelo analista, aos poucos são capazes de promover a aproximação de alguns conteúdos profundamente clivados pelo paciente e torna-os capazes de preencher a ausência do que não pôde se tornar psíquico.

Daí a escolha do título: à medida que as defesas amortecem e se tornam porosas, vão permitindo a aproximação do novo, dos nomes verdadeiros das emoções (por exemplo, *não estou doente, mas com raiva*), que passam a ser sentidas.

"De que cor será sentir?" é uma frase de Fernando Pessoa, referente à anestesia psíquica em que se encontrava, escrita em uma carta dirigida a Sá-Carneiro, cujo último trecho transcrevo a seguir:

> *Meu querido Sá-Carneiro:*
>
> *(...) Se eu não estivesse escrevendo a você, teria que lhe jurar que esta carta é sincera, e que as cousas de nexo histérico que aí vão saíram espontâneas do que sinto. Mas você sentirá bem que esta tragédia irrepresentável é de uma realidade de cabide ou de chávena – cheia de aqui e de agora, e passando-se na minha alma como o verde nas folhas. Foi por isto que o Príncipe não reinou. Esta frase é inteiramente absurda. Mas neste momento sinto que as frases absurdas dão uma grande vontade de chorar. Pode ser que se não deitar hoje esta carta no correio amanhã, relendo-a, me demore a copiá-la à máquina, para inserir frases e esgares dela no "Livro do Desassossego". Mas isso nada roubará à sinceridade com que a escrevo, nem à dolorosa inevitabilidade com que a sinto.*

As últimas notícias são estas. Há também o estado
de guerra com a Alemanha, mas já antes disso
a dor fazia sofrer. Do outro lado da Vida, isto
deve ser a legenda duma caricatura casual.
Isto não é bem a loucura, mas a loucura deve dar um
abandono ao com que se sofre, um gozo astucioso dos
solavancos da alma, não muito diferentes destes.
De que cor será sentir?
Milhares de abraços do seu, sempre muito seu
Fernando Pessoa (...)

Introdução

*Fui eu que transcrevi, em português visível, as falas que
daqui se seguem. Hoje são vozes que não escuto senão
no sangue, como se a sua lembrança me surgisse não da
memória, mas do fundo do corpo. É o preço de ter presenciado
tais sucedências. Na altura dos acontecimentos, eu era
tradutor ao serviço da administração de Tizangara. Assisti a
tudo o que aqui se divulga, ouvi confissões, li depoimentos.
Coloquei tudo no papel por mando de minha consciência.
Fui acusado de mentir, falsear provas de assassinato. Me
condenaram. Que eu tenha mentido, isso não aceito. Mas
o que se passou só pode ser contado por palavras que
ainda não nasceram. Agora, vos conto tudo por ordem
de minha única vontade. É que preciso livrar-me destas
lembranças como o assassino se livra do corpo da vítima.
Estávamos nos primeiros anos do pós-guerra e tudo
parecia correr bem, contrariando as gerais expectativas
de que as violências não iriam nunca parar. Já tinham*

chegado os soldados das Nações Unidas que vinham
vigiar o processo de paz. Chegaram com a insolência
de qualquer militar. Eles, coitados, acreditavam ser
donos de fronteiras, capazes de fabricar concórdias.
Tudo começou com eles, os capacetes azuis.
Explodiram. Sim, é o que aconteceu a esses soldados.
Hoje, um. Amanhã, mais outro. Até somarem, todos
descontados, a quantia de cinco falecidos.
Agora, pergunto: explodiram na inteira realidade? Diz-
-se, em falta de verbo. Porque de um explodido sempre
resta alguma sobra de substância. No caso, nem resto, nem
fatia. Em feito e desfeito, nunca restou nada de seu original
formato. Os soldados da paz morreram? Foram mortos?
Deixo-vos na procura da resposta, ao longo dessas páginas.

(Assinado: o tradutor de Tizangara).
Mia Couto, in: O último vôo do flamingo, p.9.

A transcrição das palavras que introduzem o livro *O último vôo do fla-mingo*, de Mia Couto, tem um duplo sentido. O objetivo do primeiro é mostrar a dificuldade do processo analítico nesse trabalho de resgate, des-sas *sobras de substância*, após uma explosão psicótica. Esses restos de-pendem, como nos diz o autor, de *palavras que ainda não nasceram*, e muitas vezes torna-se difícil encontrá-los, por estarem naquela zona *nem dentro nem fora*, em que os restos permanecem "invisíveis", embora pro-duzam "ruídos". Ao procurarmos alcançá-los de algum modo, embrenha-mo-nos em uma missão árdua de construção conjunta, do que teve seu desenvolvimento interrompido, em um tempo precoce.

A dificuldade de acessar essa zona *nem dentro nem fora*, de acordo com o casal Botella,[1] é decorrente da não representação, ou seja, de uma ausência atribuída à incapacidade de tornar psíquico o que advém de "*uma zona de sofrimento que ultrapassa as possibilidades de figuração*", tal a medida do desamparo do ego na ocasião. Daí dizer que esse material fica em um lugar que seria esse espaço *nem dentro nem fora*, significando que não pode voltar de fora por não ter sido abolido, nem vir de dentro porque não foi recalcado, pois não é marca mnêmica.

Retomando a minha intenção ao introduzir este livro com as palavras de Mia Couto, diria que também teve o sentido de, em uma pesquisa sobre o método psicanalítico e a possibilidade de experiência, fazer o leitor experimentar o método, que aqui é um modo de pensar diretamente conectado, não só com os mecanismos e fantasmas inconscientes do analisando, mas também com os pontos de fratura, que abrem fissuras, frestas em seu funcionamento. Isso ocorre porque, ao lermos o texto de Mia Couto, também experimentamos um pouco do processo delirante do caso clínico que corporifica este estudo.

O contato com essa dor prematura, que não pôde se fazer lembrança, mas que ainda se faz *escutar no sangue*, será feito por meio da escuta psicanalítica, cuja condição primordial é um deixar-se afetar pelo outro, da maneira que puder se fazer ouvido. Em um primeiro momento, a escuta de pacientes difíceis, que experimentaram um surto psicótico, em processos delirantes, pede outro tipo de escuta, *o das palavras que ainda não nasceram*, e outro tipo de atenção, que eu chamaria de atenção primária, com a escuta dos fragmentos que se apresentam em signos e/ou sinais em busca de reconhecimento. De acordo com Naffah Neto:

---

1   BOTELLA, C. & BOTELLA, S. *O irrepresentável*, p.94.

Há, sem dúvida, situações absolutamente singulares em que essa atenção é de outra índole: quando estamos tratando de *borderlines* ou psicóticos, em situações do tipo que Winnicott denominou regressão a um estado de dependência. Isso porque nessas situações de extrema fragilidade, o paciente necessita unicamente de *holding* para experienciar – via transferência – acontecimentos que ficaram dissociados do *self* verdadeiro, ao longo de sua história, por falta de condições ambientais adequadas. Nessas situações, a pesquisa cede lugar a uma sustentação e a um acolhimento silenciosos, já que – como salienta Winnicott – aí não se trata mais de desvendar ou interpretar nada. Nessas situações, em que a presença é o que mais importa, a atenção flutuante pode atrapalhar, na medida em que dela fazem parte momentos de recolhimento e até mesmo de alheamento do analista, em sua busca flutuante, ao sabor das múltiplas redes associativas que emergem.[2]

Este livro pretende ajudar o leitor a compreender o papel do método psicanalítico na instituição como propiciador da experiência, de uma perspectiva winnicotiana junto à psicose. Entendemos, por experiência, a capacidade de o sujeito vivenciar a situação falha original de maneira diversa da ocorrida no passado, como se lhe fosse dada uma segunda chance, e de poder transformá-la com a ajuda do entorno, criando novas possibilidades de vida.

Seus fundamentos decorrem da situação analítica, onde os processos inconscientes me conduzem, em um primeiro momento, por caminhos inusitados da análise modificada, em que escuto o *não dito* e procuro reconhecer o *ser*, pelo processo de sustentação, que permite a continuidade de existência.

2 NAFFAH NETO, "A pesquisa psicanalítica". In: *Jornal de Psicanálise*, v.39, pp.279-288.

Enfim, busquei compreender os meandros desse processo de sustentação, por intermédio da presença do analista, descrevendo e problematizando os caminhos tortuosos do método psicanalítico com pacientes psicóticos em instituição. Os mais variados recursos e técnicas artísticas me acompanharam como auxiliares na emergência da simbolização, até que, com o advento da confiabilidade e a formação do vínculo, o sujeito pudesse vir a se entregar, permitir-se regredir em conjunto com o analista e experienciar em companhia segura o que não pôde ser vivido em um tempo diverso. Todo o sentimento de real, e, portanto, o de existência, passa por essa zona de experiência.

Mas de que maneira o processo psicanalítico pode se apresentar como um elemento proporcionador dessa experiência? Qual é o real papel do psicanalista nesse processo e quais são os fatores responsáveis para que se estabeleça uma porosidade nas defesas, sem a qual não haverá outra possibilidade de uma experiência?

Nosek[3] chama nossa atenção para o quanto a função clínica do analista vem sofrendo modificações no sentido de não mais sermos convocados a interpretar os sonhos, mas a construí-los com o paciente, em virtude da patologia do vazio, caracterizada por subjetividades pobres em simbolizar e incapacitadas de fantasiar.

Essa posição muda substancialmente o fazer clínico, pois não nos vemos mais instados a estar, mas a ser, com o paciente. Então poderíamos nos questionar a respeito dessa nova função terapêutica emergente, que é a de preencher a falta e dar contornos de pele e formas a essa precariedade egoica. Em razão desse questionamento, tão afeito aos pacientes que ilustram esta pesquisa, escolhi para embasá-lo, uma fundamentação psicanalítica, a

---

3   NOSEK, L. O terror da vida quotidiana. In: *Leituras psicanalíticas da violência.* Sandler, Org. São Paulo: Casa do Psicólogo, 2004.

teoria winnicottiana, que será articulada com vários autores estudiosos do tema, como Ferenczi, além de outros estudiosos da imagem e da transferência na psicose, como Antonino Ferro, Roussillon e Benedetti.

A escolha da concepção de psicose, segundo Winnicott, permitiu-me trabalhar com esses pacientes por uma nova abertura, que foi a possibilidade de olhar para a psicose de maneira diversa, vendo ali algo além da doença, ao reconhecer a construção de um grande arsenal defensivo organizado pelo paciente como possibilidade de existência.

Essa construção defensiva foi a maneira encontrada para fazer frente à falha ambiental ocorrida, antes de ele se encontrar pronto para tal enfrentamento.

Mas fazer frente a essa organização defensiva supõe a existência de uma confiabilidade quase impossível de se criar no vínculo: do que se necessita para que se permita estar novamente seguro? Qual senha seria capaz de nos abrir passagem através desse sistema defensivo construído em meio a tanta precariedade?

Qual seria o fio condutor do acesso à experiência na psicose?

Para que possamos ter uma maior clareza e compreensão sobre o tema, considero importante pensar sobre quais seriam as qualidades da presença terapêutica capazes de provocar transformações junto aos pacientes difíceis e questionar como podemos transformar a imagem em ferramenta clínica, uma vez que, nesse período de *holding*, nesse tempo de manejo, trabalhamos "*no nível fantasmático próprio da primeira infância, onde o self se constitui através de imagens concretas e visuais do outro*".[4] Para poder refletir sobre esse tema, escolhi questioná-lo sempre a

---

4   BENEDETTI, G. *La mort dans l'âme. Psychothérapie de la schizofrenie: existence et transfert*, p.232.

partir da clínica, trazendo como base para novas investigações o relato de um caso clínico acompanhado por mim pelo período de quase oito anos na instituição.

Parece-me também necessário conhecer melhor quais os atalhos que nos conduzem às possibilidades de sobrevivência dessa quase aniquilação do sujeito: o que se pode inferir de sua vulnerabilidade, de sua capacidade de resposta ao sofrimento?

De que maneira estão organizadas suas defesas?

Meu interesse foi pesquisar em que condições o método psicanalítico e a arte, de um horizonte winnicottiano articulado com as ideias de Ferenczi, Ferro e Benedetti sobre análise modificada e técnica elástica, conseguem adentrar as defesas tão bem estruturadas da psicose e acessar a experiência dos processos traumatogênicos congelados para poder transformá-los em um contexto institucional.

Ao compreender o que permeia a possibilidade da experiência, pretendo, também, questionar o papel do método na importância da figurabilidade psíquica, trazida pelas imagens da pintura e de textos poéticos como pilares da (re)construção egoica, verdadeiros "andaimes do real", como os nomeou Herrmann.[5]

Penso que essa possibilidade de trabalhar com os "textos em imagens" – encontrados não só *na via progrediente figurativa dos sonhos, mas também na tela do delírio e da alucinação*,[6] com o *pensamento onírico de*

---

5   HERRMANN, F. "Conceito da teoria dos campos referente aos produtos intermediários perdidos". In: *Andaimes do real: Psicanálise do quotidiano*, p.289.

6   ANDREOLI, L. "Identité négative et positivation dans la théorie de la psychose de Benedetti". In: *Autour de Gaetano Benedetti. Une nouvelle approche des psyhcoses*, p.87.

vigília,[7] em uma zona de ilusão,[8] em que o que importa é o "faz de conta", por meio do reconhecimento de personagens que se mantêm dissociados do verdadeiro *self* – é que nos tem aberto as portas para a integração de conteúdos irrepresentáveis, em um *trabalho de duplo*.[9] Embasamo-nos na obra e nas técnicas de Antonino Ferro para trabalhar a zona de ilusão winnicottiana, esse campo *onírico de vigília* vivenciado pela imaginação, e, com isso, procuramos, os pacientes e eu, dar vida aos personagens e às áreas clivadas, ressuscitadas pelos delírios. Outra técnica que nós, como psicanalistas, usamos é o abandono momentâneo de nossas representações objetivas, para poder regredir com o paciente em um *trabalho* nomeado *de duplo*, pelo casal Botella, que também fundamenta esta obra, e com o qual muito me identifico.

Assim, pretendo unir a abordagem teórica e técnica da obra de Ferro, ao articular sua linguagem sonhante do *campo onírico de vigília* à *zona de ilusão winnicotiana*, e ao *espaço de jogo* de Ferenczi; somarei

7   Conceito de Antonino Ferro relativo à sequência de elementos α formados no analista, com o qual se entra em contato somente por meio das *rêveries*.

8   Conceito winnicottiano referente à existência de uma zona de encontro entre o "dentro e o fora", em que se dão as experiências transicionais, construídas a partir da capacidade de o bebê criar o objeto encontrado, o que lhe dá a ilusão de onipotência.

9   Conceito de Botella e Botella relativo ao trabalho de dois psiquismos, em que um momentaneamente reflete o que no outro ainda é só potencial (*Figurabilidad Psiquica*, p.120). É possível estabelecermos também uma articulação entre o potencial das imagens transformantes de Benedetti (psicoterapia configurante) originárias do encontro dual do inconsciente (entre analista e paciente) e o trabalho de duplo do casal Botella (ANDREOLI et al., "L'image du corps, le transfert". In: *Autour de Gaetano Benedetti. Une nouvelle approche des psyhcoses*, pp.177-178.)

também a abordagem de Benedetti sobre a clínica da psicose, baseada na imagem como resultado do *encontro dual do inconsciente* entre paciente e terapeuta e do casal Botella sobre a figurabilidade e a lógica do sonho, por intermédio do *trabalho de duplo*, à possibilidade de regressão terapêutica preconizada por Ferenczi e Winnicott. Importa-me compreender a relevância desse trabalho de figurabilidade psíquica trazido pelas imagens, das leituras e das pinturas, como mediações terapêuticas. Minha hipótese é que seja não só um importante aliado da regressão terapêutica, que é fator inequívoco da possibilidade de experiência, mas também de construção simbólica e constituição egoica. Essa emergência que se dá por meio do lúdico parece-me que tem o poder de relaxar as defesas e iluminar, *grosso modo*, partes clivadas, que vão nos servir à integração. Passa então a haver uma lenta autorização para o movimento do que foi recusado começar a ser sentido, "*ao tornar-se simbolizável e ouvido*", apropriando-me das palavras de Figueiredo.[10]

Gosto de pensar na união de minhas identificações teóricas assim como Figueiredo as compreende, em seu texto sobre o paradoxo em psicanálise,[11] como processos suplementares de uma *elaboração imaginativa da clínica* decorrente da união paradoxal de processos primários e secundários, entre inconsciente e razão. Assim, rendo-me ao *atravessamento de paradigmas*, porém capazes de se entrecruzarem por um laço comum, como o que de

10 FIGUEIREDO, L. C. "A questão das crenças e da fé no atendimento psicanalítico a pacientes neuróticos". In: *O desafio da Clínica na Contemporaneidade*, vol. XXII, nº 2.

11 *Idem*, "Três teses sobre o paradoxo em psicanálise". In: *As diversas faces do cuidar, passim.*

melhor posso oferecer em minha clínica para compreender e dar o sentido terapêutico para o caso clínico em questão, e poder refletir sobre a técnica modificada a partir dele. Figueiredo acrescenta que,

> Ao falarmos em atravessamento de paradigmas, estamos assinalando que algumas velhas separações e oposições, vigentes no plano das teorias são vigorosamente desfeitas e transpostas nas novas perspectivas [...] vale dizer dão atenção ao intrapsíquico e ao intersubjetivo.[12]

Isso significa dizer que a psicanálise, em vez de restringir, amplia, aceitando o caráter paradoxal dos objetos, que, segundo o autor, transfere para nossas teorias e nossas práticas.

Então, a hipótese que me orientou é que, ao trabalhar essa zona de ilusão com a possibilidade de fazermos ligações entre processos primários (relativos às protoemoções enraizadas no corpo) e secundários (que já conseguem se organizar e comunicar), unindo os conceitos de *rêverie* (Ferro/Bion) e de transicionalidade (Winnicott/Benedetti), oferecendo sustentação em ambiente confiável e seguro, com a emergência da possibilidade de inscrição na linguagem primitiva das imagens por meio da pintura, um lugar vivo, capaz de manter o paciente também vivo, em que pudesse se sentir especial e reconhecido, a ameaça ficasse reduzida e as defesas relaxassem.

Seria então esse lugar especial de sustentação, aliado à presença do analista atento ao manejo como forma de lidar e ao cuidado, responsável

---

12 FIGUEIREDO, L. C. "A Psicanálise e a clínica contemporânea. Uma introdução". In: *As diversas faces do cuidar*, p.18.

por propiciar a entrega e a regressão à dependência, a possibilidade de o paciente experienciar o que ficou dissociado em virtude de falhas ambientais? Também tenho interesse em questionar o quanto o contexto institucional é relevante, à medida que possa funcionar como um fator de cura[13] ou de resistência.

Penso, pois, ser necessária uma nova postura ante os processos traumáticos provocados pela psicose, ainda comumente reconhecida como uma simples falha orgânica, que trate, como salienta Figueiredo,[14] da *tessitura de um solo humano para a existência*. Talvez seja utópico, de minha parte, o desejo de propor uma nova postura do olhar institucional em direção à psicose, que passe pelo reconhecimento do rosto e da ressurreição da singularidade, pois, a meu ver, em um primeiro momento, o que o trabalho de sustentação implica é, justamente, a possibilidade de oferecer essa *continuidade simbólica do sujeito no mundo*, em detrimento da submissão do *ser-diagnóstico*,[15] vigente ainda na instituição.

Percebo também que há pacientes em diversos níveis de desenvolvimento e com potencialidades que continuam "congeladas", pela escassez de profissionais capacitados para oferecer uma análise individual compatível com suas necessidades. É necessário compreender como a resiliência, entendida como a capacidade singular de suportar e elaborar o sofrimento, pode também ser desenvolvida pelo amparo encontrado no processo analítico, capaz de ressignificar as experiências traumáticas com a ajuda do entorno e do verdadeiro vínculo afetivo.

13 Emprego a palavra *cura* no sentido de cuidado.

14 "A metapsicologia do cuidado". In: *As diversas faces do cuidar*, pp.13-30.

15 Refiro-me à identidade que os pacientes passam a adotar relativa à classificação nosológica que lhes é atribuída pela psiquiatria.

Então, penso que será da função dessa testemunha estrangeira, simbolizada pelo papel do analista interessado em olhar e escutar, não só o conteúdo manifesto, mas o *não dito*, que se poderá reconhecer, por meio da experiência, o que permaneceu como estranho à consciência, desde que se respeite, ao máximo, o processo de (re)construção e ressignificação do sujeito, o seu tempo e o seu ritmo.[16]

Entretanto, essa é uma missão quase impossível de se fazer somente com acompanhamento psiquiátrico, oficinas ocupacionais e trabalhos grupais frequentemente superlotados, em que se visa principalmente apenas a uma melhor organização do cotidiano, levando em conta a apatia provocada pela própria medicação, a companhia permanente de pessoas em estágios muito precoces e regredidos e que convivem lado a lado, sem nenhuma diferenciação entre eles.

Farei um recorte para melhor estudar os sistemas defensivos apresentados pelo relato de caso escolhido para ilustrar este trabalho: tratarei, neste livro, das depressões ditas "impuras", as chamadas depressões psicóticas, dando especial atenção ao falso *self* cindido, à personalidade "*como se*",[17] articulando a teoria com a dinâmica atual apresentada no caso clínico.

Gostaria de pensar a experiência de uma perspectiva winnicotiana como uma possibilidade de volta à vida, tão urgente na psicose, de

16 Nos casos de psicose, muitas vezes temos que nos haver com o *latente manifesto*, o que significa começarmos a nos identificar com os processos criativos representados pelo delírio e sintoma, como forma de comunicação possível.

17 Remeto o leitor ao texto de NAFFAH NETO, "A problemática do falso *self* em pacientes do tipo *borderline* – revisitando Winnicott". In: *Revista Brasileira de Psicanálise*, v.41, pp.77-88. O termo empregado pelo autor refere-se a uma personalidade *onde tudo parece ser*, sem sê-lo verdadeiramente.

reconstrução e resgate da potência humana, por meio da retomada de aspectos que ficaram congelados, como opção ao vazio e à ausência de sentido. Isso ocorre porque, quando há uma cisão, como nos quadros *borderlines*, instaura-se um escudo protetor, como esclarece Naffah Neto, que impede o *self* verdadeiro de experienciar, com o intuito de protegê-lo das *afetações do ambiente e dos impulsos vitais ameaçadores.*

Entretanto, ainda de acordo com o autor,

> A clínica de psicóticos e *borderlines*, vivendo fases de regressão a um estado de dependência, mostra-lhe (a Winnicott) que a insistência de compulsões repetitivas de experiências traumáticas possuem a função saudável de criar uma segunda, terceira, enésima chance de reviver o trauma em condições ambientais mais propícias, a fim de fazer passar pela área de experiência, acontecimentos que dela ficaram dissociados por falhas ambientais.[18]

Optei então pela possibilidade de esperança de retomada desse desenvolvimento, o que, na teoria winnicottiana, se torna possível desde que haja uma nova chance de criar uma experiência de continuidade de ser, o que muda completamente o investimento de todo o trabalho de sustentação, de contenção e de espera da reorganização do ego que, em um primeiro momento, foi a tônica do trabalho institucional.[19] Nesse primeiro momento, para que este trabalho pudesse acontecer, foi necessário todo um

---

18 NAFFAH NETO, "A noção de experiência no pensamento de Winnicott como conceito diferencial na história da psicanálise". In: *Natureza Humana*; v.9, nº 2, pp.221-242.

19 Refiro-me ao trabalho da dupla analítica.

tempo de costura de retalhos do *self*, de constituição do rosto e de apropriação de partes cindidas que tiveram de ser repudiadas pelo paciente. O analista ecoa então a função materna e promove a simbolização, que é o teor a ser desenvolvido no Capítulo 4 – Reflexões sobre a técnica modificada em instituição.

Como nesse processo é fundamental a presença da alteridade, consequentemente meu objeto de estudo inclui também o papel da intersubjetividade como constitutiva do psiquismo e da reconstrução egoica, que se dá pelas vias transferenciais. Aí, sim, em um segundo momento, compreendido entre o final do período institucional até os últimos dias antes de sua mudança da cidade,[20] com o paciente de nosso caso clínico já no consultório, o método psicanalítico acompanhará a análise padrão com enquadres mais precisos, por meio da escuta do não dito e da palavra falada, da associação de palavras, em que a atenção será flutuante e a transferência continuará a dar vida aos personagens que comparecerem nas sessões.

Sei que nem sempre isso é possível, pois muitas vezes nos deparamos com pacientes quase intratáveis,[21] como os relatados por Josefh, profundamente autodestrutivos, fundados na desesperança, apegados ao hábito que denomina *vício na quase-morte*: são pacientes profundamente refratários a mudanças, e nossa tarefa, muitas vezes, passa pela aceitação de nossos próprios limites. Mas desejo também, com este trabalho, apontar para outro lado, que é a nossa incapacidade de prever respostas, após anos de espera em sustentação: são as surpresas de caráter positivo com

---

20 A mudança ocorreu no início de 2010.

21 Remeto o leitor ao livro de Fátima Flórido CESAR, *"Asas presas no sótão"* (2009).

que nos defrontamos também atendendo pacientes muito difíceis, marcados pela desesperança, pela imobilidade e pelo horror à mudança.[22]

Pretendo, ainda, articular a clínica winnicottiana com algumas ideias predecessoras de Ferenczi, para quem, de acordo com Kupermann (2006), era necessária uma maior expressão dos afetos no *setting* para a emergência do sentido, em uma clínica que acabou denominada "clínica do sensível". Ambos eram adeptos da elasticidade da técnica e da análise modificada para tratar pacientes psicóticos como a melhor maneira de trabalhar em uníssono emocional com o paciente.

Tanto para Winnicott quanto para Ferenczi, era imprescindível que a análise se desse por intermédio do jogo, ou brincadeira, que houvesse a entrega do analista ao seu lado criança ao se permitir brincar junto com o analisando, com a implicação da participação do analista, instado a ser com o paciente criando.

Assim, parto da proposta que, sendo o desenvolvimento relacional afetivo o responsável pela estrutura egoica, a experiência também pode acontecer a partir das experiências intersubjetivas do processo analítico, via transferência, a partir do trabalho com imagens, capazes de conduzir a regressão à dependência, onde a cena traumática terá oportunidade de ser refeita, retomando a possibilidade de desenvolvimento.

A dissertação original compilada neste livro foi organizada a partir desta introdução, que traça as linhas gerais de minhas colocações e do tema em questão. Este estudo insere o leitor no caminho da história da oficina de pintura, que partiu do psicodrama e de minha história de

---

22 CESAR, F.F. "O vício na quase-morte". In: *Asas presas no sótão*, pp.52-53. (Referência ao artigo de JOSEPH, B. "Vício pela quase morte". In: *Equilíbrio psíquico e Mudança psíquica-artigos selecionados de Betty Joseph*.)

artista plástica, até minha inserção na psicanálise, via *teoria dos campos*. Considerei importante também elaborar um capítulo que contasse dos requisitos e das dificuldades do método, vivenciados nesse espaço de ilusão por meio da arte, como via de acesso ao trabalho de figurabilidade psíquica, desenvolvido a partir das contribuições de Ferro, Benedetti e do casal Botella. No quarto capítulo, trago algumas contribuições teóricas, articuladas com o eixo central deste livro, a *busca das sobras de substância*,[23] por meio da *regressão* e da *experiência*, traduzidas na luta entre a vida do *ator* e a possibilidade do *autor*, que é a construção e análise do caso clínico, "Cem personagens em busca de autor: o caso Taylor",[24] fundamentado na teoria de Winnicott e na obra de Ferenczi, e em outros estudiosos do assunto.

Por fim, acredito que *a análise*, como diz Bion, *sendo uma sonda que expande sempre o campo que investiga*, fez-me refletir mais profundamente sobre as qualidades desse *holding*, a partir de referenciais clínicos, como os de Ferro, Benedetti e Roussillon, que privilegiam a imagem como fator constitutivo da subjetividade por meio da presença maciça do analista. Faço então algumas reflexões sobre a minha prática de análise modificada em instituição, sobre o difícil lugar ocupado pelo analista, isto é, o de suporte da loucura, para, em seguida, apresentar minhas considerações finais.

---

23 Cf. Mia COUTO, na epígrafe introdutória.

24 Título que faz referência à obra de PIRANDELLO, *Sei personaggi in cerca d'autore* (1921).

CAPÍTULO I

História da oficina: o método como caminho de resgate da subjetividade

METODOLOGIA

A escolha do tema abordado neste livro deve-se à atividade realizada por mim, durante quase nove anos, em um Centro de Atenção Psicossocial (Caps), que, a princípio, uniu arte e psicodrama, via método existencial, até que pudéssemos chegar à palavra. Esse caminho foi sendo aberto com a ajuda da arte e da literatura, com o auxílio da pintura e de textos escolhidos para o aquecimento de nossas sessões grupais, que aconteciam em uma das salas da instituição, durante as tardes de segunda-feira.

Optei, como não poderia deixar de ser, por uma abordagem qualitativa, que foi realizada através da análise de conteúdo do material clínico trazido para as sessões, pois, em virtude da especificidade do caso, a palavra *não dita* foi escutada, em um primeiro momento, por meio do material simbólico representado pela imagem dos desenhos e dos textos espontâneos escritos de próprio punho durante as sessões, até que a linguagem pudesse por si mesma realizar associações.

O caminho escolhido para problematizar o método psicanalítico e pensar a técnica modificada foi o relato de um caso clínico. O protagonista dessa história é um paciente do Caps, acompanhado por mim durante quase nove anos em processo analítico, sendo oito deles na instituição. Em um primeiro momento, esse acompanhamento ocorreu em um contexto diverso da análise padrão, tendo sido seus trabalhos supervisionados por André Dedomenico, à época psiquiatra e diretor do Caps de São Mateus, São Paulo.

Manifestava o gosto pela escrita durante as sessões, que de algum modo antecedeu a palavra falada. Esse paciente seria diagnosticado,[25] de acordo com a teoria *winnicotiana*, como um falso *self* cindido, como defesa esquizofrênica, no início portador de uma personalidade *como se*, apresentando um fracasso de organização do ego. Com o decorrer do tempo e o desenvolvimento do processo analítico, a personalidade *como se* foi dando lugar à outra,[26] evoluindo para uma patologia de características *esquizóide-depressivas*; nela sobressaia sua dificuldade de se ligar aos impulsos agressivos e a presença de delírios persecutórios. Escolhi esse paciente em razão da profunda mudança ocorrida durante o processo analítico, que continuou em curso até meados do ano de 2010, com sua mudança de cidade.

Ao oferecermos um lugar no qual pôde ser escutado e redescoberto como sujeito, ele foi capaz de desenvolver certa estrutura interna e um maior fortalecimento do ego ante a possibilidade de reexperienciar inúmeras vezes conteúdos traumáticos em ambiente favorável, como se lhe fossem dadas novas chances. Como a experiência decorre da regressão à dependência, é um processo de retorno à vida que pressupõe um tempo de espera, até que lhe sejam dados novos significados, conforme as possibilidades de cada um.

---

25   O conceito winnicottiano de falso *self* será explorado no capítulo que trata dos requisitos e das dificuldades encontradas para a possibilidade de experiência.

26   Remeto o leitor ao texto de NAFFAH NETO, "A problemática do falso *self* em pacientes do tipo *borderline* – revisitando Winnicott".

Esse caso clínico, denominado *Cem número de personagens em busca de autor: o caso Taylor,* conforme sugerido por ele, será desenvolvido em dois subcapítulos, simbolizando dois grandes momentos:

- O primeiro, chamado *The wall*[27] (O muro), conta desde o início de seu acompanhamento, quando passou a ser atendido por mim durante um período de quase oito anos em processo grupal, na oficina de pintura de uma instituição (Caps), por meio da análise modificada.

- O segundo, chamado *Platoon* (filme sobre a guerra do Vietnam,[28] que o acompanhou durante um bom tempo), abrange o período de passagem para a palavra, quando inicia o processo de perlaboração, realizando associações, em princípio, por meio da análise modificada e depois, recentemente, já em consultório, por meio da análise *padrão.*

O nome *The wall* (O muro) foi dado em virtude de o paciente, em uma das primeiras sessões, querer que o conhecesse através do vídeo da banda Pink Floyd, que tem esse nome. O próprio título escancara a barreira, o sistema de defesas organizado para poder sobreviver. Para uma maior compreensão de como se dá a construção dos dados de um caso clínico em um processo grupal, dentro de uma oficina de pintura em instituição, procuro esclarecer como fui analista *em busca das palavras que não nasceram*[29]

27   Os nomes dos capítulos do relato de caso são nomes de sua autoria, referentes a personagens do paciente.

28   *Um sonho de vigília,* como ele o chama, um sonhar acordado, que o acompanhou durante quase todo o processo, como uma forma de alucinação.

29   Cf. Mia COUTO, também na epígrafe introdutória.

e/ou *fazendo outras coisas*[30], por meio de análise *modificada*[31], tentando o possível, como apregoava Winnicott, para manter o paciente *bem, vivo e acordado.*[32]

A análise da história e desenvolvimento do processo terapêutico do paciente foi feita, a princípio, por intermédio de fragmentos de sessão, de falas representadas por vinhetas e interações simbólicas com os desenhos, além de textos escritos durante as sessões. O registro das falas e dos significados, atribuídos pelo paciente às pinturas, foi feito por escrito durante[33] e logo após as sessões, com inteira anuência e colaboração dele. Essa foi a possibilidade inicial encontrada de se fazer contato com o paciente, onde a aceitação e o reconhecimento de sua história foram feitos literalmente por meio da imagem, durante um período de mais de 2 anos.

Muitos foram os vieses destinados à comunicação desse paciente, cujo universo simbólico era constituído pelo *não dito* e pela imagem, até ela poder se fazer palavra.

A música foi um instrumento de grande valia, capaz de evocar lembranças decisivas, como se verá no decorrer do caso clínico. Assistimos

---

30 WINNICOTT, D.W. "Os objetivos do tratamento psicanalítico". In: *O ambiente e os processos de maturação: estudos sobre a teoria do desenvolvimento emocional*, p.155.

31 Op.Cit., p.155. A análise modificada em instituição será explorada em capítulo à parte.

32 Op.Cit., p.155.

33 O registro feito durante algumas sessões pode causar estranheza, mas aqui, assim como as fotos das pinturas, foi feito em um contexto lúdico, como um registro de histórias que tinha a função de reconhecimento do próprio, o que para ele era motivo de orgulho.

também a diversos filmes escolhidos por mim, em razão de algum ponto de interesse dos pacientes, ou ainda, filmes sobre biografias de pintores, sobre registros de casos do *Museu do Inconsciente*, de Nise da Silveira,[34] que sempre provocavam muita polêmica e depois eram discutidos em grupo. Sobre os filmes, não posso deixar de dizer que exigiam do analista uma irrestrita dose de paciência, pois, para serem vistos pela quase totalidade de membros do grupo, tinham que sofrer interrupções a cada cinco ou dez minutos, para que a atenção fosse recuperada e as cenas entendidas, do mesmo modo que fazemos com crianças pequenas.

Além disso, a cada interrupção era necessário um tempo continente para que pudessem se refazer de seus sentimentos e da emoção despertada.

O início das sessões também era preenchido por muita leitura de livros de poesia ou de livros de textos simbólicos, como os de Guimarães Rosa e os de Mia Couto, que são escritores que falam por imagens. A partir daí, conversávamos sobre o que o texto resgatava em cada um. Muitos só pintavam, outros mais regredidos participavam como podiam, às vezes só sorrindo, ou chegando mais perto de mim.

Voltando ao nosso caso, o reconhecimento das imagens pintadas propiciou, juntamente com a escuta terapêutica, a emergência do não dito em um lento fenômeno de subjetivação, a entrada e a recuperação do mundo simbólico por meio da experiência, até poder ser representado pela palavra. Vários textos apresentados foram escritos de próprio punho durante as sessões, por livre iniciativa dele.

---

34 Inserido no Hospital Pedro II, Rio de Janeiro.

Nos últimos oito meses antes de sua mudança de cidade, o paciente esteve em processo analítico já em consultório, de acordo com a análise padrão.[35]

OFICINA DE PINTURA
Caracterização e história do Caps

O Caps[36], em sua estrutura atual, foi criado, em São Paulo, na gestão da prefeita Marta Suplicy, sucedendo ao modelo do hospital-dia psiquiátrico vigente na administração de Luiza Erundina. Foi concebido com base nos princípios da luta antimanicomial, insuflados pelas ideias da antipsiquiatria defendidas por Franco Basaglia, Ronald David Laing, entre outros, na década de 1970, que lutavam pelo reconhecimento existencial do sujeito, em detrimento do olhar exclusivo da falha orgânica.

A população do Caps é constituída de pacientes adultos, em sua maioria com transtornos graves, principalmente afetivos, depressivos e esquizofrênicos. Existe um serviço regular de triagem feito por médicos psiquiatras e psicólogos, além de um serviço médico destinado não só às consultas regulares de ambulatório, mas também aos pacientes em crise. No início do tratamento, podem passar ali até a semana toda, sempre chegando pela manhã, por volta de oito horas e saindo às cinco da tarde. Esse tempo é preenchido por atividades culturais e oficinas, que são indicadas pelo

35 Sua mudança de cidade interrompeu o processo comigo, mas tenho conhecimento que lá continua fazendo análise em consultório.

36 Refiro-me ao Caps onde foi realizado o trabalho. Existem ainda dois CAPS: para atendimento de crianças e adolescentes com transtornos mentais e para atendimento de pacientes com transtornos decorrentes do uso e da dependência de álcool e outras drogas.

médico psiquiatra. Havendo melhora, os dias em que devem comparecer vão se espaçando, mas sempre mantendo algum ponto de apoio, alguma atividade semanal, dentro ou fora do Caps, por exemplo, os jogos de futebol.

Descrição da oficina

Esta oficina de pintura foi implantada por mim e desenvolvida no Caps de São Mateus, no ano de 2000, a partir de um convite de André Dedomeni-co, diretor do Hospital na época e meu colega de formação em psicodra-ma. Desenvolvi este trabalho no *atelier*, no início, na qualidade de artista plástica e psicodramatista.

A implantação e a coordenação desse espaço de pintura aconteceram após uma visita ao Hospital Pedro II, em Engenho de Dentro, no Rio de Ja-neiro, em que tive a oportunidade de conhecer mais de perto a história do trabalho de Nise da Silveira, por meio de um curso no Museu de Imagens do Inconsciente.

A oficina acontecia semanalmente, sua participação era livre, constituin-do-se de um grupo aberto, que variava a cada semana quanto ao grupo de participantes. Em princípio, iniciava-se às 14 horas e normalmente termi-nava-se quando o horário do CAPS nos obrigava. Isso porque várias pessoas se revezavam, em razão de o espaço na tela ter-se tornado pequeno, para o grupo que era variável, de doze até dezoito pessoas. Alguns ficavam até bem tarde, porque precisavam de uma intimidade maior para falar, e per-cebia-se nitidamente este movimento de espera, até o grupo ficar reduzido.

No início, era uma sala, cuja janela emoldurava o jardim. Era montada e desmontada por nós a cada sessão de pintura. Todos ajudavam a trans-portar uma mesa, para onde se desenvolveria a atividade. Depois, com o tempo, o número de frequentadores foi aumentando, obrigando-nos a co-locar um compensado na parede, onde eram fixadas as telas individuais segundo os moldes que vi no Museu de Imagens do Inconsciente. Com o desenvolvimento das atividades, fui percebendo as vantagens de se trabalhar a relação grupal na tela, pois trabalharíamos também as defesas que mantêm no isolamento esse grupo de pacientes chamados difíceis.

Passou-se, então, a pintar em uma única tela de mais de 4 metros de comprimento, cujo sentido era também reproduzir uma dinâmica grupal, ao fazer interagir e se relacionar, possibilitando a ocupação do lugar, a luta pelo espaço, o limite e a interação simbólica, inclusive com os desenhos vizinhos, como a possibilidade de atuação em uma cena imaginária, em um ambiente protegido, antes de se passar para a cena da vida real.

Da imagem à palavra: a entrada na Psicanálise
O caminho para Winnicott: da aplicação de técnicas psicodramáticas à interpretação pela Teoria dos Campos

O início dos registros deste livro está em minha monografia de psicodrama, intitulada "Tintas e fragmentos", em um tempo (não muito remoto) em que nem sequer imaginava me tornar psicanalista. Desde o começo, não quis simplesmente implantar um lugar de pintura, ou uma oficina de terapia ocupacional, sem com isso desmerecer, de modo algum, a terapia ocupacional. Mas queria fazer daquele espaço algo diverso, onde pudesse trabalhar em um ritmo individual as ameaças, os delírios o que havia sido pintado por eles. Embora ainda tivesse medo de inserir algo diferente e de me relacionar com várias pessoas muito fragilizadas no mesmo contexto, com reações muito diversas e sintomas os mais variados, fui aos poucos criando um espaço diferenciado dentro da instituição. Como havia concluído minha formação em psicodrama, achei que poderia aplicá-lo na tela, à maneira de um psicodrama interno, que lembra o cinema, por associação das imagens internas que eram pintadas, em vez de serem faladas: o que eu não sabia era que o eixo de meu trabalho já era psicanalítico, muito mais que psicodramático.

44

Fédida (1990), apresentando o livro de Piera Aulagnier, "*Um intérprete em busca de sentido*", comenta que "a psicose exige do analista que abra mão de inumeráveis certezas e que ele se deixe transformar pela própria prática". Assim, fui me deixando transformar pela prática e, depois de algum tempo, comecei a ter várias surpresas: ao iniciar um dia lendo uma poesia, uma das pacientes disse: *ah, sei, agora temos um tema!*

Percebi o quanto lhes facilitava ter um tema, mesmo que aquilo lhes remetesse a algo muito próprio. Significava uma exposição a menos, para um ego tão precário e fragilizado. Introduzi, então, a leitura de algum texto no início do grupo. A princípio, achei que era eu quem delirava, pois a dificuldade de atenção era tamanha, pouquíssimo tempo sentados, quanto mais de compreensão... Hoje, percebo o quanto desacreditamos das potencialidades humanas. Se, antes, há nove anos, eram capazes de ouvir durante cinco minutos, hoje o grupo se estende por quase duas horas em volta da mesa, algumas pessoas discutindo, expondo seus conflitos, pintando... Outro dia, ouvi de um deles que gostava dali porque ali era *livre, podia pintar o que quisesse...* Ou seja, podia ser ele.[37] Outro lembrou-se de um texto lido por mim há tempos, que falava de um menino que, de tanto pintar os motivos do professor, não sabia mais pintar nada de sua autoria. Com o desenvolvimento dos pacientes, muitos deles começaram a falar e a escrever. A palavra foi tomando um tal lugar, que me reconheci fazendo psicanálise, muito tempo depois, ao tomar conhecimento do método psicanalítico apregoado pela Teoria dos Campos: *deixar que surja, para tomar em consideração.*

Desde então, comecei a ver como o respeito ao ritmo e ao tempo individual também se articulava com as ideias de Winnicott, ao falar da

---

37 O grupo não é homogêneo, mas poucas pessoas permanecem alheias. Não é um processo espontâneo, mas que depende de sustentação.

sustentação no tempo, até surgir algo próprio, em vez de interpretarmos antes que o sujeito esteja pronto para isso. O trabalho que deu continuação à monografia era, então, já de fundamentação psicanalítica e transformou-se em meu trabalho de graduação em Psicologia, tendo como referencial teórico a teoria de Fábio Herrmann, que já aparecia articulada com a teoria winnicottiana. Isso porque do mesmo modo que Herrmann veio ao meu encontro em relação ao ritmo e ao tempo, fui percebendo o que o tempo fazia em um ambiente seguro e confiável, onde existia o vínculo afetivo. Os sujeitos se permitiam regredir e vivenciar seus conflitos, a princípio por meio das imagens e, depois, também através das palavras, como meninos em companhia da mãe.

Nessa época, eu já estava com o pé em duas canoas, matriculada como ouvinte do núcleo de Método Psicanalítico e Formações da Cultura e há dois anos fazendo o curso de Winnicott, com o Professor Alfredo Naffah Neto, onde afinal, acabei aportando.

Como já mencionado, desde o início deste trabalho, a proposta dessa oficina foi criar um lugar receptivo, um lugar possível de registros arcaicos, que pudesse receber alucinações e delírios, com o intuito de operar a junção *imagens de palavras – imagens de coisas*,[38] resgatando o processo de construção do Eu interrompido, congelado.

Nada, no entanto, teria sido possível sem a condição fundamental do vínculo terapêutico da confiança, *a condição mais necessária e a mais difícil de ser alcançada*, nas palavras de Naffah Neto.[39] Essa confiança

---

38 AULAGNIER, P. *O intérprete em busca de sentido*, Vol.II, p.113.

39 Remeto o leitor à leitura do texto: "A problemática do falso *self* em pacientes de tipo *borderline* – revisitando Winnicott". In: *Revista Brasileira de Psicanálise*; v.41, n.4, pp.77-88. São Paulo: ABP, 2007.

básica é que promove o caminho à regressão dos estágios de dependência, via transferência. Uma vez estabelecido o vínculo, enquanto as imagens são a linguagem, usamos fundamentalmente o método fenomenológico-
-existencial, do aqui e agora, do que aparece.

Abandona-se, pelo tempo necessário, a análise padrão, a fim de que, conforme ensina Winnicott, o paciente possa reexperenciar quantas vezes for preciso, em um ambiente protegido e acolhedor, o que não pôde ser vivido.

Com essa finalidade, técnicas de caráter não verbal têm sido utilizadas como expressões de reconhecimento do primitivo e do arcaico, que a linguagem oral não dá conta de representar, promovendo a entrada no mundo simbólico, por meio da possibilidade da experiência.

Ora, também segundo Aulagnier (1990), a interpretação pressupõe que o intérprete possa contar com uma transferência, o que muitas vezes, em um primeiro momento, se torna impossível, como já referimos. Precisaremos então dotar dessa mesma propriedade a

> Linguagem-figurativa, da qual nos servimos, para propor uma representação que ofereça ao sujeito um suporte exterior ao qual associar o afeto que o submerge. Pensar-figurar um movimento, um ato, que tem a ver com o corpo, com seus orifícios, seus poderes de arrombamento, de explosão, de mutilação, de fusão (produzidos ou sofridos).[40]

Tal possibilidade, a qual se refere Aulagnier, esse *suporte exterior ao qual associar o afeto que o submerge* é de responsabilidade da presença continente oferecida pelo analista, em um árduo trabalho que pressupõe,

---

40   AULAGNIER, P. *O intérprete em busca de sentido*, Vol.II, p.110.

muitas vezes, a necessidade de espelhar o negativo do analisando, de suas partes clivadas, as quais teve de repudiar em sua vida.[41]

Com o passar dos anos, foi possível perceber que alguns pacientes foram abandonando a exclusividade das imagens, em um processo de volta à linguagem. A palavra foi aos poucos retomando seu lugar. Atenta a esse movimento, introduzi, como aquecimento das sessões de pintura, a leitura de um texto, cuidadosamente escolhido entre poesias e autores como Mia Couto e Guimarães Rosa, cuja escrita pictórica promove uma passagem entre a imagem e a palavra, ajudando esse movimento de sustentação de afeto, da criação de uma subjetividade, de uma zona potencial de ilusão.

De acordo com Michèle Petit, *a leitura favorece as transições entre corpo e psiquismo, dia e noite, passado e presente, dentro e fora, perto e longe, presente e ausente, inconsciente e consciente, razão e emoção. E entre eu e os outros.*[42]

Os conteúdos expressos na tela foram se abrindo para novos sentidos, a partir de *pequenos toques,*[43] de modo que o próprio sujeito pudesse ressignificá-los. Associamos, assim, técnicas psicodramáticas aplicadas na tela ao método interpretativo da Teoria dos Campos. Aos poucos, fomos percebendo que essa não intrusividade que protegia o sujeito, até que ele

---

41 ROUSSILLON, R. "Agonia e desespero na transferência paradoxal". In: *Revista de Psicanálise da SPPA*, v.11, n. 1, pp.13-33. Os aspectos transferenciais da psicose serão explorados no Capítulo IV – Reflexões sobre a técnica modificada em instituição.

42 PETIT, M. *A arte de ler ou como resistir à adversidade*, p.139.

43 Conceito referente ao método psicanalítico apregoado pela Teoria dos Campos, na qual *pequenos toques simbolizam pedaços de frases, toques emocionais, repetições de uma palavra ou de uma imagem que parecem importantes, silêncios bem colocados, etc.* HERRMANN, *O que é psicanálise*, p.140.

estivesse pronto para se apropriar da experiência, fazia parte do conceito de experiência, tão fundamental na obra de Winnicott.

Foi assim, deixando chegar de surpresa, quando a imagem foi dando lugar à palavra, que fui me percebendo, não sem alguma estranheza, dentro da teoria *winnicottiana*, à medida que me via sustentando no tempo a regressão dos pacientes.

Herrmann (2005) também esclarece que, na realidade, não escolhemos o método, mas é ele que nos escolhe. Foi então, com autorização do próprio Herrmann, que diz que "(...) *é o ato de contracenar que equivale, com todo o rigor, àquilo a que cumpre qualificar de interpretação, de ato interpretativo, sugerindo ainda que talvez não fosse pecado aprender algo dos vizinhos*", que passamos a articular as técnicas psicodramáticas na tela à "*escuta orientada para a ruptura*"[44] da Teoria dos Campos. Se o ato de contracenar equivaleria à interpretação, então eu, como psicodramatista, poderia enfim me render à psicanálise. No texto de Figueiredo mencionado mais adiante neste livro, Ella Sharpe faz referência à necessidade de resposta aos *enactments* do paciente, ou seja, que se entre com ele no jogo, o que também prega Ferenczi. E isso começou a me fazer sentido. Pude, aos poucos, olhar a psicanálise de outra forma, sem a rigidez que considerava impeditiva para tratar aqueles pacientes. Fui me permitindo trabalhar então com o possível, com o que aparecia e, nesse sentido, fazia, como muitos, acreditava eu, uma psicanálise fenomenológica. O que, nessa época, ainda não percebia era que, mesmo para fazer confiar para regredir, as direções eram dadas sempre pelo inconsciente, e então me permitia, como também nos fala Winnicott, transitar por todas

---

44 Conceito de Herrmann relativo à ruptura de campo. Herrmann, F. *A Psique e o Eu*. São Paulo: HePsyché, 1999.

as técnicas possíveis, sem me esquecer do tipo de paciente que estava à minha frente. Conforme o vínculo se apresentasse, com maior ou menor confiabilidade, a transferência ia se moldando como um camaleão. Então pude perceber que várias são as dimensões em que precisamos estar presentes como analistas, para dar conta do que se apresenta na psicose.

Voltando à teoria *winnicottiana*, a tela funcionaria como um meio para se chegar à zona de ilusão, ao espaço potencial a que se refere Winnicott, que se situa "entre a criatividade primária e a percepção objetiva baseada no teste da realidade".[45] Nesse espaço, onde vigora a lógica emocional do sonho, o espelho proporcionado pela pintura revela e permite que o que foi recusado se instale, quando o paciente se torna espectador de si mesmo. Como na psicose a consciência é constantemente invadida por imagens, a expressão na tela tem o poder de dar o contorno ao sem-limite, ao figurar a imagem, tornando assim menos ameaçadores os conteúdos internos.

A importância de contracenar no espaço, por meio dos personagens que surgem, implica a compreensão da linguagem possível do paciente, que, no início, resume-se a essa linguagem de sonho, em cuja lógica precisamos adentrar, para que se sinta compreendido e possamos iniciar um vínculo e a transferência. Hoje, entendo essa compreensão da lógica dos sonhos como parte essencial do *holding*, do manejo da técnica da análise modificada, para que seja possível essa transferência, que fala de outro lugar.

E como podemos fazer isso num *atelier* de pintura?

No *atelier* de pintura, toda a percepção de "*mundo*" do paciente é, no início, concretizada na tela, podendo aí desenvolver-se a história por meio de *pequenos toques*, levando-se a pintar o que naquela cena pode ser alterado, movimentando o estagnado, descongelando-se as imagens

---

45 WINNICOTT, D.W. *O Brincar e a Realidade*, p.26.

internas. Essa escuta, a princípio, é feita a partir das imagens que se desenrolam na tela, onde se instiga, a partir de um gatilho que nos é oferecido, a produção de imagens, um convite para que sejam expressas.

Em outras palavras, trata-se de uma linguagem baseada na associação de ideias concretizadas na imagem, ou seja, uma narrativa baseada em uma associação de imagens. O trabalho com os pacientes é sempre feito de modo muito lento, nunca de forma intrusiva, pois qualquer invasão colocaria tudo a perder.

Assim, o paciente vai se tornando capaz, a partir das imagens, de falar delas, como se não estivesse falando de si. Isso amedronta menos, o que torna possível a linguagem, pois, se falo de um personagem, não estou falando de mim, o que permite uma maior flexibilização das defesas. Também faço uso da técnica de falar por ele,[46] como se fosse uma interpretação dele, feita à maneira de sonho, com uma capacidade de *rêverie*, segundo Bion. Ferro[47] nos remete a essa grande possibilidade de expansão, referida pelo *pensamento onírico de vigília*, e à *transformação* que acontece no campo, em razão de uma profunda disponibilidade e qualidade de escuta, por parte do analista.

Há alguns poucos pacientes que sentem a necessidade de escrever, como o que escolhi para relatar nosso caso clínico. Parece que a palavra teve de ser antes desenhada e vista por meio da escrita, para que depois viesse a ser falada.

---

46 Técnica do duplo em psicodrama, que muito se assemelha à *rêverie*, uma vez que o analista fala a partir do que lhe foi comunicado emocionalmente pelo paciente, *por meio do aflorar de imagens ligadas ao que acontece na relação analítica.*

47 FERRO, A. *Fatores de doença Fatores de cura*, pp.109-110.

Também há pacientes que se recusam a comentar, emitem monossílabos sobre o que fizeram, no que são sempre respeitados, pois, quando lidamos com pacientes "*difíceis*", o caminho de aproximação tem que ser a sua própria medida. Aqui, também podemos nos remeter a Winnicott, que muito nos fala sobre o tempo e sua singularidade, o respeito ao ritmo de cada um, para poder emergir o próprio e permitir que haja a experiência e elaboração.

Embora na psicose a linguagem seja usada muitas vezes como método defensivo, as associações livres, feitas a partir dos símbolos, são facilmente elaboradas, porque são feitas a partir dos personagens: fala-se do outro, outra parte de si, mas em terceira pessoa, pois a distância tem a função de preservar o núcleo de uma intrusão. Falar de um personagem tem o poder de diminuir a ansiedade, relaxando o campo, pois trabalha-se no simbólico. O cuidado de falar quase sempre de personagens também diz respeito à analise modificada. Embora, na análise padrão, também lidemos com personagens, há uma diferença nesse processo, porque é imprescindível que um paciente psicótico não seja afetado pelo medo de ser invadido, o que o distanciaria de nós. É necessária uma lenta apropriação de partes estranhas de si, até que consiga, na melhor das hipóteses, vê-las, senti-las e integrá-las. Se a apropriação tiver um mínimo de sucesso, começam a emergir fragmentos de um sujeito ausente.

Mas, como tudo faz parte de um processo que demanda tempo, entre uma representação e outra, até que se faça a experiência, temos que lutar ainda com as feridas que o tempo traz durante o próprio tratamento, como a ausência de lugar no mundo, que não aceita um diagnóstico psiquiátrico.

Entre tantas outras coisas, presenciamos o sentimento de incapacidade de enfrentar a sociedade, um profundo sentimento de rejeição, a despersonalização, a voz que não mais se escuta, o transtorno provocado pelos remédios, a falta de compreensão sobre o que aconteceu consigo... Tudo isso vai provocando a ausência de crença em si, pois o entorno não lhe dá crédito. A função de analista não é nada fácil, rema sempre contra a maré, simbolizada aqui pela própria cultura. Entretanto, cabe ao analista propiciar a formação do vínculo, caminhar com o paciente em seu tempo – ou melhor, em seus tempos – e escutá-lo com alma, pois o paciente sente se a escuta é verdadeira, se lhe é dada a oportunidade de ter voz, de resgatar o sujeito.

A convivência com quadros piores também é outro fator que acaba por fazê-los duvidar de seu próprio estado. Várias são as causas que contribuem para o estado de despersonalização e desterritorialização, depois que se entra em uma instituição psiquiátrica, não obstante os Caps venham se esforçando para transformar essa realidade: a impotência de gerir a própria vida em seus atos mais simples, deixar de ser reconhecido como sujeito que escolhe e decide, a resignação com a aposentadoria de si, a falta de respeito humano onde o sujeito é ignorado; tudo isso faz, aos poucos, ir minando a esperança. *Depois que a gente entra aqui é difícil sair; o próprio sistema médico não deixa,* essa é a fala de um paciente.

A seguir, apresento em detalhes o caso clínico escolhido. Optei por incluir também as imagens, por entender que, neste livro, atuaram combinadas com o método, de onde pôde ressurgir a palavra.[48] Durante esse

---

48 Para melhor compreensão da narrativa, as falas e os textos escritos pelo paciente serão apresentados em itálico. Considero útil passar ao leitor esse período regressivo com a lentidão própria do processo, as microtransformações acompanhadas no tempo. Opto, em virtude do farto material clínico, como transcrição das sessões, as pinturas e os trechos escritos pelo paciente durante a sessão, por deixá-lo em alguns fragmentos transcritos de maneira quase direta, de modo que o leitor possa se inteirar sobre ele de maneira menos filtrada. Penso que isso torna o caso mais vivo e mais coerente com o espírito desse trabalho, que é poder

período de oito anos em que esteve comigo, esse paciente passou um grande tempo pintando o mesmo quadro, *o do menino aprisionado*, até que pudesse confiar e regredir, e, mais tarde, vivenciar, conscientemente, a sua fusão com a mãe, de modo a poder ir se distanciando dela.

mostrar, para depois então refletir, sobre o que se pode fazer como analista nesse período de sustentação. Isso inclui a possibilidade de explorarmos esse tempo de *holding, sem tornar-se puro manejo e, na verdade, sem perder o nome de psicanálise*, como nos disse Winnicott em relação ao *que, quando* e *como* fazer, a partir da experiência clínica [WINNICOTT, D.W. "Classificação: existe uma contribuição psicanalítica à classificação psiquiátrica?" (1959-1964). In: *O ambiente e os processos de maturação*]. Deixo a transcrição narrada de forma indireta para a análise do caso, o que faço a seguir.

CAPÍTULO II

Tinta fresca: CUIDADO!

ARTE E FIGURABILIDADE

Ao apresentar este capítulo em que procuro articular noções teóricas e arte, tudo o que sei, parafraseando Marion Milner[49] *é que preciso pegar como texto para este meu escrito algo que Winnicott certa vez disse a seus estudantes, antes de uma palestra: "Seja lá o que vocês consigam de mim, vão ter que escolher a partir do caos".* Isso porque, assim como ela, também sou uma pessoa que pensa através de imagens. Assim, em um capítulo teórico em que incluo a arte como mola propulsora da experiência em conjunto com o trabalho analítico, não gostaria apenas de falar *sobre* arte articulando-a no plano mental, pois estaria retirando dela o sentido que lhe atribuo.

A propriedade da pintura, da literatura e da poesia, inclusive neste texto, tem a finalidade de presentificar a emoção, em vez de apenas nos referirmos a ela.

---

49 MILNER, M. *A loucura suprimida do homem são,* p.244.

De acordo com Melsohn,

> [...] o importante é compreender que a obra de arte comunica o sentido diretamente, independentemente do discurso. Ela se revela como tendo uma vida que lhe é própria, com uma unidade que sintetiza tensões múltiplas. [...] As formas não discursivas estão impregnadas de expressividade: elas são essencialmente não-representativas, embora possam incluir elementos representativos, como acontece na poesia, por exemplo. Elas são, no entanto, articuladas no plano do sentido. Nelas não há separação entre signo e sentido. Ainda segundo o autor, essa pureza (do puramente expressivo) pode reaparecer na vida ulterior em determinadas circunstâncias como, por exemplo, na psicose e em situações de grave ameaça à subsistência pessoal.[50]

Este livro tem como horizonte a teoria winnicottiana – que dirige um novo olhar à psicose, compreendendo-a não só como patologia, mas fundamentalmente como um arsenal defensivo, que teve de ser desenvolvido em função da sobrevivência. Ao tratarmos os pacientes chamados *difíceis*, como o do início de nosso caso clínico, onde temos um paciente que não falava, a abordagem expressiva torna-se um instrumento de vital importância. Então, a partir desse campo disruptivo proporcionado pelas imagens, do cuidado do entorno e de um longo tempo dedicado à construção da confiança, pode-se experimentar a dependência, que possibilita uma entrega capaz

---

50 TAFFAREL, M.; SISTER, B.M. *Isaias MELSOHN: a psicanálise e a vida: setenta anos de histórias...* pp.181 e 200-201.

de *reformular experiências precoces através da regressão.*[51] Surge então a capacidade de se recriar ou de se fazer a trama inexistente, por meio de uma (re)construção conjunta que ocupe o vazio e o desligamento.

ZONA DE ILUSÃO

De que cor será sentir? Essa pergunta, feita por Fernando Pessoa em carta a Mário de Sá-Carneiro, induz a um desejo por ele cindido, do qual ostensivamente se defende e que aparece em vários outros trechos de sua obra, como no poema *Isto*, por exemplo:

> *Dizem que finjo ou minto*
> *tudo que escrevo. Não.*
> *Eu simplesmente sinto*
> *Com a imaginação.*
> *Não uso o coração. [...]*
> *Sentir? Sinta quem lê!*[52]

Na impossibilidade de abarcar todos os conceitos teóricos relacionados ao tema, limito-me aos que fundamentaram o processo da construção do caso clínico apresentado, explorando, neste capítulo, os principais requisitos e dificuldades relativos à possibilidade de experiência que encontrei durante esse período. E um dos grandes pressupostos é, seguramente, este que completa o título: *cuidado!* Quando a integração egoica está comprometida, todo cuidado analítico é pouco quando se fala em aproximação, a ponto de se pôr todo trabalho a perder.

---

51 WINNICOTT, D.W. *Natureza Humana,* p.163.
52 PESSOA, F. "Isto". In: *Quando fui outro,* p.38.

Continuando com o nosso poeta, que, assim como o protagonista de nosso caso clínico se fez muitos personagens, reproduzo o contexto em que se deu a indagação de Fernando Pessoa em carta dirigida a Sá-Carneiro:

Estou num daqueles dias em que nunca tive futuro. Há só um presente imóvel com um muro de angústia em torno. A margem de lá do rio nunca, enquanto é a de lá, é a de cá; e é esta a razão íntima de todo meu sofrimento. Há barcos para muitos portos, mas nenhum para a vida não doer, nem há desembarque onde se esqueça. Tudo isto aconteceu há muito tempo, mas a minha mágoa é mais antiga. Em dias de alma como hoje eu sinto bem, em toda minha consciência do meu corpo, que sou a criança triste em quem a Vida bateu. Puseram-me a um canto de onde se ouve brincar. [...] Isto não é bem a loucura, mas a loucura deve dar um abandono ao com que se sofre, um gozo austucioso dos solavancos da alma, não muito diferentes destes. De que cor será sentir?[53]

Essa é a pergunta que fundamenta este trabalho e que nos fazemos no ateliê para que a experiência possa vir a acontecer a partir dessa zona de ilusão, desse campo onírico propiciado pela arte, que nos convoca o estranhamento do irrepresentável. Ao trazer a literatura para este capítulo, incluo também a poesia e os textos imagéticos como metáforas, instrumentos do método. Poder iluminar as partes cindidas, o que foi reprimido e o que não pôde se fazer representado pede a incursão em um tempo

53 SÁ-CARNEIRO, *Correspondência com Fernando Pessoa*, pp.370-371.

outro, o tempo de sonho, mesmo que para isso precisemos, a princípio, sonhar o sonho do outro. Digo a princípio porque sonhar o sonho do outro foi a escolha de sobrevivência possível para Fernando Pessoa. No texto reproduzido, pode-se ver o desaparecimento do lúdico, *a criança em quem a vida bateu* e que só ouve o *brincar...* Sobre a gênese de seus heterônimos, Fernando Pessoa escreve:

> *Esta tendência para criar em torno de mim um outro mundo, igual a este mas com outra gente, nunca me saiu da imaginação. [...] Ocorria-me um dito de espírito, absolutamente alheio, por um motivo ou outro, a quem eu sou ou a quem suponho que sou. Dizia-o imediatamente, espontaneamente, como sendo de certo amigo meu, cujo nome inventava, cuja história acrescentava, e cuja figura – cara, estrutura, cara e gesto – imediatamente eu via diante de mim. E assim, arranjei, e propaguei, vários amigos e conhecidos que nunca existiram, mas que ainda hoje, a perto de trinta anos de distância, oiço, sinto, vejo... Repito: oiço, sinto e vejo... E tenho saudades deles.[54]*

Com o brincar excluído e com o desejo de *um mundo igual, mas com outra gente*, a importância do partilhar se vê deslocada para outro campo: o sentir pôde então surgir a partir da cisão em vários poetas, personagens em que se dividiu, produzindo certa organização interna, dando um lugar de vida a todos eles. Mesmo sem terem sido integrados, é importante notar o que, no caso, significa ter um lugar, não obstante seja fora de

54   PESSOA, F. *Quando fui outro*, p.180.

si mesmo. A tela de Matisse, apresentada a seguir (Figura I), ilustra esse menino em quem a vida bateu e que só ouve o brincar. O protagonista de nossa história também pinta algo muito parecido: um menino espiando a vida de dentro de uma janela e ouvindo o brincar de outras crianças.

Esses personagens, que eram seus fragmentos e pelos quais se via reconhecido, comunicavam-se por meio da escrita, partilhando significados e representações, dando-lhe forma e figura, possibilitando-lhe existência.

No campo da pintura, encontro em Matisse um pintor que soube como ninguém dar ênfase a essa zona intermediária e que, em certo sentido, faz uma aproximação com a obra de Winnicott, quando vitaliza os paradoxos, o subjetivo e o objetivo, que muitas vezes procura aproximar por intermédio de janelas, inclusive janelas internas, que têm a função de unir o *dentro* e o *fora*. O paradoxo e a aceitação do paradoxo, segundo Winnicott,[55] é essencial ao conceito de objetos e fenômenos transicionais: *o bebê cria o objeto, mas este estava lá para ser criado e psicoenergeticamente investido.* São muitas as janelas e os quadros que se abrem nas telas de Matisse, de modo a evidenciar o que é mais interno por meio de seus limites de variação de cor, fazendo o interior e o exterior habitar o mesmo espaço. Quando perguntado sobre a origem do encanto de seus quadros representando janelas abertas, Matisse respondeu:

> *Provavelmente do fato que, para meu sentimento, o*
> *espaço é um só desde o horizonte até o interior do*
> *aposento de meu ateliê, e que o barco passando vive no*
> *mesmo espaço que os objetos familiares a meu redor, e*
> *a parede da janela não cria dois mundos diferentes.*

---

55 WINNICOTT, D.W. "O uso de um objeto". In: *Explorações psicanalíticas*, p.173.

Figura I – *The piano lesson*, Matisse, 1916. The Museum of Modern Arts, New York.

Ele escreve igualmente:

> *Se consegui reunir em meu quadro o que é exterior, por exemplo, o mar, e o interior, é porque a atmosfera da paisagem e do meu quarto são a mesma... Não preciso aproximar interior e exterior, os dois estão reunidos em minha sensação [...] constituem uma unidade em meu espírito.*[56]

Matisse inaugura outro espaço por meio de sua bidimensionalidade.

Embora, em sua obra, o desenho e a cor andem juntos, em uma luta infinita para fazer coincidir afetos e figuras, a cor sempre foi soberana e limita espaços, que se tornam independentes da sustentação das figuras: esse controle, segundo ele, escapava-lhe, a cor lhe escapava, como se dar forma aos afetos fosse difícil também para Matisse, em um conflito que se repetia entre a cor e o desenho: *meu desenho e minha pintura estão separados*. Ele dizia que um desenho de colorista não é uma pintura. Teria que lhe dar um equivalente em cor: *É a isso que não consigo chegar*. Algo que fez dele um pintor genial – justamente a superposição desobediente da linha do desenho sobre a cor, em que um não é limite do outro –, incomodava-o, pois revelava-lhe uma dissociação.[57]

Nas telas de Matisse apresentadas a seguir, podemos ver vários espaços reunidos (Figuras II e III) e a linha dissociada da cor (Figuras IV e V). Gosto de pensar essa tela também como outra metáfora: a linha ou o

---

56 Entrevista radiofônica cit. in SCHNEIDER, 1970. [Nota de Matisse cit. Georges Duthuit, *Le feu dês signes*. Genebra: Skira, 1962].

57 MATISSE, Escritos e reflexões sobre arte. São Paulo, Cosac & Naify, 2007. [Agradeço as contribuições orais de Sergio Fingermann (pintor)].

Figura II – *Interior in yellow and blue*, Matisse, 1946. Musée National d'Art Moderne Georges Pompidou Center, Paris.

Figura III – *The silence that lives in houses*, Matisse, 1947.

desenho como possibilidade de a ação terapêutica dar forma e sentido, de desenhar o afeto coconstruindo, simbolizando sobre o vazio.

Assim, as próximas telas que ensaiam um rosto, em movimentos que são rabiscados e apagados sucessivamente, remetem-nos ao reconhecimento desse rosto, como proposta analítica.

Winnicott, ao nos falar sobre essas experiências transicionais, enfatiza a importância desses primeiros objetos e técnicas transicionais para que nos tornemos confiantes em nossa própria potência, em nosso poder de criação no mundo.

A possibilidade de uso desse objeto, que simboliza ao mesmo tempo a permanência da ligação e a separação da mãe/filho, é que permite que a imagem ou a representação mental em seu mundo interno possa ser *mantida viva*, em determinado tempo e lugar, desde que alimentada pela disponibilidade da mãe. A imagem ou representação mental, o dentro e o fora podem, então como diz Matisse, vir a ser uma unidade dentro do espírito.

Naffah Neto esclarece que essa

> Identificação primária com o objeto possibilitará, como parte do processo de elaboração imaginativa, que o bebê possa vir a incorporar as suas propriedades; assim, uma mãe suportiva servirá de padrão para que, mais adiante, isso venha a se tornar uma função psíquica e que a criança seja capaz, ela própria, de dar continência à complexidade de seu universo emocional.[58]

---

58 NAFFAH NETO, A. Sobre a elaboração imaginativa das funções corporais: corpo e intersubjetividade na constituição do psiquismo. In: Coelho Jr., Salém, P. & Klatau, P. (orgs.). *Dimensões da intersubjetividade.* São Paulo: Escuta/Fapesp, 2012.

Figura IV – *A pink nude seated*, Matisse, 1935.

Figura IV – *Kathy with a yellow dress*, Matisse, 1951.

Cria-se, assim, com o uso, aquele algo a mais que nos é dado pela experiência, fonte de alimento de nossa realidade psíquica.

Caso a criança tenha sido privada do uso do objeto, simbolizado pela mãe ou por seu cuidador, ela também se privará do espaço potencial que só acontece, de acordo com Winnicott, quando se estabelece um sentimento de confiança.

Winnicott acrescenta ainda que, se essa área do espaço potencial, entre o bebê e a figura materna, for imaginada como parte da organização do ego, diríamos então que essa parte do ego diz respeito às experiências corporais referentes à capacidade de relacionamento do ego. Criam-se então, como em nosso caso clínico, defesas em que aparece um submisso e falso *self*, em detrimento do *verdadeiro com potencial para o uso criativo de objetos.*

Figueiredo, em seu texto *Três teses sobre o paradoxo em psicanálise,* ao nos fazer pensar sobre a comunicação paradoxal, cita, com muito propósito, *o paradoxo tóxico e psicotizante,* muito presente no relato apresentado, em que, *para retomar a matriz paradoxal da existência,* o sujeito se vê

> [...] obrigado a escolher entre ser-com e ser-só. Sendo-com, ele se dilacera e estraçalha em uma situação de ambivalência irredutível e insuportável; sendo-só, ele desaba no vazio: nas duas margens, a única opção é não-ser... ou então, sobreviver amparado nas defesas psicóticas.[59]

Não é à toa que um dos textos que mais agrada ao paciente do caso clínico aqui apresentado foi o conto *A terceira margem do rio,* de Guimarães Rosa, que tivemos a oportunidade de ler e depois apresentar dramaticamente para

---

59 FIGUEIREDO, L. C. *As diversas faces do cuidar,* p.66.

os pacientes. Conta a história de um pai que resolveu se exilar do mundo e de si próprio em uma canoa, não aportando nem na margem de cá, nem na margem de lá, mas escolhendo a terceira, simbolizada pelo meio ou pelo rio... A linguagem de Guimarães Rosa é difícil, mas, surpreendentemente, inteligível para eles, porque fala por meio de imagens, cores, sons...

Naffah Neto nos coloca que as palavras, para Guimarães Rosa, não estão ali para articular a realidade em jogos lógicos, sequer para representá-la: *Elas constroem uma realidade que, antes delas, não existia. Constroem-na através do próprio movimento pelo qual se produzem e se articulam como palavras.*[60]

Receber esse estado de *não ser* ou amparado em defesas psicóticas requer uma profunda capacidade de espera por parte do analista, aliada a um desejo de investimento na comunicação. A sintonia, o afeto e a atenção constante trazem sempre alguma brecha que nos possibilita uma primeira interação. Muitas vezes, essa brecha se encontra na escuta da patologia, na interação com o delírio ou com o sintoma do paciente.

Ao sentir que produz um eco e que é visto por quem o percebeu, vai podendo sentir-se como existente.

Kupermann esclarece que

> A atividade do analisando no *setting* terapêutico só se constituirá criativamente se houver uma reverberação do seu gesto e da sua comunicação indireta no analista, permitindo a experimentação, através deste reflexo que lhe é oferecido do sentido de ser e de estar vivo.[61]

---

60   NAFFAH NETO, *O Inconsciente como Potência Subversiva*. p.38.

61   KUPERMANN, D. *Presença sensível: cuidado e criação na clínica psicanalítica*, p.183.

Embora Green também não aceite, como Winnicott, a pulsão de morte no sentido freudiano, utiliza esse conceito dando-lhe um novo conteúdo, aproximando-o do que encontra na experiência clínica e na teoria contemporânea. Interpreta-a como *uma hipótese de um narcisismo negativo com aspiração ao nível zero, o que significaria uma função desobjetalizante*, função que, além de lançar-se sobre os objetos, faz o mesmo sobre o próprio processo objetalizante. O *papel principal* dessa função, segundo Green, é realizar *uma destruição por desinvestimento. O desinvestimento desfaz o que investimento tinha conseguido construir.*[62]

Nesse campo, encontramos o mecanismo de desvinculamento como fundamental em formas destrutivas. Assim parecem também as angústias de aniquilação, as agonias impensáveis e ainda sentimentos equivalentes ao desfazimento ou morte psíquica. Há um grupo de pacientes referidos por Green, entre os quais identifico o do nosso caso clínico, que, no centro do quadro, *apresentam um sintoma que é vivido ora como um mecanismo ao qual eles se submetem e que lhes escapa ora como uma aspiração a um desejo que toma, parodoxalmente, a forma de um auto-desaparecimento.*[63]

Trata-se de pacientes que viveram um trauma de abandono, uma ausência de mãe, que vai se tornando progressivamente um objeto ambivalente para a criança carregado de *hainamoration* (ódio-amoração). Por meio de um remanejamento interno, algo acontece e, de acordo com Green, a pessoa que sofre essa negligência, essa falta de interesse profundo da mãe, passa a ver esta mãe como criança, da qual é preciso cuidar: *A*

---

62   GREEN, A. "O trabalho do Negativo" (1927). In: *Orientações para uma psicanálise contemporânea*, p.271.

63   *Op. Cit.*, p.272.

presença-ausência maternal é tal, que, o sujeito tenta pensar no objeto maternal em si, ele se sente diante de um vazio ou de um buraco.[64] É o *terrorismo do sofrimento*, do qual nos fala Ferenczi, como um meio de se prender uma criança, tal como no caso de abuso sexual, o que também ocorreu neste relato clínico sob a forma de omissão.

A criança introjeta de tal forma o agressor que o faz desaparecer da realidade exterior e o transforma em intrapsíquico, como meio de suportar a dor e sobreviver.[65] Assim, Ferenczi acrescenta que, como a criança ainda tem uma personalidade pouco desenvolvida, reage ao choque e *ao brusco desprazer* de outra maneira: *não com uma defesa, mas com uma identificação ansiosa e introjeção daquele que a ameaça e agride.*[66]

O autor também nos fala a esse respeito ao remeter ao sonho do bebê sábio, o bebê que muito cedo, por medo, é chamado a cuidar e passa a ser como que um psiquiatra da família. Assim, quando sofre também brutalmente a *ausência* de mãe, torna o abandono nulo e sem efeito, pois esse choque faz com que introjete a mãe em si e, como tal, passe a cuidar dela. Uma parte de si mesmo se divide e passa a *cuidar de si como mãe e da mãe como si mesmo*, uma vez que o bebê sábio, para proteger-se do perigo, sabe se identificar por completo com eles.

Ferenczi (1932) fala da mãe que transforma seu filho pequeno em cuidador dela, *fazendo dele um substituto materno*, ignorando a própria criança. Tudo isso acarreta inúmeras clivagens, e fazer contato com todos esses fragmentos vai se tornando cada vez mais difícil, pois todos se

---

64 *Op.Cit.*, pp.272-273.

65 FERENCZI, S. "Confusão de línguas entre os adultos e a criança,". In: FERENCZI, Sandor. *Obras Completas Psicanálise IV*, pp.102-105.

66 *Op.Cit*, pp.102-105.

comportam como personalidades diferentes e desconhecidas umas das outras.

Nesse trabalho de construção de figurabilidade, é assim que vão surgindo: são fragmentos de imagens sobre si, personagens que mimetizam e simbolizam o primeiro ensaio de sua maneira de se sentir vivo; e, não obstante, muitos venham como partes das máscaras, é com elas que vai podendo estar ali e se reconhecendo aos pedaços.

Voltando então ao *Trabalho do negativo*, observo no trecho do texto de Green[67], que versa sobre o *autodesaparecimento do ego*, uma grande riqueza de identificações com o caso clínico apresentado, pois, no início da análise e por um bom tempo, havia *ora esse mecanismo ora essa aspiração a um desejo de autodesaparecimento*. Houve um momento da análise em que esse desejo aparece bem concretamente, quando ele faz uma grande tatuagem na perna, do esquife de *Tutankanmon*. Ao mostrá-la para o grupo, disse orgulhoso *que era para protegê-lo*. Então escutou de outro: *não entendi, um esquife para proteger o quê, o corpo de um morto?*

OS ESPELHOS

> *"O que é um espelho? Não existe a palavra espelho – só espelhos, pois um único é uma infinidade de espelhos. – Em algum lugar do mundo deve haver uma mina de espelhos? Não são precisos muitos para se ter a mina faiscante e sonambúlica: bastam dois, e um reflete o reflexo do que o outro refletiu, num tremor que se transmite em mensagem intensa e insistente ad*

---

67 GREEN, A. "O trabalho do Negativo" (1927). In: *Orientações para uma psicanálise contemporânea*. Rio de Janeiro: Imago, 2008.

infinitum [...]. – Esse vazio cristalizado que tem dentro de si espaço para ir sempre em frente, sem parar: pois o espelho é o espaço mais fundo que existe. – E é coisa mágica: quem tem um pedaço quebrado já poderia ir com ele meditar no deserto."[68]

No texto "O papel de espelho da mãe e da família no desenvolvimento infantil", Winnicott[69] também faz referência à importância de se ter o rosto reconhecido, um rosto que se forma a partir da imagem que lhe é devolvida pela mãe: *o precursor do espelho é o rosto da mãe.*

No início, por ser parte do entorno, o bebê se apropria de tudo que pode ver e sentir, tanto do amor e do interesse da mãe quanto do ódio, do tédio, da falta de cuidado, da depressão. Essa troca inicial, que poderia ser tão significativa, também pode acabar por fazê-lo atrofiar criativamente, pois ele começa a se perceber como incapaz de provocar reações nas quais se sinta amado.

Isso fará com que o bebê deixe de olhar e comece a se preocupar em não provocar o humor da mãe, tornando-se submisso e abandonando-se a si mesmo e à sua espontaneidade, para viver em função de poder despertar essa mãe.

Um bebê que tenha essa experiência dificilmente se entregará ao olhar do outro, pois, em sua perspectiva, não será capaz de receber o que pode dar. Como diz Calvino, *às vezes o espelho aumenta o valor das coisas, às vezes anula. Nem tudo o que parece valer acima do espelho resiste a si próprio refletido no espelho.*[70]

---

68 LISPECTOR, *Para não esquecer*, pp.12-13.

69 WINNICOTT, D.W. *O brincar e a realidade*, p.153.

70 CALVINO, I. *As cidades invisíveis*, p.54.

Isso, experimentado continuamente, confere ao bebê um sentimento de inexistência e irrealidade. Então, para permanecer vivo, constrói, assim como o paciente de nosso caso clínico, *seus muros*,[71] de modo a preservar o que tem de mais genuíno, até que possa ser reconhecido e sentir-se visto, o que lhe dará a forma de um rosto.

Herrmann (2001) afirma que *o reconhecimento do próprio rosto é o que se espera receber da função terapêutica*.[72]

A maioria das mães poderá despertar, segundo Winnicott,[73] de alguma maneira, se houver um problema com a criança, como agressividade ou doença. Então, a criança aprende que, para poder ser vista, não basta ser, pois ela não é motivo de alegria por si mesma. Para ser reconhecida, deve fazer algo que provoque o olhar dessa mãe, nem que para isso tenha que assumir o papel de doente, como o protagonista da nossa história.

Entretanto, o que acontece é que, enquanto não há condições de poder se ver reconhecido no mundo, não se pode construir o rosto, e várias são as máscaras que tentam camuflar o vazio, porque a defesa tem por finalidade isolar o *self* verdadeiro, distanciando-o da experiência.

Taylor, o nome dado pelo protagonista de nossa história a si mesmo neste caso, e que resolvi manter, representa o personagem de um filme de guerra, guerra entre a vida e a morte, chamado *Platoon*.

A história desse soldado, a quem aderiu como personagem, expõe a defesa: *ele estava muito ferido, com peito aberto, e ouviu de um superior que chegou perto dele: suporte a dor.*

---

71 *The wall* (O muro), nome dado ao caso clínico no primeiro subcapítulo.

72 HERRMANN, In: *O Divã a Passeio. À procura da psicanálise onde não parece estar*. São Paulo: Casa do Psicólogo, 2001.

73 *O brincar e a realidade*, p.155.

No entanto, isso só pôde ser falado há muito pouco tempo, quando Taylor se encontrava já no consultório. Muito tempo antes, em um tempo configurado apenas *por imagens*, em que pintava muito e quase não falava, ele pintou a Figura VI, da página seguinte.

Era uma máscara, daquelas carrancas que são colocadas na proa dos barcos do rio São Francisco, *para proteção da embarcação*. Diz que foi com ela que atravessou a infância e nomeou-a *máscara de proteção da pessoa*. Embora trouxesse a *máscara de proteção* essa foi a primeira pintura que apresentou algo de vivo e de criativo, e ainda que se remetesse à proteção, algo do núcleo do *self* ali já se fazia presente.

Essa máscara pôde surgir depois de um bom tempo de análise, e entendo-a como o tempo da espera, o modo possível de então estar no mundo, a espera infindável da mãe e também a espera de uso do analista. É a espera do objeto que pode vir a ser usado, assim que encontrado.

Winnicott, em seu texto "O uso de um objeto," postula que

> [...] enquanto o sujeito não destrói o objeto subjetivo (material de projeção), a destruição aparece e se torna um aspecto central na medida em que o objeto é objetivamente percebido, tem autonomia e pertence à realidade "partilhada". [...] Entende-se [...] que o princípio da realidade envolve em raiva e destruição reativa, mas a minha tese é que a destruição desempenha o seu papel na construção da realidade, situando o objeto fora do self. Para que isto aconteça são necessárias condições favoráveis.[74]

---

74 WINNICOTT, D.W. *Explorações Psicanalíticas: D.W.Winnicott*/Clare Winnicott, Ray Sheperd & Madeleine Davis, pp.174-175.

Figura VI – Desenho de Taylor.

O sujeito só poderá usar o objeto que sobreviveu, e, por isso, são tão importantes a não retaliação e a sobrevivência por parte do analista: é a única maneira de o paciente experimentar sua própria externalidade.

O pintor Francis Bacon[75] é citado por Winnicott[76] ao se referir ao papel de espelho da mãe: os rostos humanos pintados por Bacon estariam, para ele, longe da percepção do real e muito próximos do *sentido de ser visto*". Sobre esses rostos significantemente deformados, Winnicott escreve:

> Esse Francis Bacon moderno está se vendo no rosto da mãe, mas com uma peculiaridade nele, ou nela, que enlouquece tanto a ele quanto a nós. Nada conheço da vida do artista e o trago à baila apenas porque ele força sua presença em qualquer debate atual sobre o rosto e sobre o eu (*self*). Os rostos de Bacon parecem-me muito afastados da percepção do real; olhando para os rostos parece que ele empreende um penoso esforço no sentido de ser visto, que está na base do olhar criativo.[77]

As Figuras VII, VIII e IX são de rostos pintados por Bacon.

O paciente do relato clínico não se apresenta com um rosto deformado, mas com uma ausência de rosto: ele era mascarado porque simplesmente cobria o que ali não havia, por não ter sido visto. É preciso que se diga que, até poder trazer essa máscara, muitas outras figuras haviam sido desenhadas, uma série de repetições relativas ao lugar em que se encontrava aprisionado.

---

75 Pintor irlandês que viveu entre 1909 e 1992.

76 WINNICOTT, D.W. *O brincar e a realidade*, p.156.

77 *Op.Cit.*, p.157.

Trazer esse primeiro ensaio de rosto mascarado incluía já seu primeiro reconhecimento. Tudo isso se fez de modo extremamente lento, sempre respeitando o seu ritmo e o seu tempo. Esse cuidado atento com o interno teve a finalidade de preservá-lo de uma segunda intrusão intolerável, como será visto mais adiante no relato do caso clínico, a fim de que pudesse se aproximar do que até então se fazia irrepresentável.

A importância da imagem foi crucial nesse momento, pois dela pôde emergir um material que, antes de tudo, se oferecia à analista. É como se algo pudesse ser acordado, *porque alguém fora esperava que eu despertasse desse sono.*

Em um segundo tempo, a aceitação da figura por parte da analista dava margem a um trabalho em conjunto com esse paciente, que nesse momento pouco falava. Entro aqui no campo coberto pelas memórias corporais de Ferenczi, para quem *a lembrança traumática permanece alojada no corpo e somente aí pode ser despertada*, e no campo do *irrepresentável*, para Botella.

Para que pudéssemos encontrar um sentido para o que se apresentava, construí, em conjunto com o paciente, em um trabalho chamado de *duplo*, sempre atenta às suas respostas à minha interpretação. Esse *trabalho de duplo*,[78] fundamental quando as defesas incidem em uma fase em que ainda não há uma integração do ego ou um ego constituído, diz respeito à atividade alucinatória do analista, isto é, à sua capacidade de dar figurabilidade aos conteúdos irrepresentáveis trazidos pelo paciente, em um trabalho conjunto de construção do que não pôde ter lugar.

---

78 BOTELLA, C. & BOTELLA, S. *Irrepresentável: mais além da representação.* Porto Alegre: Sociedade de Psicologia do Rio Grande do Sul/Criação Humana, 2002.

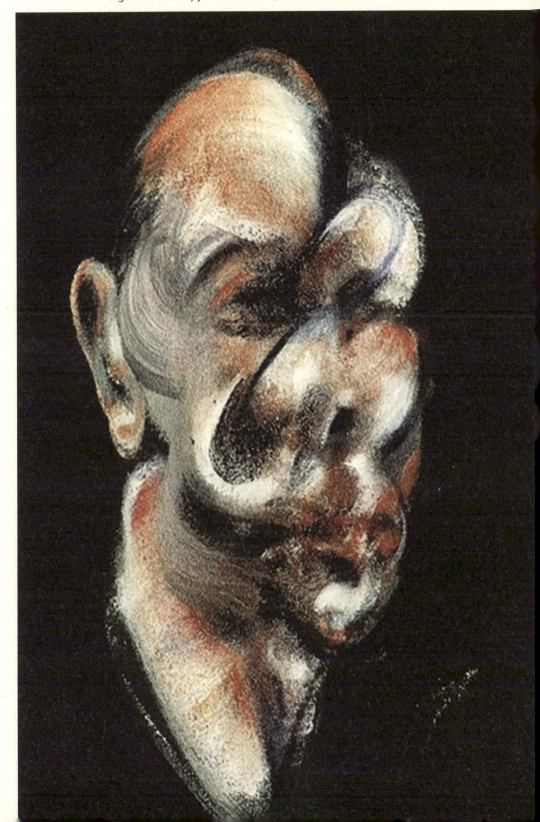

Figura VII – *Study for three heads*, 1962. The Museum of Modern Art, New York.

Figura VIII – *Study for the head of George Dyer*, 1967.

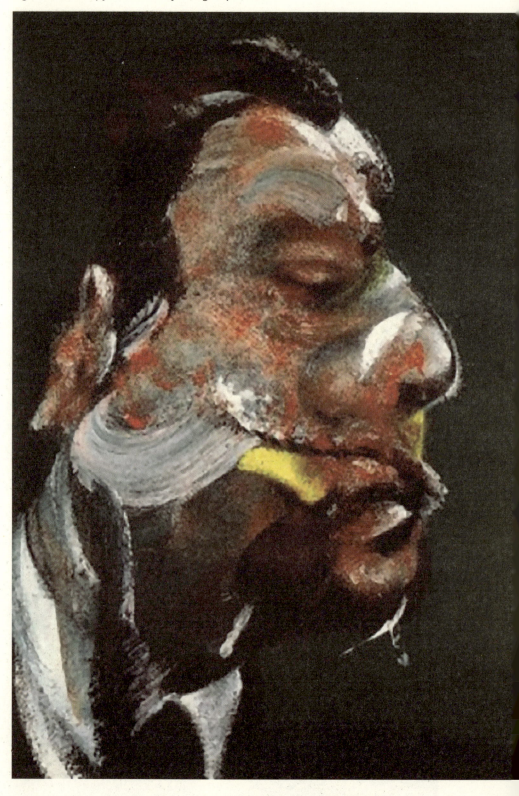

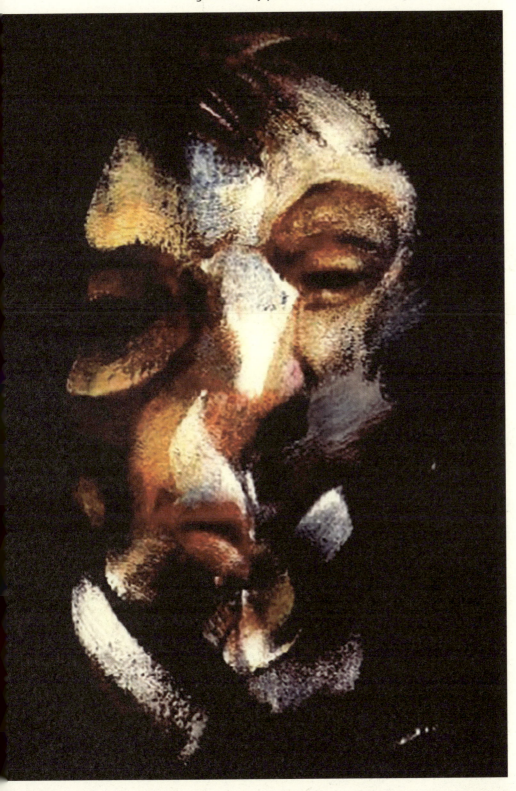

Figura IX – *Self-portrait*, 1971. Center Georges Pompidou, Paris.

Isso se tornou possível em razão da aceitação de seu delírio, a vivência do menino, o personagem *escravo prisioneiro acorrentado a um quarto*, como forma de comunicação. Esse delírio pôde funcionar como construtor da realidade e, à medida que *o analista estava onde ele estava*,[79] foi sendo vivido em conjunto com o terapeuta,[80] e, assim fragilizado, pôde ser representado por meio da sucessiva repetição de imagens que não puderam ser inscritas. Ferenczi já nos dizia *que se trata apenas de compreender essa forma de comunicação, a linguagem dos gestos, por assim dizer e de explicá-la ao paciente.*[81]

Cerca de dois anos mais tarde após o desenho dessa máscara, quando então já podia tirá-la, desenha uma figura *metade homem, metade mulher, mas ainda sem rosto, com uma foice em cima,* como a dizer de seu desinvestimento e de sua destruição. Tal como o *Rei Lear,*[82] que, *desesperado e arruinado, arranca suas próprias roupas perdendo sua identidade,* ele agora estava nu. Volto então a lembrar do texto de Green, citado na página 72, referente ao *trabalho do negativo,* que continua a me fazer muito sentido em relação *ao papel principal de uma destruição por desinvestimento.* Aí aparecem também as angústias de aniquilação, as agonias impensáveis e, ainda, sentimentos equivalentes ao desfazimento ou à morte psíquica.

---

79 FERRO, A. *Na sala de análise: emoções, relatos, transformações,* p.50.

80 A esse respeito, Benedetti (1995, p.111) comenta que o terapeuta pode "sem tocar no delírio, mas protegido pela força dele, empenhar-se em desfazer resistências, como não seria possível só no plano da realidade, ou seja, sem torná-las irreais à luz real do delírio".

81 FERENCZI, S. "As perspectivas da psicanálise". In: FERENCZI, Sandor. *Obras completas,* p.227.

82 Tragédia shakespeariana escrita em 1606.

Ao pintar a Figura X, em seguida me diz: *Um homem com roupa de mulher não tem cara. A semana que vem, se der eu faço uma.* Então me conta da vergonha que sentia, quando pequeno, por causa da mãe que o vestia de mulher, porque tanto fazia ser ele homem ou mulher, era aquela roupa ali que tinha, ou seja, ele era realmente invisível, homem, mulher, tanto fazia, quando não o deixava sem roupa, para evitar que saísse do quarto.

Figura X – Desenho de Taylor: figura metade homem, metade mulher, mas ainda sem rosto, com uma foice em cima.

Isso fez dele um travestido da alma, como se verá logo mais.

Continuando com o texto de Green[83] a respeito do *autodesapareci-mento do ego*, o autor comenta o quanto esse abandono, essa ausência de morte, implica a *sexualidade, que toma frequentemente formas trau-máticas, quase perversas que se descarregam freneticamente, sugerindo carregar menos prazer e muito mais uma raiva intratável.*

Isso se depreende dos braços muito mais frágeis que a figura, caren-tes de ação, mas simbolizados por garfos, que nos lembram também an-cinhos ou *garfos do demônio*, armas e vontade de ser alimentado? Braços débeis, mas capazes de dirigir uma foice contra si-mesmo? E Green acres-centa ainda que *durante os percursos ao ato sexual, podem-se supor os transtornos entre o objeto vitimizado e o agressor cínico, pela identifica-ção inconsciente e silenciosa, pois não existe a possibilidade de viver es-tas situações como uma compensação pelo trauma.*

Essa figura cindida o perturbou muito, e, embora o assustasse, ele pôde experienciar de modo muito forte o quanto dele estava realmente ali. Era um personagem ausente, em trânsito, ainda um quebra-cabeça de ego, mas ensaiava sua presença com uma colagem/coragem de emocionar.

A principal função da arte, como objeto transicional nessa área po-tencial, partindo-se da loucura, é dar forma a essa área de ilusão, aqui composta por delírios e alucinações referentes aos fragmentos não simbo-lizados, porque não representados.

O cuidado como tônica constante, durante todo o processo, foi feito por meio do *holding*, ou sustentação oferecida pelo analista por meio do reconhecimento do sujeito em razão de sua presença, de sua obra, de suas

---

83 GREEN, A. "O trabalho do Negativo" (1927). In: *Orientações para uma psica-nálise contemporânea*, pp.272-273.

falas, como um resgate de sua continuidade de ser. Ao se sentir reconheci-do, Taylor começa então a poder olhar na companhia confiável do analis-ta e contar a sua história tal qual um filme, ainda que, no início, fazendo pouco uso da palavra.

Oferecendo-se esse espaço onírico para o advento do sonhar, pôde-se restabelecer o movimento, colocando-se as imagens em fluxo e criando--se, assim, a possibilidade de acesso ao imaginário para sonhar o drama de cada um.

Ou ainda, o que se espera da criação de um lugar vivo por meio da ima-gem, é que seja um espaço catalisador e, se possível, transformador desses registros arcaicos, muito semelhante a um lugar *porta-marcas*, que nos faz lembrar de Chôra, de Platão, referido por ele em seu diálogo *Timeu*, co-mentado por Fédida em seu livro *Nome, figura e memória*.[84] Parafraseando Fédida, poderíamos concebê-la como *situação de recepção pela lingua-gem de todas as falas*, em que incluiríamos a imagem como a linguagem primitiva e dos que não mais conseguem nomear e que, à maneira de Chô-ra, recebe, como lembra Gonçalves, tal *como a mãe, nutriz, receptáculo, porta-marcas*, o que não pôde ser representado, o que foi cindido e não se encontra integrado. Essa função de reconhecer/receber, conter e sustentar simbolizada pelo *holding* consiste na primeira grande condição aliada ao cuidado, para a criação do vínculo de confiança. Só então poder-se-á pen-sar em um despojamento progressivo das defesas em prol de uma *regressão à dependência*, que possibilitará a experiência.[85]

84 FÉDIDA, P. *Nome, Figura e memória. A Linguagem na situação analítica*, p.132.

85 GONÇALVES, C. S. "Chôra, em Platão, Dérrida e Fédida". In: *Revista Percurso*, nº 31/32.

Ao trabalharmos nessa *zona de ilusão*, o que pretendemos é justamente oferecer um lugar real para o informe e ameaçador se desmitificar e poder se mostrar: ali todos podem ser. Penso que poder compartilhar as narrações derivadas a respeito do que foi criado, incluindo, aqui, as produções de ficção delirante como algo vivo e próprio, transformando assim a loucura em realidade que pode ser falada, permite um relaxamento das defesas e traz de volta a possibilidade de existência. Ao oferecer o corpo como sustentação, o analista ocupa o lugar de suporte da loucura, o que é também fator constitutivo de integração.

Em seu texto sobre *O brincar* (1975), Winnicott cita Milner ao dizer

> [...] que no relaxamento próprio à confiança e à aceitação da fidedignidade profissional do ambiente terapêutico (seja ele analítico, psicoterapêutico, de assistência social, etc.) há lugar para a idéia de sequências de pensamento aparentemente desconexas, as quais o analista fará bem em aceitar como tais, sem presumir a existência de um fio significante.[86]

Essa possibilidade de acolher *o sem sentido e o desconexo* é fundamental, assim como desprezar a tarefa de organizar o absurdo. Winnicott[87] acrescenta que o terapeuta que não consegue receber essa comunicação não sabe que o alcance criativo depende justamente desse estado de repouso, que se relaciona com o ambiente, com as condições de confiança e da brincadeira e com o advento do *self* resultante dessas experiências: se o

---

86 WINNICOTT, D.W. O Brincar e a Realidade, p.82. (MILNER, M. *On not being able to paint*. Ed. rev., Londres: Heinemann, 1957).

87 *Op.Cit.*, p.82.

terapeuta se coloca como resistência, está impedindo que essa potencialidade criativa surja e subsista, o que, muitas vezes, faz com que o paciente desista de ser compreendido em razão de sua desesperança de se ver compreendido.

CAPÍTULO III

Cem personagens em busca de autor: o caso Taylor

Primeiro momento

Há aqueles que nascem com defeito. Eu nasci por defeito. Explico: no meu parto não me extraíram todo, por inteiro. Parte de mim ficou lá, grudada nas entranhas de minha mãe. Tanto isso aconteceu que ela não me alcançava ver: olhava e não me enxergava. Essa parte de mim que estava nela me roubava de sua visão. Ela não se conformava: – Sou cega de si, mas hei-de encontrar modos de lhe ver! A vida é assim: peixe vivo, mas que só vive no correr da água. Quem quer prender esse peixe tem que o matar. Só assim o possui em mão. Falo do tempo, falo da água. Os filhos se parecem com água andante, o irrecuperável curso do tempo. Um rio tem data de nascimento? Em que dia exacto nos nascem os filhos? Passou-se o tempo e eu saí de nossa terra. [...] A escola foi para mim como um barco: me dava acesso a outros mundos. Contudo, aquele ensinamento não me totalizava.

Ao contrário: mais eu aprendia, mais eu sufocava.
Na viagem de regresso já não seria eu que voltava.
Seria um quem não sei, sem minha infância. Culpa
de nada. Só isto: sou árvore nascida em margem. Mais
lá, no adiante, sou canoa, a fugir pela corrente; mais
próximo sou madeira incapaz de escapar do fogo.
Um dia [...] vieram me chamar, às emergências: minha
mãe estava se despegando da alma. [...] Cheguei tarde?
no coração envelhecido de uma mãe, os filhos regressam
sempre tarde. Ela me pegou na mão e fechou os olhos como
se fosse por eles que respirasse. Estava tão parada, tão sem
brisa no peito, que me afligi. Os outros me sossegaram:
– Está só a fingir de falecida. Só para Deus ter pena dela.
Mas não era esse fingimento. Ninguém sabia que
ela, conforme esse desmaio, me tinha finalmente
alcançado em sua visão. Ela me focava, tal qual minhas
conformidades. Seu rosto se engelhou, em ilegível sorriso.
– Afinal, você é parecido com ele...
– Com meu pai?
Ela voltou a sorrir, fosse quase em suspiro, enquanto repetia:
– Com ele...
Me apertou as mãos, em espasmo. A pálpebra já se
desenhava em estalactite. A morte é uma brevíssima
varanda. Dali se espreita o tempo como a águia
se debruça no penhasco – em volta todo espaço
se pode converter em esplêndida voação.
– Mãe, quem é ele?
Eu lhe perguntava isso só para fazer conta que não notara
que ela já desvivia. Eu queria era pequeninar tristeza.

Fiquei com o corpo de minha mãe encostando uma leveza no meu peito, semelhando uma folha tombando do imbondeiro. Ela falecera nesse instante em que iniciava a contemplação de mim. Seria verdade que me chegara a ver?

Mia Couto, O último vôo do flamingo, pp.45-48.

The wall (O muro)[88]

A história que passo a narrar são fragmentos do processo terapêutico de um paciente usuário do Centro de Atendimento Psicossocial (Caps) a quem chamaremos de Taylor. Trata-se de um homem de 40 anos que, durante quase nove anos, frequentou o CAPS e se viu privado de trabalhar em razão de uma crise que o acometeu. Relata que deu entrada na instituição com uma grande depressão. O diagnóstico psiquiátrico tornou-se uma senten-ça a cumprir, colaborando com suas crises de identidade,[89] em que se viu incapaz de reconhecer-se como o mesmo homem que trabalhou, casou e teve filhos. Impressiona-se com a sentença médica, dividida e cumulativa constante do prontuário, que lhe diz sofrer de *transtorno de personalidade, transtorno afetivo e esquizofrenia*.

Pretendo destacar as mudanças de ciclos que foram se seguindo, em ra-zão da criação do vínculo, o que permitiu que pudéssemos trabalhar com

---

88 *The wall* refere-se ao primeiro momento do caso clínico, compreendendo o período institucional em um contexto grupal e análise modificada.

89 O diagnóstico colaborava com as crises de identidade no sentido de ele pro-curar saber detalhes sobre ele, por exemplo, na internet, para ajustar-se cada vez mais ao papel e atuá-lo.

maior elasticidade da técnica e propiciar a baixa da guarda de suas defesas. Sua primeira linguagem resumiu-se à imagem durante quase 2 anos.

Ao iniciarmos o processo analítico na instituição, Taylor era um homem muito retraído, cabisbaixo, cuja identidade era constantemente abalada com a entrada de alguém em crise no mesmo ambiente. Ficava visivelmente perturbado, tomado por uma angústia insuportável, que o obrigava a sair da sala. Desde o primeiro encontro analítico, era notória sua vulnerabilidade excessiva ao ambiente, o que evidenciava uma falta de limites entre o eu e o não eu, uma ausência de pele ou da *membrana do ego*, como a denomina Winnicott.[90]

Nosso trabalho, no início, resumia-se quase à pintura das telas, em busca de um espaço de representação. Importava aqui mais do que nunca a *escuta visual* do analista, a fim de acolher as cenas de seu teatro interior que eram representadas na tela. Fédida nos remete a esse *vazio*, em que nada parece acontecer, como a instância da latência e, assim, da perlaboração.[91] Roussillon, em seu texto "A perlaboração e seus modelos", relata as dificuldades com que nos deparamos quando encontramos as resistências do *id*:

> A perlaboração das resistências do Id diz respeito às situações históricas de natureza ou de efeito traumático em que os conteúdos inconscientes implicados foram contra-investidos desde o início, antes de qualquer apropriação e representação consciente suficiente. As situações e modos de relação traumáticos, devido ao intenso desprazer, até mesmo pelo pavor ou agonia que implicam,

90 WINNICOTT, D.W. *O ambiente e os processos de maturação – estudos sobre a teoria do desenvolvimento emocional*, p.60.

91 FÉDIDA, P. "O vazio da metáfora e o tempo do intervalo". In: *Depressão*, p.71.

impedem o sujeito de poder fazer o trabalho de metabolização da experiência subjetiva que elas produzem nele. A defesa primária age de maneira quase automática, desde o desencadeamento do pavor, do terror ou da ameaça de aniquilamento que a experiência traumática comporta, e isto antes mesmo que o sujeito tenha podido viver e ter uma representação suficiente do que ele experimentava (Freud, Winnicott). Ela subtrai assim da subjetividade os dados perceptivos e sensoriais a partir dos quais o Ego-sujeito poderia construir um sentido aceitável para o que ele experimenta.[92]

Não poder experimentar essa representação de dor alude à importância da sustentação e da parceria no *setting* analítico como possibilidade de reconstrução de uma ruptura de intersubjetividade. Pois, retomando Fédida,[93] o que essa *"depressividade do vazio coloca"* é *"sem dúvida, a questão do espelho do reconhecimento de si"*, espelho nos termos considerados por Winnicott, ou seja, o rosto da mãe que não consegue refletir ou devolver a imagem. Essa ausência de imagem seria interpretada como ausência de si, que passa a ser então o significado do objeto.

"Esse intervalo", de acordo com Fédida, esse tempo em que nada parece acontecer, *"é necessário para a reconstrução de um espelho que reflete a imagem justa, permitindo que ela germine"*. É preciso que o analista escute esse vazio como o tempo de que foram privados o rosto e o gesto, que se reduziram a imagens, como espaço necessário de germinação. Caso o analista não respeite esse tempo, o vazio não poderá mais ser espaço, o que impedirá a possibilidade de construção. A retirada do fator

92 Trabalho apresentado no Congresso da IPA, p.6. Berlim, 27 de Julho de 2007.
93 FEDIDA, *Depressão*, p.98.

tempo equivale à retirada do espaço, o que poderá induzir a uma ameaça de inexistência.[94]

Em uma das nossas primeiras sessões, Taylor me entregou um vídeo em VHS de Pink Floyd, chamado *The wall* e disse: *quero que veja, esse sou eu.* A fita é toda em linguagem própria, ou seja, imagem, e pôde-se constatar ali, com surpresa, muitas de suas pinturas, como a cruz que se esvaía em sangue e o bueiro, sobre os quais lhe havia dito: *alguém morreu*, e ele disse: *acho que sim*, pois metade da cruz estava branca, dando sinais de que havia se esvaído em sangue (Figura VI).

Com base em Laing,[95] Taylor quis realmente dizer que estava morto, não de um modo simbólico, mas essa era a sua "*verdade*". Ele era outro. Quis que eu soubesse quem era através das imagens com as quais se identificava em seu delírio.

Parece que Taylor temia que não conseguisse penetrar em sua realidade se não visse as suas imagens, se não sentisse *aquela dor*. O interessante é que eram imagens cinematográficas, ou seja, sempre em *movimento*. O curioso é que não eram dele, apesar de pintá-las com muita emoção. Estavam introjetadas, mimetizadas? Eram apenas as primeiras figuras que escolhia para *ser*. Depois, o tempo foi trazendo outras, sempre figuras alheias que, na ausência de si, ele interpretava e buscava como próprias.

Aulagnier também aponta o longo caminho vivido da linguagem pictural à do intérprete: "*A linguagem pictural é, segundo Freud, a única presente nas representações forjadas pelo processo primário*".[96]

---

94 *Op.Cit.*, p.99.

95 LAING, R. D. *O eu dividido: estudo existencial da sanidade e da loucura*. Petrópolis: Vozes, 1983.

96 AULAGNIER, P. *O intérprete em busca de sentido*, Vol.II, p.85.

A autora fala também da possibilidade, sob certas condições de vivência psíquica, de reencontrar essa linguagem pictural, tão necessária para permitir o retorno à cena da *"lembrança visual"*, origem desses cenários infantis, preservadas para sempre no recalcado.[97] Essa seria, pois, nossa primeira linguagem, e a *"tarefa do intérprete seria árdua, pois teria de encontrar palavras que tornem figuráveis"*, para o eu dos dois parceiros, essas representações de coisas, essas composições picturais, de modo a *"desembaraçar"* esses efeitos que chamamos de fusão, raiva, inveja e ódio.

Porém, para que pudéssemos chegar até a palavra, um longo caminho foi percorrido. Foram quase dois anos pintando as mesmas cenas de menino, nas quais se via trancado em um quarto pela mãe, *onde o pai lhe dizia para nunca ir, porque lá havia matado uma cobra.*

Foi um longo tempo em que as imagens fluíam, sempre iguais, sob a forma de repetição. Taylor contou que, depois do abandono do pai, a mãe teve que fazer algumas *coisas erradas* e o trancava em um quartinho todas as noites, onde morria de medo da solidão e das cobras que o pai havia matado ali. Disse que esse quarto tinha algumas telhas de vidro e, ao amanhecer, era visitado por muitos pássaros, que faziam um barulho ensurdecedor. Esse som de pássaros passou a acompanhá-lo e, segundo me diz, *pode parecer bonito e poético, porém sua escuta era insuportável.*

Winnicott observa que essa agonia primitiva já foi experenciada em um tempo em que a integração do ego não pôde abrangê-la: "é o medo de um colapso que já foi experienciado, ou seja, é o medo da agonia original que provocou a organização de defesa que o paciente apresenta como síndrome da doença".[98]

---

97 *Op. Cit.*, p.85.

98 WINNICOT, D.W. "O Medo do Colapso". In: *Explorações Psicanalíticas*, p.72.

Considero todo esse período como pertencente ao mesmo campo, o do menino aprisionado, que teve seu tempo estagnado e paralisado. Apenas com o *holding* e o manejo, abrindo-se a escuta para o emergente, silenciando, dando-se ênfase às entonações de voz, esperei, por meio dessas pequenas explosões internas suportáveis para o paciente, uma abertura de sentido. Assim, a Figura 1 originalmente tinha apenas a cama, o menino e o cadeado.

Ao entrar com o paciente em seu delírio, deve-se ter sempre a preocupação de ir *"além do campo"*, quando a transferência não é fenômeno, mas *gestação de possíveis não previstos teoricamente. O desafio do tempo da psicose é o de ser capaz de delirar construtivamente e a dois (...)*, é o que nos diz Herrmann.[99]

Essa exploração *"além do campo fenomenológico"* ocorria sempre, no início, concretamente, quando ele pintava, fazendo-o pintar algo mais na mesma cena. Assim, possibilidades de abertura foram sendo geradas. Certa vez, perguntei-lhe: *O que pode fazer para sair deste quarto?*. Ele pintou então uma janela aberta, onde brilhava um sol preto. *"Isso é tudo?"*, perguntei. Taylor se dirigiu até a tela e fez uma porta aberta. Mas disse que não tinha forças para sair dali.

Quando algo é pintado na tela, coloco-me com o paciente naquele lugar e, a partir dele, posso comentar ou descrever o que vejo e, principalmente, como me sinto (no lugar dele) naquela situação. Algumas emoções podem então ser recolhidas e apresentadas ao paciente, que vai, aos poucos, estabelecendo com elas um primeiro contato.

Assim, as imagens do congelamento do menino foram se sucedendo.

A Figura 2 foi pintada no mesmo período e, de acordo com Taylor, é a imagem da mãe grávida dele, acorrentando um coração, embora um dos

99 HERRMANN, *Clínica Psicanalítica. A Arte da Interpretação*, p.105.

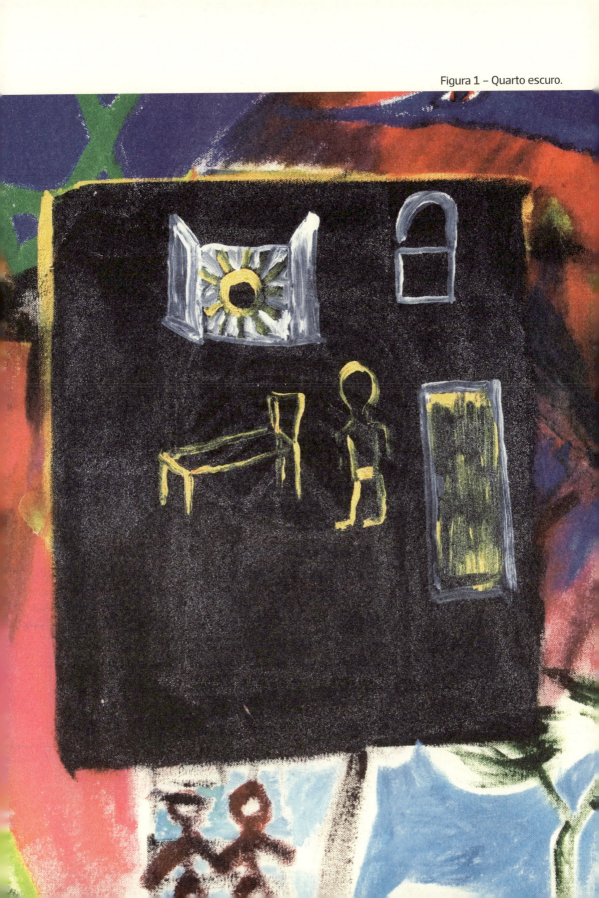

Figura 1 – Quarto escuro.

elos esteja aberto. Essa corrente de elos abertos, que aparece em muitas das pinturas, conta de *uma prisão aberta*, referente à identificação com o agressor, que seria compreendida muito tempo depois, quando aparecesse na análise a vivência de abuso.

Há também uma foice, à época não falada, porém pintada, percebida bem mais tarde, que se repetiu ao longo do tempo em outras figuras, como uma agressividade latente e comprimida.

Hoje, reconheço, depois de muito tempo, a figura da foice como símbolo do seio materno, o que também remeteria à identificação com o agressor.[100]

A foice era uma figura comum, pois o quarto em que era trancado guardava estribos, ferraduras, selas de cavalo e instrumentos de jardim, dentre os quais uma foice.[101] Segundo as palavras de Taylor, o elo da corrente que o aprisionava estava se abrindo, o que significava que estava se libertando dela.

Hoje, depois de acompanhar o processo em que figuravam muitas correntes, elos abertos, a chave de posse da mãe, remeto-me novamente a Aulagnier: "Há duas atitudes que explicam a particularidade da relação mãe/filho na esquizofrenia: uma tentativa desesperada de preservar um estado de indivisão, e a raiva destrutiva que irrompe nos momentos de conflito".[102]

Isso explicaria sua impossibilidade de vida, a escolha por esse *viver acorrentado*, embora consiga vislumbrar uma porta aberta? Há uma impossibilidade de separar-se do objeto. São fragmentos que começam a

---

100 Essa mesma figura foi reconhecida mais tarde, por ele, como o símbolo do seio da mãe. Uma figura ambivalente que fere e alimenta.

101 Esse quarto também simbolizava a figura da mãe, que era uma prostituta, o que só pôde ser representado depois de anos de análise. Ele era trancado ali para não atrapalhar os programas da casa.

102 AULAGNIER, *O intérprete em busca de sentido*, vol.II, p.142.

Figura 2

formar sua história e que o analista tem que ir juntando, porque eles vêm como podem e como se encontram, ou seja, aos pedaços. A repetição, no entanto, a cada nova imagem, traz algo de novo, como se algo a mais pudesse já fazer parte da cena ao ser acrescentado. A respeito disso, Ferenczi, em seu texto *Perspectivas da Psicanálise*[103] esclarece que a função da *repetição* na técnica analítica, antes encarada apenas como sintoma de resistência, parece ser a de possibilitar a emergência de *"fragmentos inacessíveis sob a forma de rememoração"*. Isso faz com que o papel principal na técnica analítica caiba então à *repetição*, e não à *rememoração*, quem sabe se com a função de transformar elementos repetidos em possibilidade de lembrança.

A faculdade de permitir ao paciente o seu próprio tempo, principalmente em pacientes tão fragilizados, em que qualquer invasão poderia causar enorme destruição, também esbarra, seguramente, na angústia de seu terapeuta, seja médico, psicólogo ou analista.

Somente ao contracenarmos com o paciente a verdade dele, sem afugentá-la, tornamo-nos capazes de habitar o mesmo campo, ou seja, o campo transferencial. Isso nos capacita, segundo Herrmann,[104] a penetrar em seu delírio, que seria exatamente isto: *"um mergulho indevido no absurdo, que tem depois de ser retraduzido em linguagem comum"*. Há um vazamento da subjetividade, pois a identidade é projetada para o mundo e quase se reduz drasticamente ao quadro delirante. Existe um extrato do real, mas interpretado de mau jeito. A realidade e a possibilidade se confundem.

Outras cenas desse período se sucedem. Certa vez, em um dos aquecimentos das sessões de pintura, lemos o poema *Resíduo*, de Carlos

---

103 FERENCZI, S. *Obras completas*, vol.III, 1993. p.227. A repetição, em FERENCZI será desenvolvida na análise do caso.

104 HERRMANN, F. *O que é psicanálise – para iniciantes ou não*, p.129.

Drummond de Andrade,[105] e um dos versos chamou a atenção de Taylor: *"Se de tudo sobra um pouco, porque não sobraria um pouco de mim?"*. A essa frase o paciente associou sentir o resíduo *como uma guerra e lembrou-se do escravo prisioneiro.* Registrou uma corrente e desenhou demoradamente todos os elos fechados e um aberto, colocando ao lado um cadeado. Essa cena de guerra começa a ser uma constante em todo o processo, assim como o personagem *escravo prisioneiro.*

Minhas interpretações se limitavam a descrever as cenas pintadas com curiosidade e interesse, e a narrar as emoções que eu, no lugar dele, sentia. Apenas a escuta atenta e o interesse pelo *escravo menino.* Eu o sentia muito frágil, como se ele precisasse ainda ser reunido, sustentado com meu corpo para que não se misturasse aos outros.

Quando esse elo aberto se tornou consciente, por meio da percepção somada à memória, para seu autor, o primeiro passo para continuar sua história, em outra sessão de pintura, foi fechar o elo... e depois colocar a mãe (representada por uma figura de mulher) e a chave, que tinha o poder de abrir o cadeado (Figura 3), em uma postura passiva e indiferenciada, ou mesmo de um *escravo prisioneiro,* a quem não restava senão se conformar. Esta poesia lhe lembrou de uma guerra, como a imagem do escravo acorrentado,[106] acorrentado à mãe e aprisionado ao tempo de criança.

Poder-se-ia dizer à época que a imagem da mãe que o trancava num quarto afastado durante a noite era a responsável pela cisão, uma imagem que se tornara estática, presente até hoje.

---

105 ANDRADE, *Antologia Poética*, p.320.

106 Mais tarde, quando veio à tona a vivência do abuso, pude entender esse personagem como a criança prisioneira de sua identificação com o agressor.

Figura 3

Assim foram os primeiros anos de Taylor no Caps: o menino aprisionado no quarto, os elos das correntes, às vezes abertos ou fechados, e o cadeado. Foi um campo vivido sob a ótica traumática, difícil de ser rompido.

Para minha surpresa, depois de tantas repetições, em que apenas se acrescentavam detalhes, algumas cenas tiveram o fluxo imagético restabelecido, como a pintura apresentada a seguir (Figura 4), que representa o quarto do menino aprisionado à corrente, em um fundo verde, pintado sobre a palavra traição (que ainda pode ser vista sob a cena verde), mas com a mãe saindo de cena, à esquerda, metade do corpo fora, em movimento. Suas imagens começaram a fluir de modo lento, porém ininterrupto.

Parecia que começava a regredir.

Ele começava a simbolizar o movimento: essa imagem da cena verde (Figura 4) apresentava-o como se sentia. Não acredito que realmente fosse acorrentado, mas era assim a sua postura submissa, como ele realmente

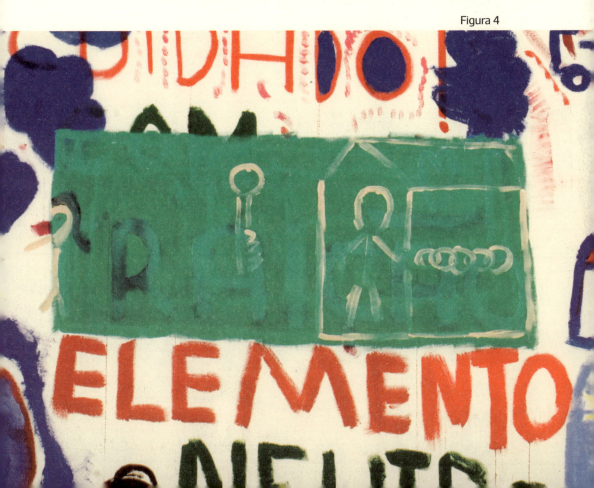

Figura 4

se sentia. Lentamente as emoções vão sendo percebidas, e o ódio começa a ser vivido, atuado na tela.

A pintura que se seguiu (Figura 5) foi a de um coração negro, com dois furos vermelhos se esvaindo em sangue; ao seu lado, encostada, uma espada.

"*Esse coração é o da minha mãe; ele é negro porque o sangue se foi... eu furei, porque não perdoo o que fez comigo. Queria ter feito isso a semana passada, mas não deu...*".

A possibilidade de dar vazão à sua agressividade e à sua raiva pôde ser demonstrada, assim como em relação à Figura 6. Percebi que, ao carimbar suas mãos com tinta vermelha na tela (Figura 6), sua fisionomia se alterava, olhava suas mãos como se estivessem tintas de sangue e as lavava, em seguida, na pia, como se houvesse mesmo matado alguém. Na sequência, dirigiu-se à enfermaria, e pediu para ser medicado. Aquele carimbo emitia sinais de muita dor. Percebia-se uma indiferenciação entre mundo interno e mundo externo, sempre muito presente.

Figura 5

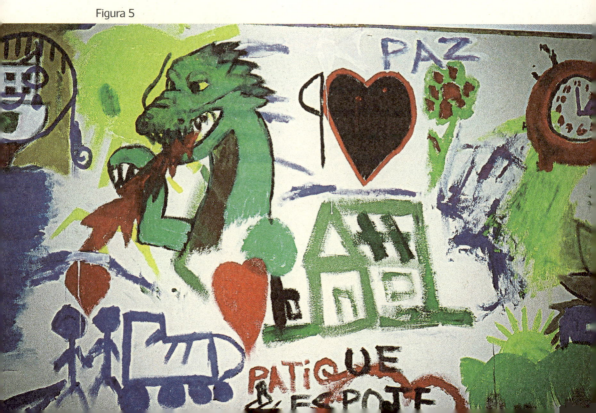

Figura 6 – Cruz.

Nessa época, Taylor comparecia, pintava, mas não tinha forças para reagir. Dificilmente algo conseguia demovê-lo de sua inércia. Era constantemente invadido por cenas e sentimentos alheios.

Sua vulnerabilidade tornava-o permeável a todos os afetos do grupo: certa vez, teve seu espaço literalmente invadido por outro participante, mas a sua reação foi silenciar e abandonar a tela. Parecia mais uma criança incapaz de lutar. Esse personagem do menino abandonado e sem forças para lutar foi lentamente percebido pelo homem. O menino começava a crescer.

Como funcionaria então o processo analítico?

Compreendo esse período como já o de uma regressão à dependência, proporcionado pelo vínculo e sustentado durante muito tempo pelo analista, o que tornou possível uma abertura de novos sentidos, com a possibilidade de experimentar um retorno à sua situação de desamparo, agora podendo vivenciá-la de modo suportável, porque não está mais só.

A importância da regressão com foco na experiência nos é dada por Naffah Neto,[107] quando comenta que a grande diferença da clínica winnicottiana vai ser o tratamento dos *borderlines* e psicóticos, pois Winnicott percebe a importância do restabelecimento da experiência que ficou interrompida pela defesa do falso *self*.

Há de se criar um clima de confiança para essa defesa ficar porosa e começar a estabelecer fluxos de fora para dentro. O paciente precisa, ao se sentir acolhido, poder regredir aos estágios onde ocorreram falhas básicas, viver essas regressões em análise e poder preencher os buracos e as faltas de registros. O paciente tem necessidade de fazer, via processo terapêutico, a experiência das coisas que ficaram dissociadas em sua vida.

---

107 NAFFAH NETO, "A problemática do falso *self* em pacientes de tipo *borderline* – revisitando Winnicott". In: *Revista Brasileira de Psicanálise*; v.41, n.4, pp.77-88.

Ao se permitir receber, flexibilizando suas defesas, vivenciando as *agonias impensáveis* do menino aprisionado – conceito winnicottiano em que as falhas primárias nos ameaçam de desintegração –, Taylor foi se permitindo sair do quarto. Sua aparência alternava-se entre retraída e um pouco mais comunicativa.

Suas imagens começavam a mudar: pela primeira vez, transformou espontaneamente alguma coisa, pintando sobre uma *casa morta*, desenhada por outro paciente. A casa, que era simbolizada apenas por uma mancha verde na tela grupal, foi transformada em uma casa amarela, janela aberta, com gente dentro... (Figura 7). Esses movimentos que, à primeira vista, podem parecer inconsequentes sugerem outra disponibilidade interna, maior capacidade de interação.

Também abriu uma janela para um pôr do sol sobre outra casa morta pintada por outra pessoa. Escolheu, para pintar essa cena, a vizinhança

Figura 7

de pássaros, que voavam livres... Sinal de que começava a se libertar deles, embora ainda voltassem muitas, e muitas vezes, em figuras de pipas negras (Figura 8).

Pintou ainda, na mesma tela (Figura 9), uma placa, em que evidencia uma transformação: a palavra "DEFICIENTE" foi transformada em eficiente... (separando a letra D). Representava o seu medo e o seu desejo de ser avaliado pelo Sistema Único de Saúde (SUS) e ser declarado apto para o trabalho.

Figura 8

Foi tomado de pânico quando esse dia se avizinhou, mas confessou que já tinha um pouco de vontade de retornar à vida.

Como conseguiu de alguma maneira enfrentar esse medo, cortou o "D", transformando a placa em eficiente. Porém, ainda não foi dessa vez que recebeu alta.

O conflito que o acomete quando chega o tempo da perícia é outro que também reflete sua ambivalência: é o medo de se ver novamente declarado incapaz ou, de repente, também, o medo de ser declarado apto e ter que voltar à vida.

Existem ainda o medo da perda do benefício que o sustentava e a possibilidade de não encontrar trabalho tão facilmente.

Figura 9

Conta que os médicos não se dirigem ao paciente e, ao relatar uma dessas avaliações, disse: *"Eu cheguei lá bom, fui com minha mulher, porque pedem um acompanhante, mas saí de lá doente... Ele só falou com minha mulher, era como se eu não estivesse lá..."*.[108]

Então eu lhe disse: *"Por que você não respondeu? Você não saiu doente, mas talvez com muita raiva"*. Essa realidade de não ser visto, tampouco escutado, vai reduzindo o homem à sua doença. É sobre ela que se fala, ela é a única que aparece.

Esse olhar do outro a respeito de sua patologia tem um peso capaz de induzi-lo à despersonalização, ou seja, *só consigo ser doente.*

O homem vai definhando, vai deixando de *ser* em favor dela: a doença, ao contrário, cresce, é tratada, discutida.

Em outra oportunidade, que acontece a cada seis meses, de ser novamente avaliado pelo SUS, comentei o quanto seria importante que ele próprio falasse, que começasse a resgatar em si o sujeito, capaz de responder por si.

Disse-me que foi chamado e, dessa vez, por uma médica que quis recebê-lo sozinho. Então pôde falar, teve licença para *ser*, e, para sua

---

108 Quase no final da análise é que pude compreender a importância dessa fala, que identifica a doença com a raiva como central nesse processo: a impossibilidade de apropriar-se desse ódio fez com que sentisse essa emoção (raiva) como doença... Quando emergem a vivência de abuso e a consequente identificação com o agressor, pude entender também que esse ódio introjetado e sua culpa *faziam-no doente: "É porque me identifico [...] que não posso odiar. [...] Mas o que acontece à emoção mobilizada quando qualquer descarga psíquica sobre o objeto é impedida? Permanece no corpo sob a forma de tensão. [...] Punir-se a si mesmo é mais suportável que ser morto"* (FERENCZI, S. *Diário Clínico*, p.215).

surpresa, ela lhe disse que o estava achando *muito centrado* e que, por ela, estaria apto a voltar a trabalhar, dependendo da avaliação do seu médico do Caps. A probabilidade de *ser* fora aprovada.

Ao me relatar essa possibilidade, a maneira como ocorreu, pude ver um brilho incomum em seu olhar, que diz respeito à vida. Porém, em sua próxima consulta no Caps, o psiquiatra enumerou também as possibilidades negativas com que poderia se defrontar.

Senti seu ânimo diminuir, seu brilho se apagou. Novamente vencia a doença, e me disse: *"Não sabe como é, depois que se entra aqui, a gente não consegue sair..."*. Não obstante a luta, nosso trabalho continuava. Víamos possibilidades novas, emergentes, que ansiavam por respirar.

Entretanto, depois de um tempo maior de permanência no CAPS, temos que enfrentar também o sentimento de desesperança que se apodera do paciente em sua *conformação com a doença*.

Paula afirma que[109] *"a rotina conduz os médicos a constituírem uma relação paciente-instituição, segundo a qual o médico é isento de muitas responsabilidades que recaem sobre o hospital, e o paciente é excluído do seu próprio processo de adoecimento"*. O médico tende a se defender de sua angústia resolvendo, à sua maneira, o que acha ser o problema do paciente: ao declará-lo inapto e incapaz para o trabalho, considera que faz um favor ao aposentá-lo.

Essa expectativa de auxílio do SUS passa a ser uma meta almejada pela família. Entretanto o paciente, ao recebê-lo, muitas vezes se convence da sua incapacidade, torna-se excluído de seu próprio processo de

---

109 PAULA, C.M. "A função terapêutica da consulta no campo da relação médico--paciente". In: BARONE, L. M. C. (coord.) et al. (orgs.). *A Psicanálise e a clínica extensa*, p.337.

adoecimento, que passa a não mais ser questionado. Ao aposentá-lo, o paciente sente-se também aposentado da vida, de seus sentidos e significados. Com isso *"resolve-se o problema"*, mas de quem? Talvez seja a maneira pela qual médicos, psicólogos e analistas procurem aplacar suas angústias, nesse tempo em que o paciente espera por um novo preenchimento de significados, pois não suportam a espera necessária, o tempo requerido pela experiência, para que outras significações entrem em cena.

O paciente transforma-se então em doença.

Paralelamente a esse quadro decorrente do diagnóstico psiquiátrico e da vivência na instituição, começa a haver também o desenvolvimento da confiabilidade, a possibilidade de reexperenciar seus medos e suas ameaças de desintegração em um movimento regressivo.

Ao lermos a poesia "Este é o lenço", de Cecília Meirelles, em uma das sessões de pintura, ele pôde trazer, depois de anos, a primeira lembrança boa: o lenço da avó (Figura 10), que era índia, uma avó muito querida e carinhosa: *lembro da minha avó fazendo birros [bilros?] e de como era carinhosa toda vez que minha mãe me judiava...*

Figura 10

Foi o início de um longo caminho, rumo ao rompimento definitivo do campo do menino aprisionado.

Outras imagens puderam ser sentidas e representadas. Taylor pinta um tronco de árvore grosso, velho e capado, que traz um brotinho verde (Figura 11).

Disse que era assim que se sentia, mas, quando parecia estar se libertando, o menino aprisionado, o quarto e as cobras retornavam. A essa altura, Taylor pintava e escrevia em nossas sessões. Este foi o seu primeiro texto, escrito em março de 2005:

Marasmo (ortografia original)

Deitado numa cama suja com as mãos apesas a correntes, eu só pensava no amanhecer com as luzes entrando pelas frestas no telhado onde de quando em vez Havia cobras penduradas, ficava dias e noites pensando no que eu havia feito para minha mãe para eu sofrer tamanha judiação, chorei noites e noites mas de alguma maneira eu estou vivendo passo a passo deixando os meus sonhos maus, Hoje eu tento esquecer usando como arma minha Família nos meus filhos, as vezes, sinto um vazio muito grande, como se alguém tivesse roubado toda minha infância e adolecência, como se fosse um grande quebra-cabeça, com algumas peças faltando deixando um enigma para ser desvendado.

1972

Essa melancolia na qual foi envolvido pode ter sido originada por esse sentimento de impotência, de desamparo da criança perante o adulto. A impossibilidade de sair, o sentir-se *judiado*, a ambivalência amor-ódio que não pôde ser incorporada.

Chama também nossa atenção a frase *Hoje eu tento esquecer usando como arma minha Família nos meu filhos*. Uma frase ambivalente, embora se depreenda o sentido.

As peças que estão faltando e *o enigma a ser desvendado* também falam de memórias não acessadas.

Lejarraga, citada por Naffah Neto,[110] ao comentar a carta 52 (a Fliess) escrita por Freud, aponta três tipos de memória. Inicialmente, a autora

---

110 NAFFAH NETO, A. "O terceiro analítico e o sem-fundo corporal: um ensaio sobre Thomas Ogden". In: *Rev. de Psicanálise e Universidade*, PUC/SP. São Paulo, v.9 e 10, pp.185-204.

refere-se à memória dos signos de percepção formada pela primeira transcrição das percepções. Trata-se de uma memória composta apenas de signos, sem imagens perceptivas.

> Para que a percepção se inscreva como memória é necessário uma tradução das imagens perceptivas em marcas e estas não guardam mais qualquer relação de semelhança com as imagens iniciais. As percepções são transpostas em marcas (signos). [...] Há uma cisão entre percepção e memória; o que se conserva como impressão, de maneira estável, é o que foi transposto.[111]

Portanto, os signos de percepção pouco têm do original, que se vê perdido. A autora esclarece ainda que essa memória, se vier acompanhada de desprazer, poderá não sofrer uma segunda inscrição e então ser recalcada, que é justamente o que acontece na memória traumática.

Caso ocorra uma segunda transcrição, passará a se constituir uma memória inconsciente, que, de acordo com Freud na carta 52, equivaleria a *lembrança de conceitos*. Isso significa que há uma nova tradução em que os signos perceptivos são substituídos por signos conceituais. De acordo com Naffah Neto (1999):

> Nos textos de Metapsicologia esses signos serão descritos a partir da noção de representação-coisa, dissociada da representação-palavra, ou seja, de representações dissociadas das

---

111 LEJARRAGA apud NAFFAT NETO, A. O terceiro analítico e o sem-fundo corporal: um ensaio sobre Thomas Ogden. In: *Revista Psicanálise e Universidade*, PUC/SP. São Paulo, v. 9 e 10, pp.185-204.

palavras que as nomeiam, portanto impossíveis de reconhecimento consciente.[112]

Se houver a suspensão do recalque, a memória poderá então se traduzir em palavra, fusionar-se com a linguagem, sofrendo a terceira e última transcrição. Só então poderá ser reconhecida por meio da passagem para os níveis pré-consciente e consciente.

Taylor apresenta várias falhas de representação, o que nos faz acreditar que os registros que ele traduz *como peças faltando* e *enigma a ser desvendado* pertencem ao campo traumático, das primeiras impressões, dos signos perceptivos, impressos de alguma maneira no sistema mnemônico, antes ainda de se tornarem inconscientes. Estão, de alguma forma, registrados no corpo, produzindo efeitos psíquicos, embora não inscritos como lembranças.

Lejarraga[113] nos remete a Ferenczi ao afirmar *"que é o corpo que guarda as marcas do trauma que não puderam se inscrever em traços mnêmicos"*. Conclui dizendo que se os traços mnêmicos do trauma são corporais e não verbais, a função do processo terapêutico é a de procurar outras formas capazes de fazer acessar a esses núcleos não verbais.

Assim, com o propósito de acessar esses núcleos não verbais por meio do simbólico, houve muitas idas e vindas até que as sessões de pintura fossem sendo completadas pela palavra. Taylor pedia papel e escrevia.

---

112 NAFFAH NETO, A. O terceiro analítico e o sem-fundo corporal: um ensaio sobre Thomas Ogden. In: *Revista Psicanálise e Universidade*, PUC/SP. São Paulo, v. 9 e 10, pp.185-204.

113 LEJARRAGA, A.L. *O trauma e seus destinos*. Rio de Janeiro; Revinter, 1996.

O campo se expandia. Sua imagem havia mudado. Nessa época, chamou também minha atenção, depois de muitas representações sobre o quarto, a pintura que fez de uma máscara, segundo ele, semelhante às carrancas do Rio São Francisco, que são usadas para proteger a embarcação. Depois de cinco anos do início do processo analítico, sua imagem havia mudado. Estava mais alerta, alegre e comunicativo nas sessões, embora ainda fosse tomado, de vez em quando, por uma inércia e uma passividade que não conseguia vencer. Pinta então algo forte, completamente diferente das coisas que fazia, e que me pareceu, pela primeira vez, trazer algo muito seu, espontâneo. Embora mascarado, trouxe um rosto (Figura 12), olhos vivos como que em busca de personagem. Disse-me que *"era uma carranca, assim como aquela que se põe nos barcos para proteção"*[114] e que essa máscara esteve com ele durante todo o período que permaneceu no quarto.

Lembro-me de que foi o único paciente que teve vontade de inscrever-se em um concurso de pintura, em homenagem a Arthur Bispo do Rosário, que busca reinserir os pacientes na cultura, promovido pelo Conselho Regional de Psicologia (CRP) por ocasião da "Copa da Inclusão". Era como participar do mundo, não temendo tanto o risco e a perda. Essa figura, embora represente uma máscara, foi a primeira imagem que apresentou a potência e força como contraponto ao ser aprisionado.

Taylor ainda está mascarado, talvez não tenha o rosto completamente configurado como identidade, mas vai se experimentando e se diferenciando do outro. Já se apresenta, embora defensivamente. Começa a idealizar um rosto, em um esboço de singularidade, em busca da própria

---

114 Essa figura já foi objeto de análise sob outro prisma, quando mencionei a importância dos espelhos.

construção do sujeito, antes completamente indiferenciado, misturado aos outros e ao ambiente. Embora realmente essa figura traga uma potência diversa de seus desenhos infantis, o que, nesse momento, eu ainda não sabia era que essa máscara era uma prótese, pois cobria um rosto

Figura 12

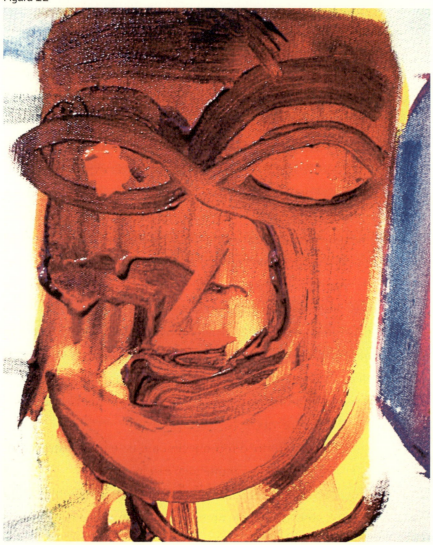

inexistente. Mas eu compreendia que essa prótese já tentava ensaiar uma passagem, uma possibilidade de construção.

Após quase cinco anos do início do processo, parece que os elos da corrente que o aprisionavam à mãe estão se abrindo, permitindo um rascunho de identidade. Ao se apresentar novamente à perícia para ser avaliado pelo SUS, tem uma surpresa ao ouvir o diagnóstico de *capaz*, dado pela médica. Fica em dúvida sobre a sua capacidade, não sabe se aceita voltar ao trabalho que não o quer mais ou se deve se submeter à decisão de seu psiquiatra, que ainda não o considera apto para voltar a trabalhar. Percebo que se sente feliz, que pode, então, começar a esperar.

Em uma das sessões, Taylor me disse: *"Ela* [a médica do SUS] *me achou centrado, diz que poderia voltar... Ele* [o médico do Caps] *acha perigoso, muito cedo, fala que tem mais de 20 anos de experiência, pede que confie nele..."*. Então lhe perguntei: *"E você, o que acha?"*. Percebi em sua feição que algo mudou. Essa pergunta, que o reconhecia como sujeito, provocou-lhe um enorme estranhamento. Lembrei-me de que, Winnicott afirma que uma interpretação certa no momento certo equivale a um toque físico, isso porque o espelho do humano é mesmo outro humano. Se alguém acredita em mim, é porque ainda tenho possibilidades...

Certo dia, Taylor me disse ter ficado muito decepcionado com a terapeuta (psiquiatra) dele com quem se consulta há dois anos: *"Ela me disse em alto tom: 'VOCÊ ESTÁ ESTAGNADO!'"*. Perguntei-lhe o que isso significava, e ele me respondeu: *"Paralisado, assim como se eu não tivesse mais jeito, nem mais nenhuma esperança..."*.

O processo identificatório, o reconhecimento do eu, a construção do sujeito é o que vem se tecendo durante todo esse período.

Taylor começa a se diferenciar, surge a necessidade de admitir o rosto. Em abril de 2005, escreveu o texto apresentado a seguir que evoca o espelho (ortografia original):

Olho-me no espelho e vejo uma pessoa frágil. Lembro quando trabalhava era considerado normal esperto, ágil, prático, sinto que não faço mais diferença para as pessoas ditas normais, mas ao mesmo tempo surge em mim uma vontade de me libertar, aceitar minhas dificuldades, supera-las erguer a cabeça abrir as portas, janelas da minha casa, e deixar o sol entrar para tirar o mofo que se concentra em mim mesmo. Lembro que eu acho que tenho uma facilidade de me perder em meus pensamentos ao ponto de perder a razão. Mas também tenho uma facilidade enorme de me superar. Algo está mudando eu percebo. Que estou tendo lampejos de vida.

Embora diga que sinta *não fazer diferença para as pessoas ditas normais*, Taylor reconhece que algo está mudando.

Algo está em trânsito, novas representações comparecem, e podemos ver também a importância da crença: *tenho facilidade em me perder, mas também uma facilidade enorme de me superar.* Podemos ver também o nascimento de um processo resiliente em ação. *O não fazer diferença para as pessoas normais* vem falar do sentimento de ausência de si, pois não se crê mais por meio do outro dito *normal.* Não obstante começa a ter *lampejos de vida.*

Cyrulnick[115] também nos fala da relação vincular no processo terapêutico, pois será essa qualidade a responsável pela mobilização de sentimentos de apego seguro.

Esse apego seguro, desenvolvido pelo espaço terapêutico, tem a potencialidade de atualizar o já existente nas pessoas, ao proporcionar a capacidade de enfrentar, em conjunto, revivendo as imagens do passado no

---

115 CYRULNICK, B. *Resiliência e trauma.* 1º Seminário de Boris Cyrulnik no Brasil, apresentado na Sociedade Brasileira de Psicanálise: 22/3/2007. São Paulo.

presente e progressivamente libertá-las, ao colocá-las no passado, provocando a historicização. Afirma ainda que a negligência afetiva parece ser responsável por três quartos das feridas da infância, embora depois algo possa desencadear o processo de resiliência. Esse processo de resiliência pode ser desencadeado pelo desenvolvimento do apego seguro de uma relação vincular, especialmente no processo terapêutico. Admitir o próprio rosto implica tudo isso.

Um ano depois, em 2006, escreve outro texto, cujo título é, ironicamente, o mesmo de um texto já apresentado neste capítulo: "Marasmo".

Contudo, neste já se percebem uma emergência de consciência, uma busca de sentido e uma tentativa de organização.

Marasmo (ortografia original)

Dias de trovão, noites mal dormidas pesadelos constantes, sonhos em que estou trabalhando (como eu era feliz) o que será que aconteceu comigo, tento parar às vezes e tentar descobrir o que aconteceu com aquele homem forte, destemido, com sabedoria até para auxiliar meus amigos no trabalho. Hoje minhas idéias, meus pensamentos, estão vagos, apagados não consigo concluir nada. Não penso em nada construtivo durmo à toda hora tentando buscar nos meus sonhos algum sentido para voltar a ser como antes. Estou me consumindo com idéias desconexas. Tenho muita variação de humor, as vozes me dizem coisas como destruir pessoas, à mim mesmo. Eu preciso tentar viver com todos os problemas, tentar reagrupar minhas idéias e tentar viver assim mesmo, já estou em tratamento à seis anos. Foram seis anos perdidos, que não voltam mais. O que tenho agora é que viver mesmo com problemas até chegar o dia em que eu consiga superar e quem sabe um dia me vestir com minha calça jeans e camisas brancas.

Taylor fala sempre de como é acompanhado de seus pesadelos, muitos delírios persecutórios, nos quais aparecem muita guerra e destruição. Está podendo vivenciá-los e começar a ter alguma consciência sobre sua limitação. Fala também *de como tem saudades de quando era alguém e trabalhava*, trazendo a imagem de *forte para os outros*, começando um trabalho de garimpagem de seus afetos.

Pode-se também ver o desejo de viver e começar a se organizar, a esperança de superar para *se vestir como antes* em meio a tanta dificuldade e sentimentos de destruição.

Winnicott[116] observa a importância do trabalho dessa construção de um eu autoral, pois a patologia referente aos casos limites diz respeito à interrupção da continuidade de ser em épocas muito precoces, criando defesas que impedem o *self* verdadeiro de apropriar-se das experiências, ainda que em nome da sobrevivência. Pode-se ver como é árduo para Taylor o desejo de tornar-se um ator/autor, sem saber como, de seus próprios atos.

É preciso crer que aí há sentido tentando ser transmitido, ainda que por meios precários. Em todos os seus textos, aparece a angústia relativa ao tempo, sempre há algo que anseia por ser comunicado.

O tempo também aparece em uma de suas pinturas (Figura 13). Nota-se que os elos das correntes surgem mais uma vez, como presas do passado, como andaimes do presente. Taylor refere-se muito *ao tempo, aos anos perdidos, ao medo do presente*.

A vivência desse vazio traz também um sentimento muito forte de angústia, que beira a desagregação, um sentimento de não estar em si, de não ser nada.

116 WINNICOTT, D.W. *O Brincar e a Realidade*. Rio de Janeiro: Imago, 1975.

Figura 13

Taylor encontra-se confuso e revela essa angústia em um trabalho de aquecimento das sessões de pintura, em que trabalhamos nossos personagens internos.

No decorrer do processo, ele escreveu, durante uma sessão, o texto apresentado a seguir, de 2006.

À procura do Eu (ortografia original)

Dentro de mim moram um índio, um executivo com um laptop e um paleontólogo. Encontro-me muito cansado, passei por várias guerras, a do Vietnam, a da Croácia. São anos da minha vida lutando e de repente encontro-me muito velho, sem ter ninguém para passar toda essa experiência. Logo percebi que a primeira baixa é que se perde a inocência. Aos poucos fui percebendo que essas guerras não estavam fora, mas dentro de mim mesmo: por um motivo eu não conseguia entender porque e minha mãe não gostava de mim e me trancava num lugar que meu pai disse para eu nunca ir porque lá havia matado uma cobra. Devagar vou percebendo o que se passa dentro de mim, vou deixando de ser filho e começando a ser pai.

O título nos remete à leitura metapsicológica de Ferenczi, que indica *uma forma de personalidade feita unicamente de id e de superego".*[117] Percebe-se a clareza de alguns pontos e ainda a emergência do *menino aprisionado*, revelado na fala *"Logo percebi que a primeira baixa é que se perde a inocência"*, que posso compreender como uma fala de uma criança vítima do trauma de abuso.

Há ainda o reconhecimento de um hiato, ou seja, *de um tempo que não houve*, quando escreve: *"vou deixando de ser filho e começando a ser pai"* – uma aceleração do tempo, em que diferentes identificações fazem

---

[117] Se o trauma se cronifica, cria-se uma dissociação em que uma parte do paciente, o infantil traumatizado, retrai-se, em um processo de congelamento (segundo Winnicott), e outra se fortalece por meio de um mecanismo cruel, a identificação com o agressor. O paciente se divide entre essa posição de vítima e a de agressor.

girar essas representações. Nota-se o uso do tempo verbal, o gerúndio, que manifesta o processo como o que ainda *está sendo*, o que *está acontecendo*.

"*Devagar vou percebendo o que se passa dentro de mim*". Caminhando para um processo de continência interna, capaz de dar figurabilidade aos afetos hostis e ao sentimento de desamparo provocado pelo abandono.

A percepção da guerra interna, que substitui a guerra externa, indica a possibilidade de apropriar-se de seus conteúdos, antes projetados, porque insuportáveis.

Em uma das sessões seguintes, Taylor diz que está ensinando a mulher a dirigir, porque talvez não consiga mais; o psiquiatra ia lhe dar um documento atestando sua incapacidade por causa dos remédios.

Percebo uma entrega sem luta, um conflito entre sua potência e sua fragilidade: na realidade, entrega mais que o carro, abdica da direção e quase se conforma; uma herança, segundo Ferenczi [(1933b)1992], do tempo em que reagir era impossível.

Tento despertá-lo dizendo: "*Este mal-estar é momentâneo, é uma questão de ajuste da dose, de vontade de pedir*". Digo-lhe que abdicar da direção implica um grande significado, e sabemos que não é o que quer.

"*Agora ele [o médico] já está fazendo, não tem mais jeito*". Parece tomado por uma submissão que o impede de reagir. Digo-lhe que pode pedir que interrompa, que diga que não quer parar de dirigir. Percebo que faz um movimento nesse sentido.

Depois me conta que já era hora de o CAPS fechar e que o médico tinha muitos pacientes para atender antes que pudesse ouvi-lo. Ele esperou um tempo, achou que não podia e foi para casa. Quando chegou lá, na mesma hora disse para a mulher que iria voltar ao Caps imediatamente. Ela perguntou: "*A essa hora?*". Ele voltou, foi até o médico e pediu que suspendesse o documento que o impediria de dirigir.

Havia um movimento maior que o impelia de volta à vida. Foi quando pintou um barco e uma garrafa no mar (Figura 14). Disse-me sorrindo que *lá havia uma mensagem que vinha lhe dizer que seria possível que perdoasse a mãe.*

Figura 14

Muito provavelmente, após cinco anos, a repetição lhe possibilitara uma nova inscrição, um preenchimento, uma nova representação da falta, embasada na reexperiência em ambiente acolhedor e protegido.

Em uma próxima sessão, ainda em 2006, Taylor escreveu sobre uma nova abertura de sentidos (ortografia original):

Sinto que estou saindo do escuro, estou vendo uma luz no fim do túnel mas não tenho coragem de proceguir porque eu não quero ver esta luz.

Esta luz é para mim uma incógnita, eu não sei se essa luz e boa ou ruim
Minha vida é feita de sonhos, frequentemente me vejo como um solda-
do, numa guerra de que nunca acaba, tantos anos lutando me sinto en-
tediado, é uma guerra de nervos, pode aparecer um inimigo na minha
frente que eu não saberia o que fazer, sou jovem inesperiente filho de
duas mães, uma mãe fria, distante de mim e outra totalmente ao contrá-
rio amorosa, que fica o dia inteiro tecendo roupas com birros, fazendo
tecido para me vestir de amor, de carinho, esta já se foi a muitos anos.
Hoje acabou a guerra, em meio prédios caídos muitas loucuras, gente
morta, mais, eu estou vivo fraco, faminto mas vivo e me erguendo aos
poucos juntando os meus pedaços, o Vietnã da minha vida acabou per-
di amigos, mas eu ainda tenho (você) mesmo morta você para mim está
viva nos meus pensamentos.

Para você minha querida vovó.

Pode reconhecer o medo de prosseguir e fala conscientemente sobre
seus sonhos que ele chama de *vigília*. Sonhos que tem em um estado de
quase adormecimento, em frente à TV. Fala que *se aparecer um inimi-*
go não sabe o que fazer, sou jovem e inexperiente filho de duas mães,
uma mãe fria, distante de mim (referindo-se à mãe verdadeira) *e outra*
que me cobre com tecidos (referindo-se à avó) – vê-se aqui a fragilidade,
a necessidade de pele como limite corporal e de sustentação por parte
do terapeuta, garantindo o espaço entre o eu que cobre e o eu que deseja ser coberto, no caso terapeuta/paciente. É capaz de reconhecer a destruição do fim da guerra e também que se encontra *vivo. Fraco, faminto,*
mas vivo. Percebo aqui, também, já a existência de duas mães, que posso compreender também como a criação do objeto subjetivo, por meio
do processo terapêutico.

Lembramo-nos então de um texto do Winnicott, apresentado à Sociedade Britânica de Psicanálise iniciado pelos três *"keeping"* citado por Figueiredo,[118] em que o paciente deve permanecer vivo, bem e acordado.

> *Keeping alive*
> *Keeping well*
> *Keeping awake*

Assim começa Winnicott, como um *haikai*, sugerindo, de acordo com Figueiredo, que *praticar psicanálise é conservar vivo, bem e acordado os dois, psicanalista e paciente,* e quem sabe não seja também o método, diz Figueiredo, *que deva ser conservado vivo, bem e acordado.*

O gerúndio usado por Taylor e por Winnicott diz respeito ao processo, ao durante, ao trânsito. Para que isso possa acontecer, devemos usar a análise modificada com pacientes chamados "difíceis". Permanecer vivo, habitando o próprio corpo, reconhecer-se como pessoa, em meio a destroços, mas juntando os pedaços.

Essa capacidade duramente sustentada em todo processo terapêutico mantém-se fiel e mostra-se apta a redirecionar o movimento interno. Taylor torna-se capaz de internalizar a avó, seu objeto bom, conservada em seus pensamentos, o que compreendo também como um objeto subjetivo, sobreposto à figura do analista.

Ao se tornar menos frágil e vulnerável, Taylor foi adquirindo a possibilidade de olhar para si, permitindo a emergência do conflito. Para que

---

118 FIGUEIREDO, L. C. "Ruptura de campo em Winnicott". In: HERRMANN, L. et al. (org.). *Ruptura de campo: crítica e clínica*, pp.71-83.

isso acontecesse, como nos lembra Figueiredo,[119] para criar a confiança que permita a experimentação, o analista deve ter-se mantido no... lugar. Lembra-nos também que Winnicott considera como lugar não só o princípio de realidade, como também o objeto subjetivo alucinado.

Taylor pintou então a Figura 15, o que lhe provocou grande alteração, evidenciando uma verdade que se mantinha oculta, de um processo interrompido de divisão, duas metades indiferenciadas.

Algo novo se pôs a caminho, um vasto campo se rompera, e essa expansão pôs à mostra uma série de representações para ele desconhecidas. Eram tantas as hipóteses desse estado de semidivisão: a ligação acorrentada mãe/filho, denunciando uma grande ambivalência, a ligação de *escravo*? Eram duas mães, mãe e avó, a mãe boa e a mãe má? Eram dois eus? Mãe objeto e mãe ambiente winnicottiana, ainda não integradas?

É fato que Taylor estava desenvolvendo ainda uma discriminação do dentro e fora. Para Winnicott, citado por Naffah Neto,[120] a sobrevivência do objeto (no caso, a sobrevivência do analista) é que cria para o bebê o que é fantasia e realidade: o bebê começa a perceber que o que destrói não é o que está fora, porque sobrevive. Se a mãe sobreviver, começará a fusão do eu, dos impulsos de amor e ódio.

Será que a mãe não subsistiu, impedindo a discriminação fantasia-realidade? A experiência do bebê unificada produz angústia, que se transforma

---

119 *Op.Cit.*

120 Remeto o leitor à leitura do texto. "A noção de experiência no pensamento de Winnicott como conceito diferencial na história da psicanálise". In: Naffah Neto, *Natureza Humana*; v.9, n.2. pp.221-242.

em culpa, e esta, em reparação. Se a mãe não recebe,[121] há uma tendência muito grande em reprimir os impulsos, mas ninguém pode viver sem agressividade. O bebê precisa que a mãe receba para poder se apropriar de seus impulsos agressivos. Taylor ainda é tomado por uma grande passividade, tem grande dificuldade de agir e lidar com seus impulsos destrutivos.

Ora, impulsos reprimidos agressivos e amorosos estão intimamente ligados e, se reprimidos, há uma grande baixa de tônus vital. Os impulsos agressivos também são necessários para criar essa discriminação dentro/fora. Assim, para haver capacidade de tolerar a ambivalência (bons e maus impulsos), tem que haver antes uma capacidade de continência interna. Essa capacidade de continência interna é que vem sendo construída desde o início do processo terapêutico, para que possa tolerar o positivo e o negativo, o que gera uma tensão muito grande, pois pressupõe uma capacidade de lidar com os paradoxos, com os "contrários" (estados de ódio e amor).

Os primeiros sentimentos éticos, para Winnicott,[122] surgirão desse processo, como a compaixão, o poder-se colocar no lugar do outro e sentir com.

Ao observarmos a Figura 15, não podemos deixar de nos lembrar do que nos fala Ferenczi, citado por Kupermann, a respeito dessa clivagem: "uma parte de sua própria pessoa começa a desempenhar o papel de mãe ou do pai com a outra parte, e assim torna o abandono nulo e sem efeito". O autor retoma o estudo do trauma associando-o ao abandono,

---

121 Tempos depois, pude compreender que talvez não houvesse mãe para receber: "o objeto estava ausente, inatingível [...] surdo para o desamparo" (Roussillon, 2004). (In "Agonia e desespero na transferência paradoxal". In: Revista de Psicanálise da SPPA, v.11, n. 1, p.13-33).

122 Seminário clínico proferido por NAFFAH NETO. PUC-SP, 2007.

Figura 15

que, em sua opinião, acarretaria uma clivagem da personalidade. Mas, esclarece Kuperman,[123] *o resultado produzido é o de uma cisão na qual a parte sensível se encontra brutalmente destruída, enquanto a outra parte "sabe tudo" mas nada sente.*

Abandona-se, como defesa, a parte sensível de si mesmo. Ferenczi nota a necessidade de uma modificação da técnica para acolher esses pacientes mais regredidos, a fim de promover maior expressão dos afetos. Assim, maior disposição também por parte do analista de ser afetado por seus pacientes, podendo receber as expressões de amor e ódio de todos eles.

Esse acolhimento especial proporcionou tratar da criança no adulto, por meio do jogo e da possibilidade de contracenar, tendo em vista o resgate criativo e uma *reinvenção do viver*, em sujeitos que haviam perdido a *capacidade de brincar, fantasiar e imaginar.*

Poucos meses mais tarde, Taylor relatou que tinha uma irmã gêmea, *que, aliás, é a sua preferida.* Já havia me falado dessa irmã, porém nunca trouxe o fato de serem gêmeos.

A imagem da Figura 15 também nos remeteu à divisão de uma célula, mas intriga-nos a presença de símbolos que definem os gêneros, todos femininos. Essa imagem estaria nos remetendo também a uma divisão da mãe entre os dois? Muitos encontros depois, ao mostrar-lhe uma foto dessa mesma figura, perguntei-lhe o que sentia e ele disse: *"gêmeos".* Pudemos então olhar como a divisão da mãe, *um seio para cada filho,* como se houvesse recebido apenas metade da mãe. A fala de Taylor, nas últimas sessões, sempre se referia à sua necessidade de cuidados infantis.

---

123 KUPERMANN, D. "A progressão traumática: algumas conseqüências para clínica na contemporaneidade". In: *Revista Percurso,* Vol.36; 1/2006, p.28.

Essa cena dividida remete-nos também a um comentário de Aulagnier,[124] que diz respeito *ao recalcamento de ódio para um irmão gêmeo, ao qual transformou muito rapidamente no irmão preferido...* E essa irmã é sua irmã preferida. Seria outra impossibilidade de fundir os paradoxos amor/ódio? O fato é que a possibilidade de ver essa figura semidividida, muito primitiva, fundida pela boca, por seios repartidos, fez com que Taylor pudesse reviver de modo muito intenso suas carências.

A partir disso, houve também outro fato que o afetou profundamente e levou-o a uma depressão. Um dos participantes do grupo, que estava ali também havia sete anos, voltara a trabalhar. Nessa ocasião, Taylor olhou para mim e disse: *"Eu não queria decepcionar você, mas nunca vou ser como ele"*,[125] referindo-se à possibilidade de enfrentar uma volta ao trabalho. No entanto, essa pessoa foi obrigada a voltar a pedir uma licença médica e a retirar-se novamente de sua atividade.

Ele sentiu como se esse fracasso fosse uma extensão de si: afinal, se ele, a quem admirava, não havia conseguido, o que seria dele? A desesperança envolveu-o de uma maneira absurda.

Certo dia, ao chegar ao Caps, pudemos vê-lo completamente abatido, sem nenhuma vitalidade. Na sessão de pintura, disse que não entendera uma fala deste participante (outro paciente) que havia retomado seu lugar no Caps, depois de ter experimentado a volta ao trabalho.

"Não entendi o que ele falou...", computando, como sua, a incapacidade. Disse-lhe que eu não entendera porque a fala (do amigo) se desorganizara no meio da frase, tornando-se desconexa, e acrescentei: *Se você*

---

124 AULAGNIER, *O intérprete em busca de sentido*. Vol.II. 1990, p.97.

125 Hoje, percebo nessa fala uma remissão ao irmão severamente doente que, até então, não havia surgido na análise.

voltar a trabalhar, provavelmente terá outro destino, porque, como viu, você tem crítica...

Percebemos que, devagar, começava a crer em outras possibilidades.

Em uma das sessões seguintes, pintou a Figura 16.

Fala de um armário que simbolizaria sua própria história, como a mala que trouxera do Norte. Conta que, à direita, *há várias prateleiras com muitos cobertores e, à esquerda, as várias gavetas representam seus vários pedaços, que estão reunidos em uma necessidade de se organizar.*

Os cobertores nos remetem à necessidade de cobertas para diminuir o frio que sente, de limites simbolizados pela pele, sugerindo o invólucro do bebê, e falam da necessidade de amparo e diferenciação. Mas o armário e a mala de história, *com as gavetas que reúnem seus pedaços*, são realmente a presença de uma expansão, pois nos falam de um novo lugar.

Figura 16

Pintou, em seguida, a Figura 17, simbolizando um caixote de laranjas visto de cima.

"*Quando eu trabalhava, a cada 15 dias, ia com meu patrão no Ceasa para comprarmos laranjas para os funcionários. Tenho muitas saudades deste tempo, como eu era feliz quando trabalhava!*". O caixote produz a lembrança do homem atuante.

Por meio do processo psicoterapêutico, procuramos pesquisar o porquê da dificuldade de elaborar, pois o espaço terapêutico apresenta-se como possibilidade para o encontro do trauma com o passado, que ainda se faz presente. Notamos que há sempre a presença de um novo ciclo: muitas repetições são necessárias até o assentamento de novas representações. O fenômeno regressivo reaparece, embora de modo diverso. Taylor começa a experienciar o desamparo, a carência e a falta, por meio das palavras da própria ferida.

Figura 17

Em 2006, escreveu o texto apresentado a seguir (ortografia original):

Para minha avó (cartas do Vietnã)

Lembro me quando eu passava a mão no seu rosto, sentia suas rugas Para mim aquelas rugas eram sulcos de tantas lágrimas choradas, sinto muito sua falta, das suas carícias das noites de medo do escuro, e a senhora acalmava com seu afago, sinto tanta sua falta. Hoje estou sozinho com frio montando emboscadas, andamos o dia inteiro, a tarde paramos, comemos, cavamos trincheiras estamos exalstos, se um inimigo estivesse a minha frente eu nem saberia identifica-lo, numa guerra se for para morrer e melhor que seja logo para não sofrer:

3/3/1967 – Companhia bravo 25º infantaria Vietnã
Taylor

Fala ainda do frio que simboliza a falta do invólucro não proporcionado pelo apego seguro e nos chama atenção a frase *"se um inimigo estivesse a minha frente eu nem saberia identifica-lo"*,[126] o que nos faz lembrar a teoria do duplo vínculo de Laing,[127] ou seja, a mãe de quem recebemos duas mensagens: faz-nos acreditar em seu afeto e nos rejeita. Laing atribui a esse apego ambivalente uma cisão, talvez responsável pela esquizofrenia.

Em um dos encontros seguintes, pediu papel e escreveu o texto a seguir, de 2007:

[126] Fala que mais uma vez nos remete, hoje, à vivência de abuso.
[127] LAING, R. D. *O eu dividido: estudo existencial da sanidade e da loucura.* Petrópolis: Vozes, 1983.

Mamãe quer que eu seja Presidente. Mamãe quer que eu seja governador. Mamãe acha que ela não serve para mim, mamãe curou minha febre. Óóó mãe porque não me ensinastes a viver... Toque levemente o meu rosto, toque os meus cabelos me diga uma palavra de afago. Calma meu amor não se entregue, a febre vai passar. Mamãe me ensina a derrubar o muro, que existe entre nós me conta a verdade o que aconteceu na minha infância, mãe tira esse pesadelo do meu sono. Mamãe me ensina a derrubar o muro.

Taylor percebe o desconforto e a surpresa que temos ao lê-lo, pois parece-nos extremamente regredido. Em seguida, diz: *"Sei que estou desconexo, mas acho que são os remédios"*. E percebo um sentimento forte de vitimização, de autocomiseração. Winnicott, citado por Elgerberg de Moraes,[128] esclarece que *"as pessoas que sofrem desse distúrbio, ora sentem que são más, mesmo que isso não seja observável, ora 'têm a louca convicção de que são maltratados'"*.

Fez-nos lembrar de algumas vezes em que se desculpou por decepcionar na sessão.

Escreve *Mamãe quer que eu seja presidente...* e lembramo-nos de sua fala: *Não espere isso de mim, nunca vou ser igual a ele.*

Mamãe acha que não serve para mim... o que nos remete novamente à teoria do duplo vínculo, onde se recebe duas mensagens opostas. Evidencia também a possibilidade de enxergar uma mãe que trata de doente, que cuida bem do doente.

Por que mamãe não serviria? Pede para ser acariciado como menino. Faz também o papel da mãe que conforta, depois de dizer que ela achava que não servia para ele. Pede que o ensine a derrubar o muro.

---

128 ELGERBERG DE MORAES, A.A.R. *A Contribuição winnicottiana para a teoria e Clínica da Depressão.* Tese de doutorado, São Paulo, PUC-SP, 2005.

Muro defensivo, muro de clivagem, erguido a favor da mãe e contra ela.

Pede que a mãe conte a verdade e tire o pesadelo de seu sono. Verdade que ainda não pode ser nomeada, nem representada.

O fenômeno de regressão se acentuara, fazendo emergir a cisão, embora ele ainda não pudesse olhar de frente para ela. Vem contar que a mãe se dispôs a acompanhá-lo em sua futura perícia, e parece-lhe muito agradecido.

Diz que, pela primeira vez, ela vai junto, coisa sempre feita pela sua mulher (que tentava ocupar o lugar da mãe, mas não conseguia). E percebo novamente um sentimento forte de vitimização, de autocomiseração. Parece estar sempre presente a convicção de que é maltratado.

Surpreendeu-nos também essa atitude, pois, da última vez, havia falado sozinho com a médica do SUS, quase recebeu alta e havia ficado muito feliz ao poder se experimentar capaz.

Parecia-nos que as coisas voltavam ao início.

"Minha mãe vai comigo, estou tão contente...".

A última coisa a fazer naquele momento seria desapontá-lo, eu falava com a criança e era importante que estivesse, antes de tudo, ciente disso. As partes clivadas se alternavam muito rapidamente na sessão, e eu tinha que saber responder a cada uma delas. Essa fala repentina de menino me pegou de surpresa e, embora não quisesse desapontá-lo, também era minha função introduzi-lo no tempo.

Disse-lhe então: *Que bom que você pode experimentar ao vivo o que não recebeu como menino.*

Então ele fala (como se realmente não soubesse): *"É, mas eu sou adulto, né?"*.

Respondi: *"É, mas é muito bom que possa experimentar o que não teve, mesmo agora"*.

São os *pequenos toques* que produzem verdadeiras aberturas de sentidos... Ou, como nos diz Winnicott, sempre o mundo em pequenas doses.

Nesse período altamente regredido, pudemos percebê-lo muito quieto, deprimido, completamente submisso, sem ação.

Ao perguntar-lhe o que estava acontecendo, disse-me, com um grande sentimento de autocomiseração: *"São os remédios, o médico trocou, aumentou todos"*.

Questionei se havia alguma razão: *"Alguma coisa nova aconteceu? Você não perguntou a razão?"*.

Pedi que perguntasse; era necessário fazê-lo imbuir-se do sentimento de si.

Na semana seguinte, encontrei-o igualmente deprimido. Ele veio me responder como vítima dizendo que, ao perguntar para o médico a razão do aumento da dose dos remédios, ele lhe disse: "Taylor, *eu estou lhe mantendo sedado...*".

"Mas qual a razão?", perguntei. *"Não sei, não disse"*. "É importante que saiba, pergunte". E ele começou a enumerar todos os remédios e suas doses.

Contou-me a respeito de um episódio ocorrido, em que tinha sentido muita vergonha de seu comportamento. Havia levado uma fechada de um caminhão que bateu no carro dele e não parou. Disse que seguiu o veículo e, com uma barra de ferro que tinha no carro, passou a desferir, de modo descontrolado, golpes contra o caminhão, na frente dos filhos. Perguntei-lhe se havia acontecido qualquer coisa assim antes... Mas não, só depois dos remédios.

Percebo então seu movimento no final das sessões de pintura, para poder falar de modo particular: espera que a sala quase se esvazie e começa a falar.

Durante essas duas semanas, falei com os responsáveis sobre os efeitos colaterais da nova medicação. Taylor estava visivelmente com a vitalidade muito baixa, muito deprimido.

Na semana seguinte, ao chegar, já o percebi, de longe, diferente. Disse que o médico havia baixado a dose pela metade e que iria começar a retirar os remédios.

Ele chamou a minha mãe aqui e disse que o que eu tinha não tinha cura, mas muita gente poderia viver, se casar e trabalhar normalmente se tivesse tudo controlado.

(Note-se que já era casado há quase 20 anos). Perguntei se agora ele tinha representante, por isso chamara a mãe. *"Não, não tenho, e me sinto muito mal sempre que sou representado"*. Havia aqui também um sentimento ambivalente.

Ao conversarmos sobre o aumento ocorrido na medicação, Taylor demonstrou consciência ao me dizer: *Sabe, acho que agora sei por que um psiquiatra, uma vez, quando lhe falava sobre meus sonhos de vigília, que tenho quase dormindo em frente à TV, chamou correndo o enfermeiro com uma injeção de Haldol, levei o maior susto, fiquei dopado... Fiquei pensando... que será que eu falei agora para este psiquiatra para ele trocar e aumentar tanto o remédio e dizer que me queria sedado?*

É necessário que o terapeuta possa suportar sua própria angústia para lidar com esses pacientes chamados "difíceis", pois muitas coisas podem ser tomadas por surtos, quando, na verdade, podem não sê-lo.

Winnicott[129] esclarece que *é muito difícil para o analista* (e aqui incluo todo cuidador, inclusive o médico)

> Lembrar neste tipo de experiência que é o objetivo do paciente chegar à loucura, isto é, ser louco no *setting* analítico, a coisa mais próxima que um paciente pode fazer para lembrar. A fim de organizar o *setting* para isto, ele às vezes tem de ser louco de maneira superficial, ou seja, tem de organizar o que a Dra. Little

---

129 WINNICOTT, D.W. *Explorações Psicanalíticas: D. W. Winnicott*, p.104.

chama de transferência delirante, e o analista tem de recebê-la, aceitá-la e compreender o seu desempenho.

Assim, dose cortada pela metade, Taylor pôde falar de coisas que nunca haviam comparecido em nenhum lugar. Ao tocarmos uma música de Bach, como aquecimento de uma das sessões, pôde se lembrar dos gritos do irmão falecido dois anos atrás, portador de paralisia cerebral. Fiquei surpresa ao saber da existência desse irmão e perguntei-lhe se não havia falado dele para ninguém.

Você nunca falou nem com o psiquiatra sobre ele?, perguntei.

Não, nesses anos todos nunca falei para ninguém, nem na terapia de grupo que fiz com uma doutora durante dois anos.

E continuou: *Eu tinha medo de chegar perto dele. Ele só comia por injeção e não falava, tinha um olhar forte e fixo. Às vezes, eu chegava perto dele e segurava sua mão... Mas eu sinto muita culpa, porque acho que fui muito passivo em relação a ele...*[130] *Às vezes, ele tinha umas crises, tinha que ir para o hospital, e não era eu que levava... Quando ele morreu, pedi desculpas para meu pai e minha mãe, mas não consegui ir. Mas minha mãe, do jeito dela, cuidou muito bem dele...*

---

130 Essa fala também pôde ser compreendida, muito tempo depois, como a impossibilidade de reação ao trauma. A identificação com o agressor é um tipo de defesa psíquica, na qual o sujeito confrontado com o objeto traumatogênico – normalmente uma figura de autoridade significativa – identifica-se com seu agressor, compreendendo suas razões e introjetando sua culpa. KAHTUNI, *Dicionário sobre o pensamento de Sandor Ferenczi: uma contribuição à clínica psicanalítica contemporânea*, 2009. p.211.

Disse-lhe então: *Você nunca falou dele... Hoje você está falando da culpa e da passividade em relação a ele... Será que a sua passividade tem algo a ver com isso? Ele era o máximo da passividade... Não comia... Não falava... Será que você sente essa culpa por não ser tão passivo? E precisa se fazer assim? Sem poder viver?*

Percebo que algo ainda incipiente parece ter feito algum sentido.

Pergunto-lhe se alguma luzinha se acendeu. Ele faz um gesto, senti algo diferente, não diz que sim, nem que não. Lembro-me de uma frase dita em outra sessão ao referir-se a outro paciente: *Eu não queria decepcionar você, mas eu nunca vou ser como ele.* Senti ali uma competição de irmãos, embora ainda não soubesse que existia um irmão.

Em seguida, nesse mesmo encontro, falou de um pelo que cresceu na sua orelha: *Sabe, desses que nascem em homem mais velho, então pedi para minha mulher assim: "Vai, tira para mim, cuida de mim".*

Disse que se lembrou de mim quando a mulher lhe disse: "*Você pode tirar isso, é só olhar no espelho, você nunca se olha no espelho.*"

Então percebo, também, que fala para a mulher *cuida de mim*, e antes falara que *a mãe cuidou muito bem do irmão*, e que também se lembrara de mim, *que cuido dele*.

Não lhe disse nada, porque não o senti pronto, mas pensei que talvez quisesse ser tão passivo para receber os cuidados que o irmão recebia.

Antes de eu terminar de escrever este capítulo, Taylor pintou uma menina chorando (Figura 18). Perguntei-lhe: *É você?* A maneira como essa figura foi pintada e o que provocou nele me deu a certeza de ser ele, apesar de mulher. E, na realidade, era muito parecida com ele, o mesmo formato de rosto.

Ao falar sobre a figura da menina (Figura 18), disse ser a prima em quem batia, explicando que ela apanhava porque ficava rindo dele:

Figura 18

Minha mãe me vestia com roupas de mulher. Éramos pobres, e como às vezes não havia roupa para por, colocava as de minha irmã gêmea.[131]

Disse também que se recusava a sair assim e que era muito difícil para ele. Pondero que devia dar muita raiva ser criança e não poder fazer nada... Pedi-lhe que pintasse a raiva na tela. Ele se levantou e fez uma foice... Lembrei-me então da foice, a mesma foice presente no quartinho do menino, aprisionado agora às roupas de mulher. Disse-lhe que havia mais coisas e que as colocasse na tela. Então pintou uma figura humana dividida, de corpo inteiro, metade homem e metade mulher sem cara, com a foice no lugar dela, simbolizando todo o ódio contra si e contra a mãe... (Figura 19).[132]

Senta e me diz *Um homem com roupa de mulher não tem cara. A semana que vem, se der, eu coloco uma.* Pela primeira vez, fala com muita raiva, admitindo um sentimento de indignação.

---

[131] Apesar da raiva, aqui, de novo, apresenta-se compreendendo suas razões.
[132] Essa figura também já foi objeto de análise sob outro prisma no Capítulo 2.

Figura 19

Percebo sua angústia ao transmitir seu ódio, um ódio que pude sentir ali presente e o seu impacto ao me ver olhar a destruição do rosto. Disse-lhe calmamente: "*É justamente disso, dessa construção que estamos tratando aqui*".

É uma figura cindida, sem cabeça, metade homem, metade mulher. Pensei na irmã gêmea dele e no que me disse: "*Um homem com roupa de mulher não tem cara*".

A música trouxe a presença do irmão, até então desconhecida como tal... Altamente significativo o fato de ele nunca ter abordado a existência desse irmão em todos esses anos, em nenhuma de suas terapias.

Seria uma figura incapaz de se identificar, um ser que ainda não é homem, nem mulher? Ou ainda uma simbiose com o corpo da mãe e um desejo de destruí-la? Note-se que o lado feminino, que veste a saia, é o que agride...

Ferenczi comenta que

> [...] as crianças sentem-se física e moralmente sem defesa, sua personalidade é ainda frágil demais para poder protestar, mesmo em pensamento, contra a força e a autoridade esmagadora dos adultos que as emudecem, podendo até fazê-las perder a consciência. Mas esse medo, quando atinge seu ponto culminante, obriga-as a submeter-se automaticamente à vontade do agressor, a advinhar o menor de seus desejos, a obedecer esquecendo-se de si mesmas, e a identificar-se totalmente com o agressor [...].[133]

---

133 FERENCZI, S. Confusão de línguas entre os adultos e a criança. In: FERENCZI, Sandor. *Obras Completas Psicanálise IV*, p.102. Note-se que a vivência de abuso ainda não havia sido falada e a imagem da identificação com o agressor (Figura 19) já estava começando a emergir na análise.

A associação *passividade/culpa/cuidado/mãe* trouxe uma nova relação configurada em outro campo. Mostrar-se culpado por sentir-se passivo e *querer a mãe cuidando de mim assim como cuidava dele...* Hipocondria, para mimetizar o irmão? Submissão do *escravo prisioneiro*?

Manter-se na doença... para ter a mãe metade minha, metade de minha irmã gêmea, que disse que não servia para mim, mas cuidava bem de doente. Ódio por ter me deixado vestir de mulher.

Ora, cura para a psicanálise significa poder cuidar do paciente para que possa habitar-se, reconhecendo suas emoções, cuidando, assim, do que sente.[134]

Nas psicoses, os parâmetros são diversos. Pode haver inícios e retomadas do processo psicoterapêutico, e, de cada caso, pode-se esperar algo diferente. No caso do trabalho interpretativo, é preciso saber, a todo momento, o que se pode explorar, o quanto e de que maneira, pois sempre *há que se pesar os riscos de desagregação*, como nos fala Herrmann.[135]

A Figura 20, que desenhou algumas sessões depois, foi uma representação de dois seios. Sobre ela, Taylor me disse: *Acho que tenho uma ligação mais forte com minha mãe.*

Essa ligação começa então a se tornar consciente, e os aspectos clivados começam a se aproximar e a se fazer representados.

Segundo Ferro:

> Bion diz uma coisa a meu ver preciosa. Quando ocorre um desenvolvimento de continente adequado, em um certo ponto o

---

134 HERRMANN, *Clínica Psicanalítica. A Arte da Interpretação*, p.179.
135 *Op.Cit.*, p.190.

Figura 20

conteúdo explode. Salta para dentro de forma extraordinária. Ou seja, quando um paciente desenvolveu suficientemente isso, aquelas que eram as partes cindidas, que deviam ficar de fora, em um certo momento, quase sem necessidade de interpretá-las, são sugadas para dentro da sessão da análise.[136]

136 Entrevista com Antonino FERRO, p.4. Entrevista concedida à SPPA em 1/7/2010. Disponível em: www.sppa.org.br/entrevista.php?id_entrevista=5, acesso em 15 de julho de 2010.

Quando o indivíduo começa a tomar consciência de todo esse material inconsciente primitivo, que lhe foi sendo devolvido com muito cuidado, pode torná-lo psíquico e ir reconhecendo o seu lugar no passado, e não mais no atual, conforme nos ensina Roussillon.[137] Então, o ego pode iniciar um trabalho de apropriação de sua experiência subjetiva do que pôde transformar em representação psíquica e, a partir daí, já em representações verbais.

Taylor começa a deixar de pintar e prefere falar. Uma de suas últimas pinturas foi a de um rosto com uma grande boca trancada, que me disse simbolizar um menino que tinha muita dificuldade de falar, *um menino sem fala.*

Disse então que agora *o que quer é falar.* Esse conteúdo, além de referir-se a si mesmo, remeteu-me ao irmão doente que não falava. Percebo outra tentativa de se encaixar em um modelo, porque até então ainda lhe era difícil reconhecer o *si mesmo* verdadeiro.

Nesse período, ao folhear seu prontuário, surpreendo-me ao me deparar com a descrição de um fragmento de sua sessão com uma psiquiatra, em que ela reproduz esta fala dele: *"Você acha que sou capaz de imitar um doente?".*

Isso foi dito logo no início de sua entrada na instituição e me permite unir as pontas, depois de anos de caminhada.

Como já havíamos falado sobre isso, contei-lhe o meu "achado". Ele se mostrou surpreso, porque entrou de tal maneira na história, que não se descolou mais dela. Então começa a me falar mais desse irmão, o quanto era preterido em virtude do estado *grave* do irmão, para quem iam *todos os guaranás.* Era uma competição de caráter impossível, uma vez que o irmão

---

137 ROUSSILLON, R. "A perlaboração e seus modelos", trabalho apresentado no Congresso da IPA, Berlim, 27 de Julho de 2007.

era portador de paralisia cerebral e, portanto, recebia algum cuidado a mais que ele[138]. Após a morte do irmão há poucos anos, o *lugar de preferido ficou vago* e o cuidado não recebido começou a ser cobiçado.

Começamos então a lutar com a grande resistência dos benefícios secundários ligados à doença, uma resistência de um ego frágil, mas já instalado ali. Além disso, houve um episódio regressivo de caráter muito forte e pontual, capaz de lhe inscrever uma profunda ressignificação: foi um momento em que modifiquei por completo o *setting*, indo com os pacientes para o jardim. Ali nos sentamos em círculo, e convidei-os a fechar os olhos e a pintar com a imaginação, deixando-os em profundo estado de relaxamento. Pedi-lhes que deixassem surgir imagens do modo mais espontâneo possível, sem procurar por elas, deixando apenas que elas chegassem, à maneira de um filme.[139]

Percebi que Taylor deixou-se ir muito fundo, pois, quando todos já estavam de olhos abertos para compartilhar o que quisessem, ele ainda os mantinha fechados. Então, deixei-os livres para contar as imagens que vieram ou encená-las se preferissem. Alguns contaram, outros encenaram.

Quando Taylor começou a falar, trouxe um episódio de uma cena infantil, de caráter muito forte. Percebi que estava alterado, visivelmente emocionado, e, por instantes, arrependi-me de tê-lo levado a essa vivência. Isso tudo foi muito rápido e minha sensação também.

A cena foi bem simples: era o momento em que o pai o chama, ainda menino, para dizer que gostava dele, mas que ia embora, falando apenas: *Um dia o pai volta, não brinque naquele quarto porque lá matei uma*

---

138 Refiro-me a "algum" porque também os cuidados físicos proporcionados a esse irmão não eram muitos.

139 Trata-se de uma técnica psicodramática chamada psicodrama interno.

cobra.[140] Pediu a um dos presentes que fizesse o papel do pai, após relatar a cena. Então, ao entrar no papel, tornou-se mesmo o menino, e por instantes pensei que fosse desmoronar, sucumbir no abismo e entrar em novo surto psicótico. Quando senti seu corpo falsear, imediatamente falei algo que me surgiu: *Toda criança abandonada é um herói.*

Essa fala teve o poder de imediatamente trazê-lo de volta, colocá-lo de pé, por ter sido vivida de modo diverso, em companhia segura, capaz de compreendê-lo em toda sua dor. Tinha por tarefa, parafraseando Ferenczi (1932), *levar rapidamente socorro a uma criança mortalmente ferida.* Tive o poder, por meio da palavra, de reconhecer seu estado de desamparo e abandono (criança abandonada), e também toda a sua potencialidade de vida (herói), ao escutar o pai e sobreviver. Ao reconhecer a sua dor e também a sua potencialidade de vida, pude devolver-lhe uma outra imagem de si, formada por essa terceira imagem, a da síntese, relativa à imagem dele reconhecida por mim, acrescida da minha (sua força de herói).

Benedetti, autor cujo pensamento clínico será explorado no Capítulo IV sobre as reflexões da técnica modificada, privilegia essa terceira imagem como sendo uma imagem com qualidade de transformação, pois é composta pela síntese da imagem onde ele (paciente) foi reconhecido e agrega também a imagem do terapeuta sobre o paciente. Ao mesmo tempo em que o analista reconhece a *força do herói* por meio da imagem, ele *está com* e *sente com*; isso permite que se revele um sentimento de verdade presente na relação terapêutica, que faz com que o paciente não se sinta só. Penso que a ferida mais funda estava realmente ali, e não no quarto onde era trancado pela mãe. Isso ainda podia suportar, até o momento em

---

140 Percebo que pôde apenas trazer um pedaço do discurso, o que foi possível se fazer "lembrança".

que o pai, que era quem restava, tira-lhe o chão. Então posso compreender seu interesse desmedido pelo texto de Guimarães Rosa, "A terceira margem do rio", que fala de um pai que se afasta e não regressa. Contou-me que queria muito ter me telefonado para dizer o que tinha acontecido com ele: depois desse dia, disse que seus pesadelos violentos diminuíram muito de intensidade, quase desapareceram, e ele pôde começar a dormir de outra maneira. Começou a suportar e a poder falar de suas angústias.

Soube, então, que tentara, pela segunda vez, reexperenciar essa cena comigo, o que me deu a certeza de sua entrega, em razão de sua confiabilidade no vínculo.

Relatou-me que, certa vez, esse mesmo episódio foi rememorado no Caps em uma cena psicodramática e que sua reação foi ficar em um canto, como um menino apavorado e encolhido, cheio de alucinações, com medo das cobras que chegara a ver, o que fez com que lhe dessem imediatamente uma injeção de Haldol (medicação antipsicótica), porque interpretaram como outro surto psicótico. Observei que minha fala no momento exato, aliada ao vínculo de anos e à confiança, possibilitou então que o momento fosse vivido de outra maneira, ressignificado.

Ferenczi nos fala sobre o poder da *confiança como aquele algo que estabelece o contraste entre o presente e um passado insuportável e traumatogênico*.[141] Mais adiante, ainda no mesmo texto, o autor continua a abordar a importância de não subestimarmos a sensibilidade do paciente:

> Os pacientes não se impressionam com uma expressão teatral de piedade, mas apenas com uma simpatia autêntica. Não sei se a

141 FERENCZI, S. Confusão de línguas entre os adultos e a criança. In: *Obras Completas, Psicanálise*, vol.IV. São Paulo: Martins Fontes, 1992.

reconhecem no tom da nossa voz, na escolha de nossas palavras ou de alguma outra maneira. Seja como for, advinham, de um modo extra-lucido, os pensamentos e as emoções do analista.[142]

Foram muitas as tentativas de regressão a um estado anterior, antes que ele mesmo um dia me dissesse: *Não sei por que, mas toda vez que estou melhorando arrumo um jeito de piorar.*

Recentemente, ele me trouxe, espontaneamente, a consciência de não poder melhorar ou o desejo de permanecer doente. Disse que, quando ouviu que iria ter alta do grupo de *terapia verbal* (outro grupo paralelo da instituição), ficou *muito pior* e relatou: *Parece que não quero ficar bom.*

A esse propósito, Figueiredo, citando Joan Rivière, refere-se à posição ocupada pela culpa subjacente ao processo de cura, que implicaria o abandono de todos os objetos maus, como se melhorar significasse descartar "e destruir esses objetos primários, que foram incapazes de se fazerem amar, objetos de ódio e ressentimentos, mas que são, ainda assim, imprescindíveis".[143]

Esses indivíduos, ainda seguindo o pensamento do autor, estariam "como que aprisionados pela tarefa desesperada e sem esperança de manter vivos seus objetos primários que, ao mesmo tempo, lhes despertam ímpetos homicidas".[144]

142 FERENCZI, S. "Confusão de línguas entre os adultos e a criança". In: *Obras Completas, Psicanálise, vol. IV*, p.101.

143 FIGUEIREDO, L. C. "O paciente sem esperança e a recusa da utopia". In: *Elementos para a clínica contemporânea*, p.174.

144 *Op.Cit.*, p.175.

Era como se o *escravo prisioneiro* não pudesse morrer, tivesse que viver para sustentar esses mesmos objetos, que tinha medo de abandonar.

Também ouvi dele, depois de escutar outro paciente deprimido e suicida no grupo, o seguinte: *Eu também estou assim ou muito pior que ele...*

Percebi sua necessidade de *estar pior que* o outro, ou seja, *estar mais doente*, o que me remeteu à necessidade de obter um rosto junto à mãe, competindo com o irmão, muito doente. Falamos sobre o quanto deve ter sido difícil empreender essa competição impossível com o irmão que nascera depois dele, pela impossibilidade de competição real, visto que o irmão, vítima de paralisia cerebral, não falava, nem quase se alimentava.

Houve também outros dois episódios que deixaram muito clara sua obstinação pelo papel de doente, como o único modo de ser reconhecido pela mãe (por meio do irmão) e, hoje, pelo mundo: o gerente do banco providenciou, com seu aval, que recebesse seu auxílio como aposentado por deficiência em seu banco, pois receberia em uma agência mais próxima, o que lhe pareceu, então, muito melhor; porém, quando se deu conta que, para isso, não precisaria mais de seu *cartão de identidade de doente*, ficou muito mal, tentou reverter a situação, mas não conseguiu.

Também quase agrediu de fato a filha, quando ela lhe disse: *Pai, você não é doente!*

A possibilidade de deixar de ser doente o remete a um profundo vazio, o remete à morte. Tem sido difícil abdicar do único papel que lhe deu o *status* de real, de existente. Reconheço aqui, quando se agarra ao personagem da *loucura*, uma modalidade de retorno à quase-morte, como forma de manutenção de vida.

Winnicott comenta que

> A psicanálise talvez tenha [...] negligenciado, contudo, a identidade sujeito-objeto [...] identidade que se encontra na base da

capacidade de ser. [...] Parece que a frustração relaciona-se à busca de satisfação. A experiência de ser relaciona-se a algo mais, não à frustração, mas ao mutilar.[145]

E ainda sobre essa experiência primária, Winnicott completa:

> Por complexa que a psicologia do senso do *self* e do estabelecimento de uma identidade acabe por se tornar, à medida que um bebê cresce, não surge qualquer senso de *self*, exceto com base neste relacionamento no sentido de SER.[146]

A possibilidade de sobrevivência durante o processo foi seguir com a máscara e, como alternativa de se libertar do cativeiro, encarnar o *personagem doente*, mimetizando o irmão, a fim de se sentir reconhecido e real. Após a crise de caráter psicótico que o levou ao Caps, viu suas defesas se diluírem, e, desde o princípio, a ideia de tornar-se *doente* tentava ocupar o *espaço do centro onde sabia não haver nada*.[147] Como a doença acarretou-lhe a possibilidade de ser olhado pela mãe, além de outros ganhos secundários, tornou-se uma brecha de possibilidade de existência, até que a convivência com outros pacientes muito mais regredidos começou a incomodar.

Então, percebi que ele havia se colocado em um beco sem saída: sua existência dependia de sua condição de doente, *e de doente pior que o outro*, ao mesmo tempo que começou a perlaborar e se dar conta que já pertencia a outro lugar.

145 WINNICOTT, D.W. *O Brincar e a Realidade*, pp.115-116.

146 *Ibidem*, p.115.

147 WINNICOTT, D.W. *Explorações Psicanalíticas: D. W. Winnicott*. p.41.

Assim, começa a dizer: *Estou me sentindo um peixe fora d'água.*

Contudo, como não acreditava que houvesse alguma coisa chamada *ele*, as resistências do superego também começaram a atuar, trazendo muita culpa e, com ela, a necessidade de punição. Foi aí que percebi que a instituição não era mais um vínculo saudável no sentido de promover transformações. Ao contrário, a convivência com pacientes muito mais regredidos e a falta de espaço para uma análise individual estavam atuando como resistências ao processo de elaboração, instaurando a desesperança, o que impedia que possibilidades novas pudessem acordar.

Foi então que, ao vê-lo fazer um papel no pátio em uma festa de Natal da instituição, em uma dança conjunta de mímicas com os pacientes mais comprometidos, percebi que nosso trabalho de muito tempo estava sendo vencido por esse espelho-doença, aliado à medicação. Propus-lhe que continuasse no Caps e fosse fazer análise comigo no consultório, pois seria uma maneira de construir outro espaço. Ele ficou de pensar e, na semana seguinte, disse que não queria me contrariar, mas que sua análise de grupo na instituição agora coincidia com o dia que eu tinha lhe oferecido e "acharam" melhor que ele não fosse no mesmo dia. Percebi que ainda não estava pronto e que eu me antecipara.

Foi grande minha surpresa quando duas semanas depois ele me procurou e perguntou se a oferta ainda estava de pé. Então, como diz Figueiredo, percebo a importância do analista insistir até *descobrir a vida pulsante nos estados de quase-morte*,[148] acreditando nas palavras recém-descobertas de Ferenczi a respeito da repetição compulsiva: "nada além de instintos de vida. O instinto de morte, um erro. (Pessimista)".

---

148 FIGUEIREDO, L. C. "Transferência, contratransferência e outras coisinhas mais, ou a chamada pulsão de morte". In: *Elementos para a clínica contemporânea*, p.155.

A partir de então, comecei a atendê-lo no consultório, e sua presença no Caps começou a ser cada vez mais escassa, salvo para as consultas psiquiátricas.

SEGUNDO MOMENTO
Platoon (um filme de guerra)[149]

> *Que autor poderá alguma vez dizer como e porquê uma*
> *personagem lhe nasceu na imaginação?(...) Nados-vivos,*
> *queriam viver. (...) Não se dá vida em vão a uma personagem.*
> *Ora, por que não – disse para comigo – levar a cena*
> *este novo caso de um autor que se recusa a deixar a*
> *viver algumas das suas personagens, nadas-vivas na sua*
> *imaginação, e o caso dessas personagens que, sentindo o*
> *sangue a correr-lhes nas veias, não se conformam com a*
> *sua exclusão do mundo da arte? Essas personagens já se*
> *destacaram de mim; vivem por conta própria; ganharam*
> *voz e movimento; já se tornaram, portanto, durante a*
> *luta que tiveram que travar contra mim para defender a*
> *sua vida, personagens dramáticas, personagens que se*
> *podem mexer e falar sozinhas; elas próprias se vêem com*
> *o tal; aprenderam a defender-se de mim; saberão também*
> *defender-se dos outros. Assim sendo, deixemo-las ir para*
> *onde habitualmente vão as personagens dramáticas para*
> *ganharem vida: um palco. E vejamos o que acontece.*[150]

---

149 *Platoon* refere-se ao segundo momento do processo analítico, com o paciente
em consultório, sendo atendido com *análise padrão*.

150 PIRANDELLO. *Seis personagens em busca de autor*, 1921, pp.90-91.

Inicio este segundo momento com a epígrafe da obra que inspira o título desse caso clínico: "Cem personagens em busca de autor". Isto porque foram tantos os personagens que se apresentaram que, só muito mais tarde, quando pôde desprender-se de seu personagem mais natural, o *da loucura*, pude conhecer nosso protagonista sem máscara. Embora ele realmente tivesse sido acometido por um surto psicótico, também se apropriara da *loucura* como um personagem, uma fantasia inteiramente fusionada à realidade, na qual se perdera e também me confundira. Eram personagens adesivos, que não se descolavam do ator.

Eram capazes de dar vida ao ator, em seus *sonhos de vigília*, como ele mesmo os chamava, mas também capazes de aprisioná-lo, pois eu ainda o via ligado à mãe no quarto e impossibilitado de brincar.

Como no texto de Pirandello transcrito na página anterior, vi que os personagens estavam se destacando dele, tinham adquirido vida própria e, assim como tinham aprendido a se defender dele (ele sempre me dizia que se sabotava), também se defenderiam do mundo: enfim, podia soltá-los, porque sob eles algo já anunciava condições de viver.

Lembrei-me aqui de uma imagem que me chegou sob a forma de sonho em uma noite em que dormi pensando na dissertação que deu origem a este livro: nela havia uma mala, que percebo entreaberta, e no seu interior vejo algo coberto de plumas tenras de uma cor meio rosa, o que me parecia totalmente estranho. Achava que fosse algo morto, lembro-me de ter medo que cheirasse, e que me surpreendi ao ver que se mexia, quando devagar um pé de ave foi se espreguiçando para fora. O que vejo então é um flamingo rosa recém-nascido. Essa imagem do sonho que meus sentidos me deram *de uma coisa morta que vivia* me fez pensar em como a confiança foi primordial, no sentido da condução terapêutica, remetendo-me à importância da espera no período regressivo para que algo renasça. É o que Adélia Prado nos diz em verso:

Eu sempre sonho que uma coisa gera

nunca nada está morto.

O que não parece vivo, aduba.

O que parece estático, espera.[151]

Na manhã seguinte, pensando sobre o significado disso, lembrei-me de um livro de Mia Couto chamado "O último vôo do flamingo". Foi então que pude ver ali trechos que descreviam esse caso de maneira quase fotográfica. A partir daí, incluí o livro como articulador da história desde o início. Por muito tempo, ator e autor se confundiram quase todos esses anos, até que Taylor pudesse dar vida própria aos personagens, reconhecendo-os como partes de si, porém também como figuras às quais desesperadamente se colava a ponto de se indiferenciar, como única possibilidade de ser. No fim de seu período institucional, começou a me dizer que gostaria de ser escritor, para poder redigir sua história. O autor começava a nascer e, com ele, a possibilidade de se destacar dos personagens, inclusive dos que também me eram desconhecidos. Houve um dos textos escritos (*Marasmo*, p.114) que depois ele me diz ser o pedaço de um trecho de um filme, que ele aderia como se fosse seu. Assim também algumas das pinturas, como *a cruz se esvaindo em sangue,* (Figura 6, p.105) pude reconhecer no filme *The wall.* Mas, seguindo com Pirandello, acredito também que *não se dá vida em vão a uma personagem.* Essa colagem adesiva foi a maneira encontrada por ele de ir se construindo por meio das identificações encontradas com os personagens escolhidos. Sim, porque havia uma escolha, e a não intervenção do analista em desmenti-los proporcionou uma continuidade do movimento de espontaneidade,

---

151 PRADO, A. *Poesia reunida.* São Paulo: Siciliano, 1991.

no sentido de encontrar *o que mais se parecesse com ele*, porque, *ainda que não fosse ele, era a germinação dele.*

Macciò comenta, no posfácio do livro de Ferro *Na sala de análise*, a importância dada pelo autor, *como peça central do modelo de campo*, à teoria dos personagens: "o paciente se cinde, separa-se das suas emoções que não sabe reconhecer como tais e as faz representar por um embaixador que é um personagem".[152]

Essa possibilidade de aceitá-lo como personagem de *si mesmo*, que se multiplica porque não tinha nome para suas próprias emoções, torna possível que as cisões se convertam, aos poucos, em figuras mais conhecidas e, com o tempo, as emoções aí presentes possam ser recolhidas como parte de sua história. Embora relacione-se com a concepção originária (jogos infantis) de personificação de Klein, Ferro a desenvolve, ampliando o campo, no sentido de se poder ver na criação desse personagem, *seja na psicanálise, na literatura, no cinema e/ou narratologia*, um caminho de aproximação de *si mesmo*, até que o ator possa vir a se descolar e converter-se em seu próprio protagonista.

O paciente coloca em cena todos os sentimentos e emoções que vive, embora não os reconheça como próprios: cabe ao analista essa função de poder vivê-los, para, assim, poder restituir ao paciente essa porção de *si mesmo*, que ainda não faz parte da subjetividade, mas que tem uma *vida paralela, na região do não-ser*, como esclarece Figueiredo.[153] Esta progressiva apropriação das ideias e emoções encarnadas pelos personagens relaciona-se também com

---

152 MACCIÓ, "Posfácio". In: FERRO, A. *Na sala de análise: emoções, relatos, transformações*, p.215.

153 FIGUEIREDO, L. C. "Modernidade, trauma e dissociação: a questão do sentido hoje". In: *Psicanálise: elementos para a escuta contemporânea*, p.38.

> (...) a concepção dos mecanismos ditos "psicóticos de comunicação" – projeção, identificação projetiva, clivagem do ego – e das respostas terapêuticas que convém: interpretação da transferência negativa e da contra-transferência (...).[154]

Este processo de identificação com o paciente, que acontece, de acordo com Benedetti, *no encontro dual do inconsciente*, e produz-se por uma espécie de *enxerto do paciente no psiquismo do terapeuta*,[155] será analisado no Capítulo IV – Reflexões sobre a análise modificada em instituição.

Retornando ao nosso caso clínico, o personagem do *menino aprisionado* do quarto pôde crescer, retirar a carranca do Rio São Francisco (Figura 12, p.118). Ao mergulhar no *rio*, aqui simbolizado pela vida do processo inconsciente, pôde vivenciar o campo de batalha dos pesadelos que tanto o atormentavam. Em um de seus textos (*À procura do Eu*, p.124), deixa ver que o ego se encontra fragmentado em muitas figuras que dependem de integração: o *índio*, o *executivo com um laptop*, e um *paleontólogo*.

O *índio* já traz a lembrança do objeto bom, que pôde surgir por meio da pintura do lenço (Figura 10, p.112) que a avó bordava, sua avó índia, com quem foi criado e por quem se sentia amado.

O *executivo com laptop* é um personagem do desejo que foi barrado e que começa a tomar forma agora, com a possibilidade de montar uma *lan-house*.

---

154 FONTAINE, A. "L'homme de Sicile". In: *Autour de Gaetano Benedetti. Une nouvelle approche des psyhcoses*, p.174.

155 ANDREOLI, L. et al. "L'image du corps, le transfert. Benedetti, Pankov, Matte Blanco." In: *Autour de Gaetano Benedetti. Une nouvelle approche des psyhcoses*, p.175.

O *paleontólogo* penso que diga respeito à nossa atividade de escavar, tão própria da dupla analítica, em busca de traços soterrados que possam se ligar e que permanecem em restos que não se fazem ver, à espera de uma montagem de sucata que possa fazer sentido, tal como uma *prótese*, usando o termo de Figueiredo, em sua releitura do texto freudiano "Construções em análise".[156]

Fala ainda do *soldado, o que viveu todas as guerras,* e do *filho* que vai se transformando em *pai. A figura dividida,* metade homem, metade mulher, sem rosto, *o rosto de menina* que não quer decepcionar a *mãe que acorrenta, o ser colado ao seio,* darão origem a outros personagens que vão aparecer nesse capítulo.

O personagem do *doente colado ao irmão* começa a ir se despregando dele, com muita dificuldade, em razão de sua sustentação na doença, por ele encarada como forma de vida. Ele era todos e mais alguns que irão surgir e ainda não era ninguém. O título "Cem personagens em busca de autor" faz referência a isso: *cem* no sentido de muitos e cem no sentido escutado: *sem*, com "s", significando a ausência dessa integração em sujeito. Durante todo esse período, foi de grande importância, de acordo com Coelho Jr. e Barone,[157] saber refrear-me *de interpretações desnecessárias e também daquelas que ocorrem prematuramente ao analista, isto é, antes do paciente tê-las criado na relação analítica.* Isso evidencia

---

156 FIGUEIREDO, L.C. "Pensar, escutar e ver na clínica psicanalítica". Trabalho originalmente apresentado no IV Encontro de Fenomenologia de São Paulo. In: Percurso, nº16; 1/1996.

157 COELHO JR & BARONE, K. "A importância da teoria de Winnicott sobre a comunicação para a construção do significado ético em psicanálise". In: *Rev. Brasileira de Psicanálise*, vol. 41, n.3, pp.88-100.

a importância da presença não invasiva, que não só protege o ato criativo do *self,* mas fundamentalmente preserva uma parte central do *self,* aquela que começa então a se descobrir.

O primeiro dia de consultório

Em nosso primeiro encontro, marcado para as 17 horas, surpreendi-me com sua presença na sala de espera 2 horas antes do combinado. Ao entrar no consultório, ele já estava lá e pude notá-lo muito tenso, inquieto, de pé junto à janela em busca de ar. Havia outras pessoas na sala e ele não se sentia nada à vontade, parecendo-me que transpirava muito.

Imaginei ser sua primeira experiência em consultório e, não obstante estivesse comigo há mais de sete anos, vi o quanto estava sendo difícil para ele estar ali, em um contexto social completamente diverso.

Soube depois, por meio de uma colega do consultório vizinho, que ele ficou paralisado na porta algum tempo, e ela, vendo que não estava bem, perguntou-lhe aonde ia, quem procurava e ensinou-lhe a tocar a campainha.

Eu disse-lhe que estava muito adiantado e que teria que esperar um pouco, acompanhando da minha sala seu movimento. Em certo momento, abandona seu posto à janela e sai pela porta, voltando um pouco antes do combinado. Ao regressar, parece que experimenta uma nova entrada, *começa de novo,* toca a campainha e, por fim, senta.

Julguei importante descrever essa chegada para que se possa compreender a dificuldade desse paciente, e a sua luta, com as coisas simples da vida, e que se tornam tão difíceis, à medida que sai de seu casulo, ou seja, abandona suas defesas e resolve se colocar no mundo. Ao entrar em minha sala, permanece de pé, embora eu já tivesse me sentado.

Percebi o quanto se apresentava de resistência, pensei que não fosse se permitir sentar. Quando insisti, ele senta-se na ponta da poltrona, como se o lugar não fosse dele, e ali fica todo o tempo. Então me diz, todo animado, como um menino que se apronta para seu primeiro dia de escola, que havia posto uma camiseta nova que adora, que *tinha chegado no centro antes das 11 horas*. Ficara andando pela cidade, explorando o ambiente, o mundo do qual se retirara há sete anos, e que, na realidade, parecia ainda desconhecer. Disse-me que estava tremendo e suando frio. Mas veio disposto a falar. Isso também me parecia um paradoxo, diante de toda aquela dificuldade em estar ali.

Eu falava (às vezes) com um homem casado há quase vinte anos, dois filhos grandes, que trabalhara em uma fábrica de maquinaria pesada, inclusive representando a empresa fora do país. Mas, ali, quem eu recebia era um menino tímido, apavorado, que já se vestia como um jovem, de bermudão e camiseta de *rock*.

Esses três personagens do tempo dele, o menino, o jovem roqueiro e o homem, também se alternavam indiscriminadamente, e parecia que um não tinha notícia do outro.

Pareceu-me ali, que queria dizer que sabia a lição, *como se* tivesse ensaiado tudo o que queria falar. Não sabia bem como começar, se havia regras, se era eu quem falava ou ele; mas, para minha surpresa, isso logo se dissipou e então começa a narrar: *preciso falar uma coisa*, me disse muito envergonhado e sem jeito, *não sei como dizer, tenho muita vergonha, mas acho que minha mãe*, abaixou os olhos, tomou fôlego e continuou: *acho que ela era uma prostituta.* Era algo novo que revelava, não para mim, mas seguramente para ele.

Vi o quanto deve ter sido difícil para ele dar esse nome e quanto tempo passara se escondendo dele. Parecia, enfim, que as linhas paralelas[158]

---

158 Estou me referindo aqui àquela porção de *si mesmo*, que ainda não fazia parte da subjetividade, mas que tinha uma vida paralela e ameaçadora, na região do

puderam se cruzar e que arrumara, finalmente, um lugar para aquele horror dentro dele. Tudo o que pintara estava agora sendo capaz de colocar em palavras.

Eu morava com minha avó, longe da casa onde ela ficava, que acho, era uma casa de mulheres na cidade, só agora eu percebo isso. E a mulher que ficava comigo quando eu ia visitá-la, eu achava que era empregada da minha mãe. Mas agora acho que também era uma das mulheres da casa e que fazia coisas estranhas comigo, que eu não entendia.

Percebo que, depois de 7 anos, pôde olhar para o que tanto lhe angustiava e dar nome, mas precisou desse tempo, sem o quê nada teria acontecido. Ele sofrera também abuso de uma figura que era amiga da mãe, ou seja, um duplo abuso, porque ele entendia que ela estava ali para cuidar dele. Então me lembro de seu texto (p.136), que diz que *se o inimigo estivesse a minha frente eu nem saberia identificá-lo.*

Conta que a mãe o deixava trancado em um quarto da casa (*para não atrapalhar o resto*) e que muitas vezes o deixava sem nenhuma roupa, para ele não poder sair. Essa falta de roupa ainda se reflete na necessidade, expressa na tela, de tantos cobertores, o que me significava uma total ausência de pele. Lembro-me de como ele era invadido pela emoção dos outros, a ponto de ter que se retirar da sala.

A pele que deixou de ser formada pela falta de *holding* materno, por ausência de mãe, ocasionou falhas no estabelecimento da membrana

---

não-ser, comentada à p.122. (FIGUEIREDO, L. C. "Modernidade, trauma e dissociação: a questão do sentido hoje". In: *Psicanálise: elementos para a escuta contemporânea*, p.38).

delimitadora do *self,* impossibilitando que se formasse o invólucro psíquico, segundo Anzieu.[159] Essa mesma pele, chamada por Winnicott de *membrana do ego,* é que foi sendo depositada nesse corpo, camada por camada, pelo processo analítico, por meio da análise modificada, ao reconhecer-lhe o rosto e devolver-lhe a imagem corporal e, com ela, o pressuposto de sua existência psíquica. Anzieu,[160] em sua obra *Eu-Pele,* procura compreender como se formam esses envelopes psíquicos e como fazer por meio da psicanálise para se reinstaurar as fronteiras inexistentes do sujeito.

McDougall[161] salienta, também, um outro aspecto interessante: o da probabilidade da autoagressão provocada pela indiferenciação de pele, ou seja, agressão endereçada ao objeto que acaba por recair sobre si mesmo sob forma de culpa, na impossibilidade de dirigir os impulsos contra o objeto, na fantasia de destruir-lhe todos os seus aspectos, bons e maus.[162] Lembrei-me, aqui, da figura dividida, metade homem, metade mulher, sem rosto, com uma foice contra a própria cabeça (Figura 19).

Retornando ao espaço do consultório, confesso que cheguei a pensar, depois dessa primeira sessão, que tivesse avaliado mal a situação e me antecipado em seu processo de desenvolvimento. Quase voltei atrás na decisão de atendê-lo em consultório, em virtude da ansiedade extrema que o acometeu, chegando mesmo a propor e ponderar com ele, no Caps, que

159 ANZIEU, F. *Eu-pele.* São Paulo: Escuta, 1989.

160 *Op.Cit.*

161 MACDOUGALL, J. *Em defesa de uma certa anormalidade – teoria e clínica psicanalítica.* Porto Alegre: Artes Médicas, 1989.

162 DIAS, H. Z. J., RUBIN, R., DIAS, V. A., GAUER, G. J. C. "Relações visíveis entre pele e psiquismo: um entendimento psicanalítico". In: *Psicol. Clín.* vol.19, nº 2. Rio de Janeiro. Dec. 2007.

talvez devêssemos esperar um pouco mais, pois não era o caso de passar por tanto sofrimento.

Falei-lhe sobre o enquadre, sobre a diferença de se fazer análise em consultório e na instituição, que tinha um espaço grande e comportava sua chegada horas antes da atividade, o que não acontecia no consultório. Além disso, o Caps era usado também como contexto social, pois existem poucos lugares que proporcionam um espaço vivo para os pacientes. Ele não recuou e se manteve firme em fazer análise individual no consultório.

Nas próximas sessões, sua ansiedade já era bem menor, e ele chegava no horário. Traz um sonho em que se diz *sorteado para participar de um programa tipo reality show,* comentando ter sido barrado na porta, por se trajar de modo inadequado, onde lhe perguntaram se agora estavam *pegando gente na rua* para participar do programa. Conta então que trouxeram roupas novas para ele poder entrar. Simbolizou toda sua angústia por estar em um contexto social diverso, com pessoas diferentes. É de se notar também a troca de roupas significando a troca de pele.

Começa a trazer, nas próximas sessões, sua questão de identidade e suas dificuldades sexuais. Conta de seus desejos por prostitutas (e me lembro aqui também do que me falara sobre sua mãe), de sua falta de confiança nas mulheres. Fala de sua impotência, de como não conseguia reagir aos homens, que uma vez levaram-lhe a namorada e ele nada fez.

Sobre isso, sonha que vê a mulher chegando à noite com outro *cara,* e parte então para cima dele (como nunca fez), e enfia-lhe uma lança no peito, matando-o.

Para sua surpresa, vê que aquela figura de homem escondia um travesti. Então me diz que nem sabe mais o que é: não sabe se é homem, se é homossexual (embora não fosse o que eu sentia). Conta que tem uma tatuagem de uma figura nas costas sem rosto, de sexualidade indefinida, tal como aquela que me desenhara: metade homem, metade mulher

167

(Figura 19, p.144). Relata que quase apanhara de uma amiga da fábrica, quando fez essa tatuagem, dizendo, em seguida, que a fábrica se situava em uma zona de muitos travestis.

Quando me fala isso, na hora percebi sua necessidade de incorporar o que pode *ser visto* como real e ali perto *o real* era o *travesti*, assim como no Caps *o real é o doente*. Em seguida, nessa mesma sessão, começa a me falar do irmão *que não falava, não comia, que babava, que fazia tudo nas calças...* e usava fralda. Relata que o cheiro do quarto era insuportável e ele não gostava de tocar nesse irmão. Conta que batia nele, inclusive, e que sente muita culpa. Então me vem uma imagem em que vejo esse irmão como uma *massa informe assexuada* e associo à figura *metade homem, metade mulher, sem rosto*, e lhe pergunto se não teria a ver com sua raiva, *ver-se* nesse irmão também em um estado primitivo, *uma massa assexuada*, impotente e submisso como o irmão.

Trago, a seguir, na página 170, a título de ilustração, uma imagem de Bacon (Figura 21) que também parece congelada e que muito me surpreendeu, em razão da semelhança com a *rêverie* (massa assexuada) que tive. Houve um grande silêncio e depois ele me diz: *nossa, perdi até o chão*.

Aqui, recorro a Ferro,[163] quando ele afirma que:

> A "protosensibilidade" do analista é solicitada a propósito de como ele "sente" que o paciente "percebeu" a interpretação e é aqui que a capacidade de sintonia em relação à "micrometria" da sessão se torna fundamental.[164]

---

163 FERRO, A. *Fatores de doença Fatores de cura*, p.108.

164 (*Op.Cit.*, p.108). A micrometria diz respeito à possibilidade de comunicação do analista com as partes mais arcaicas da mente do paciente, através de micros "O"

Identifico em seu personagem *travesti* uma angústia inominável que me remete à impossibilidade de existência, por não se poder ver dividido entre dois sexos e preso à saia que a mãe lhe coloca, o que o impede de ser visto como homem, pois, de acordo com sua fala, *um homem com roupa de mulher não tem cara.* As tatuagens marcam seu corpo como limites da pele, *como marcas de sua história,* segundo me diz, acho que tem medo de que se percam.

Em uma das sessões, mostra o quanto já se destacou do personagem, mas como ainda lhe é difícil, mesmo com toda a consciência do papel de ator, de se desvencilhar dessa identificação adesiva.[165] Conta que teve

[*origin, one, (at-one-ment), object*], que levam ao desenvolvimento do continente e também ao desenvolvimento da própria função alfa do paciente.

165 Conceito de Esther BICK, relativo ao ato *de colar-se à face externa dos objetos,* que explica o recurso da criança vítima de desamparo, quando vem a faltar um objeto externo continente que reúna suas partes, experimentado pelo bebê, concretamente, como uma pele. Quando a identidade se sustenta por meio da imitação, o analista passa, então, a ter essa função integradora da pele, que é a de reunião de partes da personalidade. O agarramento ou adesão a estes objetos sensoriais, de acordo com a autora, pode ser feito através dos olhos, dos ouvidos, assim como através do tato, da pele. A ausência de possibilidade de constituição de uma pele psíquica pode levar ao desenvolvimento de uma "segunda pele" como formação defensiva, que esconderia um núcleo frágil. São dois os tipos descritos de "segunda pele": a *segunda pele intelectual* (integração pelo intelecto) e a *segunda pele muscular,* cuja integração se daria através do constante movimento da musculatura, com finalidade de se manter a coesão (o que eu sentia em meu corpo, a ser analisado no capítulo sobre as reflexões sobre a técnica modificada). BICK, E. "The experience of the skin in the early object relations". In: Briggs, A.(org.). *Surviving Space-Papers on infant observation.* Londres: Karnac, 2002.

Figura 21 – Sand Dune, Bacon, 1983.

conhecimento no Caps que os doentes têm direito também a um auxílio relativo à impossibilidade de se locomoverem sozinhos. E que, ao saber disso, foi até o médico (embora soubesse que não era o seu caso, pois até dirige) perguntar se era o caso de ele pedir, se teria direito. O médico do Caps (inclusive para sua decepção) lhe diz que sim, que tinha direito a isso sim, porque muitas vezes precisava disso. Conversamos antes sobre isso e pude ver o quanto esse espelho de poder médico o confunde em sua capacidade. (Ou ainda o quanto ele confunde o médico a respeito de suas capacidades).

Então, combinamos que, se ele fosse representar, soubesse que era isso que estava fazendo. Ao ter que se submeter a essa perícia, conta que foi para representar o papel de doente, junto com a mãe. Mas, que ao sair e entrar em um bar da esquina, continuou completamente contaminado pelo papel, atraindo até preocupação de um homem, que se aproxima para ajudá-lo.

Penso que ainda seja difícil assumir-se inteiramente como pessoa, de vez em quando resvala, precisa da máscara, ainda mais se sustentada pelo poder médico e pela mãe. No entanto, na sessão posterior, mostrou-se absolutamente consciente de tudo que acontecera consigo, embora não soubesse a razão. Sinto que cada vez mais se distancia do ator e se aproxima do autor.

Começa a se conscientizar do *quanto é bom nisso*, diz que sabe perfeitamente quais *caras e jeitos* tem que fazer para este ou aquele papel. Pudemos falar mais do menino e fazer com que sentisse a agressão sofrida. Conta que se lembra das vozes fora do quarto, onde pessoas riam e bebiam e, de repente, é capaz de associá-las *às vozes* que escutava no hospital.

Aos poucos, pode ir desmitificando o *travesti*, simbolizado pela vergonha do menino vestido de mulher pela mãe, do qual todos riam. Falamos que *uma roupa ou uma veste afinal não faz o monge*, ainda mais quando não é escolhida, e rimos disso.

Ele se prepara para mudar de cidade e da casa, e diz que virá toda semana para a análise. Isso tem um significado muito grande em sua vida, pois mora em casa vizinha, literalmente colada à da mãe (em uma casa geminada).

Ainda me traz questões relativas à sua agressividade, que não tem um lugar. Porém não recai mais sobre si mesmo, mas em relação à figura de mulher.

Um dia acorda à noite e olha para a mulher dormindo e diz que fica com muita raiva, porque ele estava com fome... E pudemos chegar à sua *fome de menino,* que olhava a mãe dormir durante o dia, depois de seus programas e o deixava passar fome. Essa agressividade ainda é muito forte e mal começa a ser apropriada.

Lembra-se de uma época de sua vida que atormentava a mulher com questões de ciúmes, fazia mil perguntas que nunca confirmavam suas suspeitas, até que um dia ela lhe falou: *parece que você quer saber que eu te traio! Quer que isso seja verdade!* Então ponderei a sua dificuldade em conviver com as possibilidades boas da vida, era bem melhor uma certeza, qualquer uma, mesmo que fosse péssima! Em uma certeza, ele podia confiar! Um dos pontos centrais é a sua dificuldade de tolerar o incerto, o vazio, a espera. Isto tudo lhe remete à ausência de rosto, ausência de si, a uma vida irreal. Precisa apoiar-se em certezas, que só concebia como más.

Aqui, recorro ao texto de Green, que comenta o artigo de Winnicott, sobre a fase do espelho e a função primordial da face da mãe como precursor desse espelho. Se o bebê não consegue se ver no rosto da mãe ou

> Se de modo por demais precoce, é o rosto da mãe/objeto que ele percebe, não pode formar o objeto subjetivo, mas desenvolverá prematuramente o objeto percebido objetivamente. O resultado é que ele precisa organizar um falso *self,* como uma imagem que

combina com o desejo da mãe. Deverá então encobrir, em segredo, seu *self* verdadeiro, a que não se pode e, de fato, não se deve permitir expressão. Com seu falso *self* pode somente obter uma identidade externa.[166]

Desenvolve, então, prematuramente o objeto percebido objetivamente, que é o que passa a ser real. Por isso, tenta se apropriar de personagens que podem ser vistos, como um ensaio de *self*, pois o visto para ele é que é o real. Deve se amoldar ao que o mundo espera dele, encobrindo seu *self* verdadeiro. Organiza então um falso *self* como uma imagem que combine com o desejo da mãe, ou seja, *permaneço sem identidade e aceito a roupa de mulher, se ela assim quer.*

Isso me lembra, também, da frase muito repetida durante o processo analítico para mim: *eu não queria decepcionar você.* Na expectativa de ser visto, não importa como, sacrifica seu *self* verdadeiro. Então remeto o leitor ao texto de Mia Couto, apresentado na epígrafe: *Parte de mim ficou lá, grudada nas entranhas de minha mãe. Tanto isso aconteceu que ela não me alcançava ver: olhava e não me enxergava.*

Continuando com Green, em sua análise sobre o suplemento que Winnicott faz vinte anos depois ao seu artigo original sobre o objeto transicional, vamos poder olhar para o que Winnicott chama o *lado negativo dos relacionamentos.* E continua dizendo que, em certos casos fronteiriços, a ausência de mãe é sentida como equivalente a sua morte. Nesse caso, o que acontecia era que a ausência existia, mas ele sabia de sua existência, chegando a me dizer que, quando ia visitá-la *na casa da cidade,* não sabia quem era ela, pois confundia seu rosto. Este rosto confundido

---

166 GREEN, A. *Sobre a loucura pessoal*, p.293.

não podia se tornar real, pois sua figura era a de uma sombra. Sua imagem se encontrava presa nesse *entre*, entre a possibilidade de se ver em um espelho que nunca refletira, pois ele nem mesmo sabia onde encontrá-lo. O que era real era essa espera, esse *hiato*, como diz Winnicott,[167] citado por Green. Com esse paciente,

> O trauma não era só o que ocorreu, com a realidade da situação continuada de abuso, (através da sedução sexual ou ato agressivo) mas também o que não ocorria, devido a uma ausência de resposta por parte dessa mãe objeto "A coisa real é aquela que não está ali."[168]

Nessa inversão de contexto, *o objeto não significa mais a representação do objeto, mas inexistência de objeto.*[169]

Caminha-se então para o *investimento do negativo*, caracterizado pelo que Green chamou de *por um estado de não ser,*[170] *como uma defesa por não ter alcançado o estado de satisfação esperado, ao contrário, isso não ocorreu.* Esse estado faz referência, ainda de acordo com o autor, a uma postura defensiva em que o sujeito, ao não encontrar um estado de satisfação esperada,

---

167 WINNICOTT, D.W. (1966) "The mirror role of mother and family in child development". In: *Winnicott*, 1971. *O Brincar e a Realidade*. Rio de Janeiro: Imago, 1975.

168 GREEN, A. *Sobre a loucura pessoal*, pp.294-295.

169 GREEN, A. *Sobre a loucura pessoal*, pp.294-295.

170 Esse estado refere-se à indução em si próprio de um estado de morte psíquica.

> Dentro dos limites toleráveis a seu aparelho psíquico, o sujeito procura alcançar esse estado, como se a satisfação houvesse sido obtida, através da estratégia de renunciar a toda esperança de satisfação, através de induzir em si próprio um estado de morte psíquica. (...) [171]

Tal estado de satisfação esperada fora dos limites toleráveis de seu aparelho psíquico, como a ausência do objeto (mãe) que devia cuidar e que permite o abuso sexual continuado por meio de alguém que coloca ali para cuidá-lo, vai produzindo clivagens e dando forma continuada ao trauma, como aquilo que acontece sem parar.

Então me lembro quando diz *não sei o que acontece comigo, parece que sempre que estou melhorando não quero ficar bom,* ou *eu estou me sabotando.* E percebo que, o fato de uma criança olhar-se em um espelho e nada ver, ainda configura uma situação melhor daquela que não sabe nem onde procurar o espelho, pois confunde o rosto da mãe com outras mulheres. Sabe que, se olhar, a imagem devolvida talvez seja-lhe intolerável, embora seja a única que tem e que de algum modo se aferra, através do abuso. Lembro-me da fala tantas vezes repetida *eu não queria decepcionar você.*

Ainda continuando com Green (1988), posso olhar para essa *simbolização negativa como a solução extrema* de lugar para essa mãe, ou seja, oferecendo-lhe um não espaço, em virtude de sua ausência. O objeto passa a ser a inexistência do objeto.

Um outro tipo de solução, ainda de acordo com o mesmo autor, *é adotado em casos fronteiriços (...)*, e que aqui também me faz sentido,

---

171 GREEN, A. *Sobre a loucura pessoal*, p.295.

É uma necessidade de agarrar-se a e preservar a todo preço um objeto interno mau. É como se, quando o analista consegue reduzir o poder do objeto mau, o sujeito não tivesse outro recurso senão fazê-lo aparecer, de fato ressuscitá-lo, em sua forma original, ou em uma forma análoga, como se a coisa mais temida fosse o intervalo entre a perda do objeto mau e sua substituição por um objeto bom. Esse intervalo é experimentado como um tempo morto, a que o sujeito não pode sobreviver. Daí o valor, para o paciente, da reação terapêutica negativa, que assegura que o analista jamais será substituído, uma vez que o objeto que o sucedesse nunca poderia aparecer ou poderia aparecer somente tarde demais.[172]

Assim, posso ver sua impossibilidade de sustentar esse estado de espera, por exemplo, quanto ao comportamento da mulher, ao preferir a certeza de um comportamento mau ao qual poderia se agarrar como certo,[173] em vez de suportar o intervalo entre a perda do objeto mau (simbolizado pelas figuras de objeto de sua vida, incluindo o trauma simbolizado pelo abuso) e a possibilidade de um objeto bom.

Percebo também o grau de dificuldade em sustentar esse tempo, o hiato entre deixar o lugar de *doente da instituição* até se assegurar em outro, que ainda desconhece de todo.

Ressuscita vários estados doentios e sua depressão, sempre seguintes a uma melhora, com o intuito de se manter *um doente da instituição*. Começa então a ter consciência do que faz consigo mesmo, e vejo sua

---

172 GREEN, A. *Sobre a loucura pessoal*, p.295.

173 Lembro-me aqui de seu texto *Para minha avó*, que pode ser visto na página 136, no qual escreve: *se tiver que morrer, que seja logo para não sofrer.*

enorme dificuldade em tomar a decisão de ir para o consultório e o seu sofrimento para suportar essa passagem.

Sua vida começa a tomar outros contornos.

Assim que chega ao consultório, ao perceber que suas defesas relaxam, ele entra em um curso, depois de muito tempo afastado, de *instalação de alarmes*, o que me parece extremamente significativo. Também consegue verbalizar sua desconfiança, nunca trazida para a sala de análise, em relação à veracidade de sua filiação, pois o pai é negro e ele e a irmã gêmea são claros, completamente diferentes de outros irmãos. Além disso, se pauta em um familiar, que sempre que vai para o norte o faz visitar um *tio* que mal conhece, embora tenha uma foto sua na parede.

Então, tomo mais uma vez emprestado o texto da epígrafe de Mia Couto (p.89-90): *Afinal, você é parecido com ele. Com meu pai? […] Ela voltou a sorrir, fosse quase em suspiro, enquanto repetia: Com ele… […] Mãe, quem é ele?*

Parece que está tentando substituir o objeto mau pelo bom, a custa de muito sofrimento. Ao resolver mudar de casa, uma opção que surge é tornar-se vizinho do Caps, e percebo então o medo que lhe causa essa mudança: sair da instituição era deixar sem lugar todo esse mundo fantasma[174] e ter que se livrar de seu ódio e de seus objetos maus, os que não se fizeram amáveis, mas que ainda se faziam imprescindíveis. Melhorar era tão difícil porque significava ter que optar por largar mão e abandoná-los.[175]

---

174 Remeto o leitor ao texto de BLEGER, "Psicanálise do enquadramento psicanalítico". In: *Simbiose e ambiguidade*, Rio de Janeiro: Francisco Alves, 1988.

175 FIGUEIREDO, L. C. "O paciente sem esperança e a recusa da utopia". In: *Psicanálise: elementos para a escuta contemporânea*, p.174.

Entre a imersão na loucura, ou o quase *"morar na instituição"*, comprando a casa vizinha, e sair dela, consegue optar pela mudança e resolve, então, mudar não só de casa, mas também de cidade, o que significa separar-se também da mãe, que era vizinha. Entretanto, problemas com a documentação fizeram com que a venda de sua casa fosse anulada e isso o fez dormir uma semana, a custa de muitos comprimidos. Não aguentou também esse intervalo, nem a ansiedade provocada pela desilusão e pela espera.

Ao trabalharmos essa sua reação *de férias de si mesmo*, como ele chamou, pudemos ver o porquê dessa reação. *Era a maneira que eu tinha, só podia chorar e dormir.* Ele tinha medo de ceder novamente. Está percebendo que pode agir de outra maneira, está com a casa novamente vendida e enfrentando a mãe, que lhe diz que a mudança dele *vai lhe quebrar as pernas.*

Já pôde até rir disso na sessão quando eu lhe disse, brincando, que está mais que na hora dela arrumar outras pernas. Já consegue trazer seus problemas com os filhos, problemas normalmente escutados, em consultório. Então me conta, em uma das sessões, que falou para o psiquiatra sobre nossa análise, dizendo: *olha, não sei o que a análise fez comigo, nem sei como ela fez isso, de que jeito foi, mas sei que conseguiu arrancar uma coisa aqui, do meu coração.*

Na verdade, penso que o que fizemos foi poder arrumar moradas e nomes para o que não tinha lugar, providenciando desde um berço para a fantasia, um lugar para a criança brincar, um lugar de cuidados para a *criança ferida*, onde não se desistiu dele até que pudesse recriar um objeto bom, em um processo em que a imagem de si pôde, enfim, ser encontrada, para ocupar o corpo morto e ressuscitá-lo.

ANÁLISE DO CASO

Palavras

Veio me dizer que eu desestruturo a linguagem. Eu desestruturo
a linguagem? Vejamos: eu estou bem sentado num lugar. Vem
uma palavra e tira o lugar debaixo de mim. Tira o lugar em
que eu estava sentado. Eu não fazia nada para que uma
palavra me desalojasse do lugar. E eu nem atrapalhava
a passagem de ninguém. Ao retirar de mim o lugar, eu
desaprumei. Ali só havia um grilo com sua flauta de couro.
O grilo feridava o silêncio. Os moradores do lugar se queixam
do grilo. Veio uma palavra e retirou o grilo da flauta. Agora
eu pergunto: quem desestruturou a linguagem? Fui eu ou
foram as palavras? E o lugar que retiraram debaixo de mim?
Não era para terem retirado a mim do lugar? Foram as
palavras pois que desestruturaram a linguagem. E não eu.

Manoel de Barros

Poder habitar o lugar transferencial nesse caso, ou ainda, aceitar sonhar a comunicação que me era feita, passa por um caminho de construção em que a sustentação foi seu grande pilar, de modo a possibilitar, com o tempo, o trabalho de perlaboração. Dou especial importância a esse modo de sustentação que, já em um primeiro momento, nesse caso, se confunde com o pensamento onírico de vigília, em que o analista deve mergulhar na alucinação para ocupar o lugar transferencial que lhe é oferecido pela imagem.

O trabalho analítico, a princípio, foi se construindo a partir da imagem, dos estados emocionais despertados por esses fragmentos primitivos pintados na sala. Minha escuta, feita a partir das imagens, encontrou uma grande contribuição no pensamento clínico de A. Ferro, psicanalista italiano, que desenvolve, a partir de Bion, seu pensamento clínico. Interessa-me aqui unir os conceitos de *holding*, abrangendo a mãe suficientemente boa, como figura central na transferência, e também o de *rêverie*[176] materna, como a de presença da mente de outro, de uma mãe também capaz de nomear, além de prover. Isto porque, a meu ver, o trabalho de perlaboração, nesse caso, tem seu início com o advento das primeiras representações inconscientes, e as duas figuras maternas são essenciais para os andaimes da construção. Sem elas, o lugar do menino aprisionado teria sido retirado, como nos fala a epígrafe acima, de Manoel de Barros. Com a lenta apropriação subjetiva do que pôde ser representado a seu tempo, foi possível a retirada do menino *sem que desaprumasse*, pois os lugares permaneceram até que pudessem ser desocupados e se transformassem. Esse lugar transferencial, em um primeiro momento, foi pouco ocupado pela fala e muito propiciado pela zona de ilusão, que teve a função de acolher e sustentar, além de nomear o dentro e o fora.

A repetição das imagens durante um tempo muito extenso relaciona-se com a impossibilidade de rememorá-las: um ego clivado, segundo Ferenczi, faz com que o paciente tenha mais condições de suportar a dor, pois *cada pedaço de ego suporta apenas o seu pequeno quinhão de dor.*

---

176 *Rêverie:* Processo pelo qual a mãe acolhe o terror sem nome do bebê, seus fantasmas primitivos, (...) chamados elementos β, e transforma-os em elementos α (pictogramas visuais), tornando-os pensáveis e toleráveis. No início, a mãe também transmite, ao fazê-lo progressivamente, o método de como transformar elementos β em α (In: FERRO, A. *A sala de análise*, p.175).

O que acontece, entretanto, é que esse ego, passado o choque, ao reunir os seus pedaços, não tem a menor lembrança em relação a isso, não apresenta *qualquer registro mnêmico dos processos envolvidos desde o momento do trauma.*[177] Isso equivale a dizer que esse tipo de experiências traumáticas – *que jamais foram conscientes* – *não podem ser relembradas, mas apenas atuadas, reencenadas ou revividas.*[178]

Ferenczi, em seu texto "Perspectivas da Psicanálise"

> esclarece que é absolutamente inevitável (...) que o paciente repita no tratamento fragmentos inteiros de sua evolução e, como a experiência o mostrou precisamente fragmentos inacessíveis sob a forma de rememoração; de forma que o paciente não pode fazer outra coisa senão reproduzí-los e o analista considerá-los como o verdadeiro material inconsciente. Trata-se apenas de compreender essa forma de comunicação, a linguagem dos gestos, por assim dizer e de explicá-la ao paciente (...).[179]

A ênfase [de Ferenczi] era mais sobre o repetir e o experienciar do que sobre o relembrar e o compreender que eram vistos [por Ferenczi] como claramente limitados (...).[180]

177 KAHTUNI, *Dicionário sobre o pensamento de Sandor Ferenczi: uma contribuição à clínica psicanalítica contemporânea*, p.65.

178 *Op.Cit.*, p.65.

179 FERENCZI, S. "As perspectivas da psicanálise". In: FERENCZI, Sándor. *Obras completas, Psicanálise III*. p.227.

180 Referência ao mundo *ferencziano* do *erlebnisse*, ou seja, das experiências genuínas relativas a situações que têm de ser repetidas na transferência por meio

A possibilidade de trabalhar com as imagens de sua autoria pôde fazer emergir fragmentos, partes cindidas, de modo que pudéssemos trabalhar cada forma nova que se aproximasse. Aqui, foram de suma importância o respeito ao tempo do paciente à sua necessidade de repetir e a presença do analista, como se dessa presença dependesse a possibilidade de se fazer memória e a criação da história, pois, afinal, agora *ele tinha para quem contar.*

A contribuição de Ferro que mais comumente utilizo diz respeito ao conceito bioniano do *pensamento onírico do estado de vigília,* um contínuo trabalho, segundo suas palavras, de alfabetização da função alfa[181] sobre turbilhões de protossensorialidade e protoemoções.[182] As imagens

de *acting out* (ou como alguns denominam *acting in),* como modo de o paciente poder inscrevê-las pela impossibilidade de rememoração, por nunca terem sido conscientes. VALESTEIN, A. 1962, citado por KAHTUNI, H.C. In: *Dicionário sobre o pensamento de Sandor Ferenczi: uma contribuição à clínica psicanalítica contemporânea,* p.65.

181 *Função α:* é a que se encarrega de metabolizar os elementos brutos em elementos α (pictogramas emocionais). Sua introjeção funciona em nós como um "moedor de medos, terrores", que podem então ser transformados em sonhos e narrativas. In: FERRO, A. *A sala de análise,* p.175.

182 Relativas aos elementos marginais não metabolizados, que são evacuados e acolhidos por uma mente capaz de transformá-los e devolvê-los elaborados. FERRO, A. *Fatores de doença Fatores de cura.* Rio de Janeiro: Imago Editora, 2005; FERRO, A. "Transformações em sonho e personagens no campo analítico". In: *Revista Brasileira de Psicanálise,* v.43, n.2, São Paulo jun. 2009. A contribuição do autor neste trabalho será explorada no Capítulo IV – Reflexões sobre a técnica modificada em instituição.

pintadas começam a gerar, nessa zona transicional, um campo inconsciente, povoado de protoemoções, à espera de serem acolhidas e pensadas pelos dois protagonistas. Ferro faz uma associação entre o conceito de "área transicional de Winnicott e a fileira C da grade bioniana, que diz respeito aos mitos e sonhos".[183] A diferença nesse trabalho é que muitos dos pictogramas, ou imagens de sonho, são pintados e, portanto, encontram-se concretamente visíveis para o paciente: a experiência emocional pode preceder à pintura ou ser simultânea à ação e à representação, como muitas vezes acontecia. Essas imagens entram nesse funcionamento onírico e falam por elas e além delas, ou seja, dão origem a novas ramificações do campo, chamadas de derivados narrativos.

Esses primeiros momentos, em que o personagem do caso é o *menino aprisionado*, trazem situações mudas de muito sofrimento, que falam do menino acorrentado, submisso. Trazem um campo quase inerte por quase dois anos, de figuras semelhantes, onde a repetição é uma constante.

Penso já tê-lo encontrado regredido, porém essa não era ainda uma regressão terapêutica. Assemelhava-se mais a um retraimento, era uma *não entrega*, uma possibilidade de se manter recluso em um tempo outro, encapsulado em um tempo passado, em um estado de quase morte.

Winnicott[184] nos fala que *um paciente regredido está à beira de reviver situações de sonho e de memória*, acrescentando que *a atuação do sonho poderia ser o modo pelo qual se descobre o que é urgente*: penso que a repetição, aqui, possa ser compreendida como essa necessidade de atuação do sonho, onde se procura outra chance de se vivenciar uma

---

183 FERRO, A. *Fatores de doença Fatores de cura*, p.111.

184 WINNICOTT, D.W. "Aspectos Clínicos e Metapsicológicos da Regressão no Contexto Analítico (1954)". In: *Da Pediatria à Psicanálise: obras escolhidas*, p.385.

situação traumática, que à época não pôde ser representada ou se tornar psíquica. Como o sonho pôde ser recebido e a experiência emocional compartilhada, isso foi tornando possível uma entrega à dependência, *uma rendição ao outro*, como nos diz Figueiredo, que vem a acontecer quando a organização defensiva começa a ser desfeita.[185] Esse tempo regressivo assistido foi dando margem a uma fusão semelhante ao processo narcísico primário e, a partir daí, o *eu verdadeiro pode ser encontrado e o que acontece depois pode ser sentido como real.*[186]

Isso porque *a regressão fornece um lugar de onde é possível operar,* com a possibilidade de resgate do *self* verdadeiro.[187]

Benedetti nos diz, através de sua experiência clínica de mais de cinquenta anos com pacientes psicóticos, que é a sensibilidade do paciente à identificação do terapeuta com suas questões que vai lhe permitir essa entrega, através de um processo de contraidentificação.[188]

Isso também nos é dito por Winnicott, embora de outra maneira: *(...) assiste-se à mudança do retraimento para a regressão à medida em que o paciente se torna capaz de identificar o que há de positivo em nossa atitude.*[189]

---

185 FIGUEIREDO, L. C. "A tradição ferencziana de Donald Winnicott. Apontamentos sobre regressão e regressão terapêutica. In: *Revista Brasileira de Psicanálise, vol. 36, n.4,* pp.909-927.

186 WINNICOTT, D.W. "Aspectos Clínicos e Metapsicológicos da Regressão no Contexto Analítico (1954)". In: *Da Pediatria à Psicanálise: obras escolhidas,* p.388.

187 *Ibidem,* p.388.

188 BENEDETTI, G. (1980) "L'identification du thérapeute avec le patient", p.231. In: *La mort dans l'âme. Psychothérapie de la schizofrenie: existence et transfert,* p.232.

189 WINNICOTT, D.W. "Notas sobre Retraimento e Regressão". In: *Explorações Psicanalíticas: D.W.Winnicott* /Clare Winnicott, Ray Sheperd & Madeleine Davis, p.41.

As primeiras figuras se estenderam por um longo tempo e, embora se repetissem por um grande período, nenhuma cena era igual à anterior, cada cena trazia algo pequeno de novo, formaram quase que uma película, onde o movimento foi se instaurando.

Roussillon[190] entende que essa tentativa de repetir é de representação psíquica e que os pequenos movimentos instaurados têm a ver com a necessidade de passar *pela repetição necessária à exploração de 'fragmento por fragmento', 'peça por peça'*, como as figuras dos dois primeiros anos, até poder se apresentar junto à perlaboração, e, nesse caso, denomina-a *"compulsão de simbolização", formas de repetição marcadas pelo retorno do traumático.*

Na impossibilidade de trazer para este trabalho os quase dois anos em que elas alteravam algo do cenário, mas se repetiam, aqui estão simbolizadas pelos números de um a três, que significam o aprisionamento interno ao quarto de menino, a simbiose, o acorrentamento à figura materna. Na Figura 4 do caso clínico (p.103) já pode se perceber a mãe saindo da cena verde, à esquerda.

Nesse tempo, havia muito pouca fala, ele precisava de silêncio, embora respondesse e comparecesse todas as semanas às sessões, sempre pintando. *Abordar a doença psíquica*, no dizer de Canellas Neto e Sandra Schaffa, *é, (...) em certos casos, ir ao encontro da fala no lugar onde ainda não pode ser pronunciada.*[191]

Eram representações de situações que implicavam efeitos traumáticos e inconscientes e que, pela ameaça de aniquilamento e pavor que

---

190 ROUSSILLON. In: *"A perlaboração e seus modelos"*, trabalho apresentado no Congresso da IPA, p.6. Berlim, 27 de Julho de 2007.

191 CANELAS NETO & SCHAFFA, S. "A urgência e o poder da fala *dentro* da análise: trauma e construção da subjetividade". In: *Percurso* 34, 1º sem., 2005.

despertavam, impediram a metabolização de uma experiência subjetiva. Essa impossibilidade de experienciar pela falta de representação suficiente, pela dificuldade de tornar psíquico o vivido é que dá origem à organização defensiva, que garante então a sobrevivência. De acordo com Winnicott,

> o falso *self* tem uma função positiva muito importante; ocultar o *self* verdadeiro, o que faz pela submissão às exigências do ambiente. Agrega ainda que nos exemplos extremos do falso *self*, o *self* verdadeiro fica tão bem oculto, que a espontaneidade não é um aspecto das experiências vividas pelo lactente. O aspecto submissão se torna o principal, com imitação como uma especialidade.[192]

Embora concorde com Winnicott quando diz que *somente o self verdadeiro pode ser analisado*,[193] acredito que as defesas primárias do falso *self* com as quais nos defrontamos através dos personagens, embora compreendidas e aceitas como uma proteção do *self* verdadeiro, sejam os primeiros atalhos que nos são oferecidos para a *situação analisante*, termo empregado por Donnett, que, a meu ver, reflete tudo o que se pode incluir como dinâmica.[194]

Isso porque, as escolhas dos personagens não são feitas ao acaso, mas por identificações. Quero dizer que, se não fossem os ecos dos personagens eleitos pela imitação, que puderam ser escutados e transformados

---

192 WINNICOTT, D.W. "*O Ambiente e os Processos de Maturação: estudos sobre a teoria do desenvolvimento emocional*", p.134.

193 *Ibidem*, p.122.

194 Remeto o leitor ao texto de Jean-Luc DONNET. *La situation analysante*. Paris: PUF, 2005.

em *derivados narrativos*, ou histórias desmembradas e originadas desses mesmos personagens, o *self* verdadeiro não poderia ser encontrado. Inúmeras transformações puderam acontecer, mesmo a partir desses ecos de personagens nos quais se reconhece, ou ainda, das *sobras de substâncias* referidas por Mia Couto (Introdução, p.XXI), ao aprender com a experiência emocional vivida e, a partir daí, abrir frestas ao receber cuidados através da intersubjetividade. Por exemplo, um dos primeiros movimentos apresentados pelo paciente foi justamente querer que eu o conhecesse através da existência do outro: mostrou-me um vídeo em VHS de Pink Floyd, chamado "*The wall*".

Em uma das sessões, pinta a Figura 6 (p.105), que mais tarde compreendo como a representação do vídeo que chegou a ser vivida como própria, com uma grande alteração psíquica. Era já um ato de imitação, numa tentativa de busca de identidade. É como se precisasse, durante o processo, desse acesso ao outro, como recurso para moldar-se a si próprio: reconhecer-se no outro, para poder experienciar seus próprios estados subjetivos. Era assim que ele se mostrava, para que eu o (re)conhecesse para além do que se conhecia, levando-o a fazer contato com algo inteiramente inconsciente.

Winnicott[195] nos revela que

> com relação a atores, há aqueles que podem ser eles mesmos e também representar, enquanto há outros que só podem representar, e que ficam completamente perdidos quando não exercem um papel, não sendo por isso apreciados e aplaudidos (reconhecidos como existentes).

---

195 WINNICOTT, D.W. *O Ambiente e os Processos de Maturação: estudos sobre a teoria do desenvolvimento emocional*, p.137.

Esse paciente fazia parte dessa última categoria. Esta foi, portanto, a primeira função exercida pela dimensão transferencial: uma função da constituição do si mesmo, de espelhamento onde buscamos diferenciar o *self* verdadeiro do falso *self*. Isso se deu em um tempo relativamente extenso, pois a analista também era confundida tomando alguns de seus textos escritos na sessão como próprios, quando, mais tarde, viria a saber serem de personagens de filmes, aos quais aderia como se fossem seus.

Essa capacidade de espera do analista, no caso desse paciente, foi fundamental para deixar vir à tona todas essas vivencias de que se alimentava o falso *self*. Aos poucos, ele se percebe perguntando ao outro como ele se encontrava naquele dia, pois de si, às vezes, me parecia que ele nada sabia. Posso compreender também essas falas desconexas do resto de sua personalidade que me surpreendiam, como falas de partes cindidas, que talvez não se comunicassem.

Para compreendermos um pouco mais esse processo analítico, convém lembrarmos que os sujeitos que não têm contato consigo habitam fundamentalmente o falso *self* e, nesse caso, provavelmente um falso *self* cindido, sem nenhum contato com o objeto subjetivo, que terá de ser criado. Daí a necessidade de mimetização de figuras pelo falso *self*, que age *como se* fosse, sem na verdade o ser. Essa capacidade de se mimetizar é lembrada por Ferenczi como uma metáfora do mimetismo usado por animais: o disfarce seria uma defesa, podendo enganar os predadores, mas ao mesmo tempo faria dele um poderoso adversário, uma vez que lhe seria possível atacar sem ser percebido. Seria *uma estratégia de sobrevivência*, uma defesa psíquica utilizada por pacientes que sofreram experiências traumáticas.

Taylor percebia que exibia características de personalidade exigidas pelos papéis que adotava, podendo enganar também a mim, analista. Outra característica sua era a extrema complacência com que se sujeitava ao meio, uma grande submissão que se revelava na frase muitas vezes repetida ao analista: *eu não queria decepcionar você,* evidenciando a regressão transferencial. Até então, a vivência de abuso ainda não havia sido relatada. Essa frase, muito repetida durante o processo, pôde mais tarde ser relacionada com a vivência de abuso, pois remete à necessidade da criança se submeter para agradar, por impossibilidade de reação. A hipótese de Ferenczi é

> que a personalidade ainda fracamente desenvolvida reage ao brusco desprazer, não pela defesa, mas pela identificação ansiosa e a introjeção daquele que a ameaça e a agride. (...) Uma parte da personalidade deles, o seu próprio núcleo, permaneceu fixado num certo momento e num certo nível, onde as reações aloplásticas ainda eram impossíveis e onde, por uma espécie de mimetismo, reage-se de maneira autoplástica.[196]

Quando a criança sofre uma agressão sexual, pode subitamente apresentar as emoções prematuras de um adulto como possibilidade de sobrevivência: é a chamada *progressão traumática* (patológica) ou *prematuração* (patológica), criada em virtude de clivagens, que fazem *uma parte da pessoa amadurecer de repente,* segundo Ferenczi.[197] Para se proteger, a criança deve saber identificar-se com os adultos agressores; ela reage encolhendo-se, tornando-se extremamente passiva e identificando-se, como uma forma muito primitiva de defesa. Em um de seus textos

196 "Confusão de línguas entre os adultos e a criança". In: FERENCZI, Sándor. *Obras completas, Psicanálise IV*, p.103.

197 *Op.Cit.*, p.104.

189

(p.136), muito a propósito, escreve que *se um inimigo estivesse à minha frente eu nem saberia identificá-lo.* Essa parte que cresce prematuramente fortalece-se, de acordo com Figueiredo, *com um forte recurso* obtido graças a *um mecanismo de defesa extremamente eficaz e cruel: a identificação com o agressor, que entrou à força no psiquismo infantil.*[198] A clivagem resultante desse processo torna a criança dividida entre a posição de vítima e a de torturador, ou seja, são pacientes, segundo Ferenczi, feitos de id e superego.

O autor prossegue dizendo que se os choques se sucedem, como nesse caso acontece, o número de clivagens aumenta e fica difícil o sujeito *manter contato com os fragmentos, que se comportam como personalidades distintas (...).*[199] Daí minha surpresa quando surgiam comentários avessos àquela pessoa com quem eu pensava que estivesse falando, como a fala da p.138, quando surge subitamente a criança no adulto, dizendo que está contente *porque mamãe vai comigo no médico.*

Em vários de seus textos escritos, também se pode ver a criança falando e, em um deles, pode-se ver nitidamente a clivagem: ele fazendo o papel da mãe e do filho.[200] Então lembramos que o abandono, segundo Ferenczi,[201] parece acarretar a clivagem da personalidade. *Uma par-*

---

198 FIGUEIREDO, L. C. "A tradição ferencziana de Donald Winnicott. Apontamentos sobre regressão e regressão terapêutica". In: *Revista Brasileira de Psicanálise*, vol.36, n.4, pp.909-927.

199 FERENCZI, S. "Confusão de línguas entre os adultos e a criança". In: FERENCZI, Sándor. *Obras completas, Psicanálise IV*, p.103.

200 Remeto o leitor ao texto da página 137.

201 "Análise de crianças com adultos". In: FERENCZI, Sándor. *Obras completas, Psicanálise IV*, p.76.

te da sua própria pessoa começa a desempenhar o papel de mãe ou do pai com a outra parte, e assim torna o abandono nulo e sem efeito. Figueiredo[202] reconhece que hoje poderíamos chamar essas partes dissociadas de outras formas, como a adotada por Winnicott: verdadeiro e falso *self*.

A dinâmica dessa personalidade *como se*, termo explorado em sua relação com a esquizofrenia por Helene Deutsch,[203] requereu do analista uma enorme disponibilidade para poder se empenhar na construção de um vínculo de confiança que passasse, sobretudo, ao paciente, um compromisso de profundo interesse em estar ali para cuidar dele.

Foram anos de *holding*, cujo sentido será explorado de modo mais abrangente no capítulo das reflexões sobre a técnica modificada, onde a linguagem sonhante teve importância fundamental para a *instauração do afeto*, como nos fala Fédida.[204] A possibilidade dessa instauração do afeto na linguagem foi contribuindo para que o sentimento de imprevisibilidade da mãe pudesse ceder à confiança ambiental, representada pela sustentação do analista.

Kupermann relata que, para Ferenczi, o decisivo na experiência traumática não é a violência em si-mesma, mas é o *abandono*.[205]

---

202 FIGUEIREDO, L. C. "A tradição ferencziana de Donald Winnicott. Apontamentos sobre regressão e regressão terapêutica". In: *Revista Brasileira de Psicanálise*, vol.36, n.4, pp.909-927.

203 DEUTSCH, *Some forms of emotional disturbance and their relationship to schizophrenia. Psychoanalytic Quarterly*, pp.301-321.

204 FÉDIDA, P. "Amor e morte na transferência". In: *Clínica Psicanalítica: estudos.* p.53.

205 KUPERMANN, D. "Trilogia Ferencziana". In: *Presença sensível: cuidado e criação na clínica psicanalítica.* p.152.

A presença e o testemunho do analista junto a esses delírios solitários foram lhe permitindo a inscrição da experiência de sensações dissociadas. Essa experiência é que foi, então, a condição para esse processo de simbolização na psicose, *ao retomar situações traumáticas congeladas e promovendo, segundo Naffah Neto,*[206] *a rememoração das mesmas e a emergência dos afetos aí gerados, fazendo grande parte disso tudo passar pela linguagem.*

Acredito que, nesse caso, a imagem teve também um papel terapêutico de preponderância na sustentação do processo analítico, à medida que trouxe várias repetições, uma providência temporal que paradoxalmente insistia em comunicar e, ao mesmo tempo, exigia a reserva do analista.[207]

Era o tempo da espera cuidadosa por parte do analista, a capacidade de espera do tempo do outro, até que o nascimento da confiança pudesse favorecer a entrega aos estágios de dependência, por meio da transferência.[208]

Depois dos primeiros anos de análise, torna-se capaz de fazer a passagem para a linguagem. Inicia um processo de escrita durante as sessões, que antecedeu a palavra falada.

---

206 NAFFAH NETO, "Winnicott: uma psicanálise da experiência humana em seu devir próprio". In: *Natureza Humana* 7(2):433-454, [jul-dez], 2005.

207 Essa função preponderante da imagem, como ferramenta do processo terapêutico na comunicação e como instrumento de transformação na psicose, por meio da pessoa do analista, será objeto de estudo à parte, por intermédio das referências de BENEDETTI, FERRO e ROUSSILLON, no próximo capítulo sobre a técnica modificada.

208 Remeto o leitor à leitura do texto de NAFFAH NETO, "A problemática do falso *self* em pacientes de tipo *borderline* – revisitando Winnicott". In: *Revista Brasileira de Psicanálise*; v.41, n.4, pp.77-88. São Paulo: ABP, 2007.

A inserção no terreno da linguagem era um sinal de aproximação do ausente, as primeiras frestas se abrindo em direção ao eu verdadeiro. Eram textos impregnados de muita emoção, que iniciavam esse contato com o verdadeiro *self,* promovendo a subjetivação, pois, como ele mesmo diz, *percebia que algo estava mudando,* pois estava *tendo lampejos de vida* (p.120). Então, começa-se a perceber que, embora ainda *não pudesse ser sem representar,* inicia um longo caminho de descobertas do eu, onde aparecem intervalos de uma existência real, entre a adesão de um personagem e outro.

Quando começa a criar um mundo subjetivo, entra então em uma nova dinâmica, a dinâmica esquizoide, necessária para a direção do processo de cura. Começam a emergir sentimentos de profunda ambivalência, como ao escrever o texto em que reconhece a existência da *mãe boa e da mãe má* (p.126-127), ou ainda ao relatar que usa *como arma sua família nos seus filhos* (p.114), ao escrever que *se o inimigo estivesse a sua frente não saberia identificá-lo* (p.136). Pode já ir se conscientizando de suas defesas, reconhecendo a máscara que lhe acompanhou durante a infância, segundo suas palavras, como *medida de proteção,* como visto na Figura 12 (p.118).

Não obstante essa imagem tenha sido o primeiro gesto capaz de portar o vigor de sua espontaneidade, exibia também a consciência de um

> vazio que parece convocar uma estranha lucidez, que coloca à prova de uma verdade radical todas as expressões de um si montado como falso self para mascará-lo: em suma, não há qualquer rosto atrás da máscara e o vazio seria o único rosto que a máscara percebe.[209]

---

209 FÉDIDA, P. "O vazio da metáfora e o tempo do intervalo", In: *Depressão,* p.97.

Começa então a viver sua fase depressiva, apropriando-se de seus instintos agressivos, vivenciando sua culpa e fazendo a reparação.

Surge a pintura (Figura 5, p.104), que faz dos furos no coração da mãe, podendo se conscientizar de seu ódio. Eram conteúdos que se permitiam desvelar essa busca de espaço por representação a respeito de sua sexualidade reprimida, porque não reconhecida pela mãe, que o vestia com roupas de mulher, como se vê na Figura 19 (p.144).

O sentimento de ambivalência também se manifesta nessa mesma figura, com relação à sexualidade, onde se vê metade homem, metade mulher. Embora o amadurecimento na dinâmica analítica não seja exatamente linear, pois alguns aspectos emergem antes, outros depois, ou ainda conjuntamente, a reparação também é visível nas imagens, como a Figura 14 (p.126), que representa o possível perdão materno.

Ele progredia e regredia com muita facilidade. Muitas vezes, ele chegava e conversava como um homem adulto, mas surpreendia ao me escrever textos dissociados de menino, como a fala *mamãe me ensina a derrubar o muro* (p.137).

Embora a regressão tenha sido uma tônica constante durante quase todo o período da situação analítica, onde vivenciava o passado como um menino, em algumas sessões ele a experimentava de modo mais crítico, profundamente alterado, com muita emoção, como a relatada nas páginas 149/151.

Esta cena do *abandono do pai,* quase não falada, surge com tal intensidade, que me pergunto se também não tinha a finalidade de comunicar ao analista *que a criança mortalmente ferida*[210] precisava ser rapidamen-

---

210 "Análise de crianças com adultos". In: FERENCZI, Sándor. *Obras completas, Psicanálise IV*. São Paulo: Martins Fontes, 1993.

te socorrida. Encontrar-me ali e achar a "palavra certa", na hora em que senti seu corpo falsear, deu-lhe a oportunidade de reviver algo extremamente difícil e, provavelmente, naquele tempo, era tal a sua condição de desamparo, que não pudera suportar. Ao lhe dizer a frase *toda criança abandonada é um herói*, ele pôde, de fato, *tornar-se o herói* e, ali, ele não mais representava, *ele era o herói*.

Após essa sessão, pôde se dar uma grande integração, sucedida de muito alívio. Ele me relata que *foi ali de fato o menino* e viver essa cena na companhia confiável do analista, que pôde testemunhar e reconhecer seu sofrimento, fez com que dormisse, depois de muito tempo, sem os pesadelos violentos que o perseguiam.

A esta altura, eu me via constrangida a suportar todas suas vivências traumáticas à espera de metabolização.[211] Sentia-me constantemente transportada de um polo a outro: sentia que já falava com ele (com seu *self* verdadeiro), mas o menino e o homem ainda se alternavam de forma contínua e desmedida.

Não obstante tenha sido capaz de se conscientizar e integrar várias partes dissociadas, como nos mostra a Figura 16 (p.134), sua quase ausência de pele, simbolizada nessa mesma figura, pela quantidade de prateleiras de cobertores à direita, fazia ainda com que ele se confundisse de tal maneira aos personagens, principalmente ao *doente*, que ele não se permitia melhorar.

A *imitação do doente*, que refletia todo seu medo de fazer a transição para o *self* verdadeiro, confundia a todos: aos médicos, que trocavam seus diagnósticos e sua medicação, aos cuidadores, a mim e, acima de tudo, a ele

---

211 A questão do corpo do analista também será abordada no capítulo sobre a técnica modificada.

mesmo. Essa reação terapêutica negativa mobilizava uma enorme resistência, que o impedia de se descolar do *doente*. Mas como se descolar do que enfim era real, *o personagem doente da instituição?* Desprender-se dele passou a equivaler à morte, a ser inexistente, pois ali se viu reconhecido e, portanto, real. O *doente psiquiátrico da instituição* era um personagem de transição, *meio dentro, meio fora:* era um personagem, mas realmente ele o vivera, e a vida que tinha se iniciado ali, na instituição, e os amigos que fizera também eram reais. Nesse sentido, a instituição torna-se depositária desse mundo fantasma.[212] Separar-se do *doente* significava o perigo de cair novamente no vazio como antes, quando havia, no dizer de Winnicott[213] *nada no centro,* um lugar onde a experiência não chegava.

Bleger, em seu texto sobre o enquadramento psicanalítico,[214] comenta sobre o problema do próprio enquadramento ser depositário da simbiose, embora ela não se relacione com o processo analítico em si. Compara-o à simbiose materna, que permite à criança desenvolver o seu ego; o enquadramento também teria essa mesma função, ao servir de sustentação, porém só se torna visível *quando muda ou se rompe.*

> Está em questão, de algum modo, o problema da simbiose, que é "muda", e só se manifesta quando se rompe ou ameaça a se

---

212 BLEGER, J. "Psicanálise do enquadramento psicanalítico". In: *Simbiose e Ambiguidade.* São Paulo: Francisco Alves, 1988.

213 WINNICOTT, D.W. "Nada no centro". In: *Explorações Psicanalíticas: D.W.Winnicott*/Clare Winnicott, Ray Sheperd & Madeleine Davis, p.41.

214 Desloco para este capítulo, relacionado ao caso, o problema do enquadramento por entendê-lo completamente ligado à impossibilidade de se desprender do *personagem da loucura.*

romper (...) deve-se reconhecer que as instituições e o enquadramento sempre se constituem num "mundo fantasma": o da organização mais primitiva e indiferenciada.[215]

Acho interessante a maneira vista por Bleger comparando a ruptura do enquadramento à produção de *uma fresta pela qual se introduz a realidade, que se torna catastrófica para o paciente: seu enquadramento, seu mundo fantasma ficam sem depositário (...).*[216]

Assim como no texto de Bleger, ao sair do enquadramento, Taylor tem que se defrontar com a ausência de um lugar onde depositar seu mundo infantil, o que o fez revoltar-se comigo, segundo ele, *ficando com muita raiva*, ao tentar chamá-lo para as sessões individuais num outro contexto, no consultório. Note-se que propus que continuasse frequentando a instituição até adaptar-se fora dali. Mas mesmo assim sua reação foi de muito medo, antes que se decidisse pelo consultório. Acostumado à *segurança cruel do quarto em que se encontrava aprisionado como menino*, sair dali significava arrumar um lugar para conter toda essa ficção psicótica na qual se via enredado. Quando lhe propus o consultório, eu inferia que ele já tivesse condições de enfrentar esse *menino vítima e destruidor implacável de quem era refém.*

Durante esse tempo institucional, *viver no passado* tornou-se, assim como para o paciente de Bleger, não somente uma fantasia, mas *uma organização básica da existência.*[217]

215 BLEGER, J. "Psicanálise do enquadramento psicanalítico". In: *Simbiose e Ambiguidade*, p.313.

216 *Ibidem*, p.318.

217 *Ibidem*, p.319.

Só de pensar em romper o enquadramento, mesmo que ali já estivesse se sentindo *como um peixe fora d'água*, conforme me dissera, a brecha de realidade o invadia e o amedrontava de modo insuportável. Então o que via na instituição é também referido por Bleger: a importância de se estar atento a esse tempo de enquadramento enquanto fator de desenvolvimento do ego, o que significa dizer que, esse mesmo fator de desenvolvimento pode vir a se tornar um fator negativo, se permanece além do necessário, produzindo uma paralisação por ausência de movimento, impedindo a transformação.[218] Esse tempo institucional, que já pôde sustentá-lo, agora se transformara em uma alcova permanente. Abandonar a instituição, mesmo que parcialmente, seria abrir mão de sua parte regressiva, de sua organização de *viver no passado*.

Cumpriria mais uma vez examinar a importância de se respeitar o tempo de espera dele, a fim de se preservar sua organização psíquica, sem o que a mudança teria *apenas lhe tirado o lugar, ao invés dele poder ser tirado dali*, como no dizer da epígrafe de Manoel de Barros.

Com a espera do analista, o passado pode aos poucos ser trazido para o presente, possibilitando o movimento. Ao longo das últimas sessões na instituição, a música de Bach traz a lembrança do irmão morto, um irmão muito doente que, durante a vida, recebeu o alvo das atenções.

Em uma situação transferencial atuada sobre um terceiro, durante as sessões grupais, posso escutar a frase dirigida a mim, *eu estou pior que ele,* referindo-se a outro membro do grupo. Foi então que veio à tona a razão dessa imitação: a necessidade de existir na pele do doente, tomando a vida do irmão morto como a única maneira de ser reconhecido como pessoa. A essa altura, já podendo interpretar com o maior cuidado, ponderei

218 *Ibidem*, p.321.

com ele que, em um espaço individual, teria maior possibilidade de crescimento.

À medida que se percebe um homem capaz de frequentar um consultório, é tomado por um grande sentimento de pavor, oscila, aceita, recua e... espera, pois toda mudança, mesmo que seja para melhor, é vivida como ameaça.

Ao longo de todo o processo, o *tempo esperado* é que propicia, mais uma vez, a possibilidade de transição para poder entrar em contato com partes dissociadas, aspectos recalcados com os quais não podia fazer contato.

Essa passagem em direção à possibilidade de vida real, com a coragem que lhe exigiu, torna-o capaz de enfrentar muitas de suas resistências de integração, ao nomear o que em algum lugar se inscrevera, mas que ele não tivera capacidade de tornar psíquico: o saber-se filho de uma prostituta, abusado por uma das mulheres da casa que a mãe fizera sua cuidadora, e que ele julgava ser a empregada da casa da mãe.

Começa a poder questionar sua dúvida quanto à filiação paterna, uma vez que o pai era negro e todos os seus irmãos são bem morenos, enquanto ele e a irmã gêmea são bem mais claros. Então muita coisa põe-se em movimento. Poder libertar-se da instituição foi colocar em movimento a possibilidade de romper também com a simbiose materna e com sua parte indiferenciada.

Ao romper com esse mundo fantasma, depositado na instituição, pode então se descolar do doente psiquiátrico. Em pouco tempo, resolve mudar-se de casa e de cidade, descolando-se também da casa da mãe (cuja casa era geminada). Bastaram algumas sessões, embora com muita dificuldade, para que se adaptasse às sessões individuais no consultório.

Esse novo período da análise traz uma enorme produção de sonhos, onde pode simbolizar vários aspectos cindidos. Em um deles, conta-me que na instituição alguém (uma mulher) lhe entrega uma mala de roupas e ao vesti-las, surpreende-se, estranhando ver-se ali *como um menino vestido com uma camiseta grande de homem.*

Então, posso lhe dizer que era justamente disso que tratávamos ali, ou seja, nosso trabalho era *vestir o menino*, que ainda se encontrava nu ou vestido com roupas de mulher. Este sonho dizia respeito à Figura 19 (p.144), pintada há tempos atrás, em que traz uma figura híbrida, não reconhecida e que o confunde em sua identidade sexual.

Não sei o que sou, se sou homem, se sou homossexual, me diria mais tarde no consultório. Ele lutava com essa indefinição, era novamente uma impossibilidade de ser, e isso deu margem à criação de outro personagem, *o travesti.* Na falta de uma identidade que lhe proporcionasse um *self* verdadeiro, ele tatuara, no passado, assim como várias outras, essa figura no corpo.

Percebo, então, que também mimetizara essa figura do *travesti*, pois era vista ao redor do seu local de trabalho com frequência, mas, na realidade, simbolizava o menino travestido (pela mãe) da infância. Tatuar significava, então, *colar na pele* uma alternativa à não existência: perder a imagem do menino travestido seria pior, pois essa era a imagem que a mãe lhe devolvera e, não tê-la, equivaleria à morte.[219]

Com a mudança de casa e o descolamento da mãe, surgem mais sentimentos de culpa em relação ao irmão e à simbolização de sua entrada na loucura, por meio de um filme, uma série, que, segundo ele, o estava *prendendo além da conta* em sua imaginação.

Era um filme que falava de dois irmãos: ele se identificara com o irmão salvador, o que fizera alguma coisa errada com o único intuito de ser admitido na prisão, para salvar o irmão, um criminoso condenado à

---

219 Remeto o leitor à página 168 do texto.

morte. Relata que sua finalidade era conseguir o mapa da prisão, o que proporcionaria uma rota de fuga para os dois, mas ele tinha muito medo de se esquecer (e morrer como o irmão), e completei: *você teve vontade de tatuar o mapa...*

Isso me dizia sobre a culpa e a possibilidade de repará-la tornando-se também louco, muito doente, como o irmão. Registro aqui novamente[220] a pergunta encontrada em seu prontuário clínico a uma médica: *será que consigo imitar um doente?*

Essa *entrada na prisão* significava, de igual modo, sua *entrada na loucura*, ao se transformar doente como o irmão, e o *mapa com a rota de fuga* me contava também sobre a saída dela.

Mas esse filme, que se transformara em um sonho de vigília, falava também de *um irmão bom, apto a salvar o condenado da prisão*. Então percebo que à existência negativa, a *do condenado à morte*, veio se juntar uma imagem positiva, a *que veio trazer a rota de saída da prisão*.

A imagem que veio trazer essa possibilidade de saída era também minha, a da analista, e também era dele. Essa imagem dele que se transformava era originária desse campo de dualidade, capaz de dar ao signo do paciente uma potencialidade protossimbólica, em um trabalho de duplo entre o psiquismo do paciente e terapeuta. O trabalho psicoterapêutico de Benedetti[221] é focado, sobretudo, no encontro dual do inconsciente, onde a

220 Remeto o leitor às páginas 153 e 154 do texto.

221 Os conceitos deste autor serão explorados no capítulo das reflexões sobre a técnica modificada.

Positivação: conceito de BENEDETTI relativo à capacidade de se construir (colocar, pela *via de porre*) sobre a área de *não existência* da psicose. A primeira positivação é a presença do terapeuta, mas a presença *que dá rosto*, pois o reconhecimento e a

positivação consistiria na capacidade de se construir (colocar, pela *via de porre*) sobre a área de *não existência* da psicose.

Esta figura corresponderia ao seu conceito de *sujeito transicional*, decorrente da criação de uma zona intermediária entre o paciente e eu: ele pôde depositar em mim essa vivência do *escravo prisioneiro condenado à morte*, e eu pude senti-la em meu corpo,[222] mas eu tinha, ao mesmo tempo, vivências de vida que transformavam esse paciente. Eu era um símbolo do *prisioneiro e da morte,* mas também um *símbolo da vida e do que podia se libertar.* Ele pôde também se representar nessa figura, juntando as duas: a do condenado à morte e a do libertador. Essa imagem era a de um *sujeito transicional.*[223]

A tatuagem teria a função de preservar o caminho da descoberta para a existência, simbolizada pela rota de saída da prisão do *escravo prisioneiro.* Era uma maneira de inscrever marcas, que temia perder.

percepção do outro são capazes de criar uma positividade na experiência psicótica, nas áreas em que se apresenta como pura negatividade.

Via de porre (pelo caminho de se colocar): expressão utilizada para distinguir a terapia que se dá por acréscimos, como o pintor ao recobrir com camadas de tinta a tela branca. O *self* se transforma *per via de porsi,* por um processo de personalização progressiva, onde ideias delirantes incluem a pessoa do terapeuta; também introjetam no paciente elementos de realidade de outro modo não passíveis de serem integrados.

222 Essa vivência será objeto de análise no capítulo referente às reflexões sobre a análise modificada.

223 ANDREOLI, L. et al. "L'image du corps, le transfert. Benedetti, Pankov, Matte Blanco". In: *Autour de Gaetano Benedetti. Une nouvelle approche des psyhcoses,* pp.175-176.

Pude lhe perguntar, na ocasião, se ele ainda precisava disso, pois achava que, agora, ele já podia pensar sobre isso, e não mais precisava se colar às figuras para fazer lembrança.

Ao longo do processo, embora eu percebesse que se esforçava muito para comparecer, começava a tornar-se inviável sua vinda ao consultório, em razão de sua pouca disponibilidade financeira para as viagens e da distância da cidade para onde se mudou.

Em uma de nossas últimas sessões, conta que agora tem lá um novo médico, *muito interessado,* que o acompanhará nas medicações. Também relata que sua medicação foi mudada, pois agora seu diagnóstico mudou.

Escuto, com alguma surpresa, que agora ele é um *bipolar.* Lembro-lhe de que, em nove anos, eu o vira muito deprimido, mas jamais o vira em episódios maníacos. Percebo que ele já sabe quais são os sintomas, em razão do questionário a que teve de responder, e conheço também seus acessos à *internet*, para atuar com perfeição um personagem. Reconheço o peso da fala de *uma pessoa interessada* e a importância de um espelhamento interessado para o processo de mimetização, o tornar-se o que se espera de mim, *para não decepcionar você*[224] e posso ver aqui, ainda, a criança de quem se abusou...

Então, com todo cuidado, ao me falar sobre a dificuldade financeira de se deslocar, diz que o médico perguntou se era acompanhado por uma psicoterapia e que, se ele quisesse, poderia lhe indicar uma pessoa na cidade em que agora residia.

Ele descolava-se também da analista.

Concordamos em finalizar o processo, pois ele realmente precisava de um acompanhamento analítico bem mais frequente.

---

224 Essa fala foi usada muitas vezes, dirigida a mim, na situação analítica.

Ele me traz um último sonho, onde fala da visão de uma montanha que se ergue à frente, intransponível. Ele pensa em escalá-la, de uma vez só, mas vê que é impossível.

Então me vê ao largo, longe, fazendo um caminho diverso, indo por baixo, rodeando, e pensa: *vou junto com ela, onde ela for*. Entretanto, fala que percebe que eu lhe digo, *com os olhos*, que ele devia seguir sozinho. Ele segue então por esse mesmo caminho até o cume, e crava ali na pedra um buraco, onde deposita *um boneco sem cabeça*, que levara com ele. Fecha a pedra e joga fora a chave, como se não precisasse mais dele para sobreviver.

Desce e me conta que, não tinha dito *antes por vergonha, mas que estava acompanhado de um ator, o Sean Connery*, e quando desceram, havia embaixo uma multidão que os esperava e os dois foram muito aplaudidos.

Percebo o seu estranhamento quando me fala do *boneco sem cabeça*, e na mesma hora me vem a imagem da Figura 19 (p.144), *sem cabeça* que desenhara. Ele não se recordava mais dessa pintura, mas referiu-se a uma brincadeira, um boneco que na infância funcionava como um talismã (mas que tinha cabeça), que ele e alguns amigos escondiam. Percebo que então o boneco pôde ter uma outra representação. Referir-se a alguma brincadeira também teve um significado inédito, por ter sido a primeira vez, em nove anos, que essa palavra compareceu na análise.

Penso também, ao reconstituir um período dessa análise, na importância da comunicação, e da presença implicada[225] do analista: o poder do espelha-

---

225 Remeto o leitor à leitura do texto "Presença, Implicação e Reserva", de Luis Claudio FIGUEIREDO. In: FIGUEIREDO, L.C. & COELHO JR. N. *Ética e técnica em psicanálise*, p.13.

mento, ao comunicar *com os olhos*, com o autêntico testemunho, é que permite um resgate de subjetivação, através da tarefa de reconhecimento.

Com esse *boneco escondido sem cabeça,* que percebo como uma representação de um falso *self,* agora cravado na pedra, talvez fique mais difícil fusionar-se ao *bipolar* como novo personagem.

No sonho, torna-se curioso o aparecimento do ator, *com vergonha,* mas esse é um ator que agora o acompanha, não se trata mais dele mesmo, mas, quem sabe, da reunião do autor *(self* verdadeiro) ao ator. Lembro-me, então, da fala aqui transcrita, de Winnicott, à p.187, que fala sobre a necessidade de ser aplaudido (que aparece no sonho), para se ter o reconhecimento da existência.

Embora inclinada a pensar que a construção desse ego pode fazê-lo capaz de se confrontar com o novo personagem (bipolar) sem a possibilidade de fusão, pois já é possível pensar sobre ele e não temer o colapso como temia, sei de sua identificação com o agressor e de quanto essa culpa foi introjetada.

Ferenczi nos fala dessa *introjeção do sentimento de culpa do adulto* e de quanto se torna *um ato merecedor de punição*; a criança dividida, entre inocente e culpada, fica imersa em uma grande confusão, desconfiando de seus próprios sentidos.[226]

O autor também sustenta que a análise deveria ser capaz de propiciar essa construção do ego que lhe faltou (ao paciente) e de pôr fim ao estado de mimetismo, que (...) incita apenas a repetições.[227]

Entretanto *algumas identificações superegoicas* podem ser *simbolizadas* e *transformadas em estruturas egoicas*, outras *descartadas*,

---

226 FERENCZI, S. "Confusão de línguas entre os adultos e a criança". In: FERENCZI, Sandor. *Obras Completas Psicanálise IV*, p.102.

227 FERENCZI, S. *Diário Clínico*, p.259.

como nos diz Figueiredo,[228] mas *há limites para a integração, para a simbolização, bem como há limites para o descarte das identificações supraegoicas,*[229] pois colocar sob o domínio do ego as agonias impensáveis não é tarefa fácil. Isso equivale a dizer que sempre sobram restos, pois perlaborar a resistência do superego tem a ver, no dizer de Roussillon,[230] *como a "sombra" dos objetos parentais do paciente caiu sobre o Ego.*

Aparece, neste estudo de caso, como em tantos outros, quando tratamos de pacientes difíceis, uma nova dimensão da transferência do terapeuta: de acordo com Benedetti, *a transferência não tem mais apenas um sentido de "deslocamento", mas torna-se a matriz de novos e benéficos modos de ser.*[231] Isso tem a ver com a presença do analista, chamada a refletir para o paciente o que ele não pôde acolher de si mesmo.

Poder acolher essas áreas de morte do paciente, empaticamente difíceis de serem recebidas, como nos diz Roussillon,[232] que o ameaçam e pressionam, acrescentar a elas a sua própria imagem (do analista) e devolver-lhe então essa síntese, uma terceira imagem, vai criando *porções de existência* sobre a negatividade do paciente, conforme esclarece Benedetti.

228 FIGUEIREDO, L. C. "Intersubjetividade e mundo interno". In: *As diversas faces do cuidar. Novos ensaios de psicanálise contemporânea*, p.212.

229 *Ibidem*, p.215.

230 ROUSSILLON, R. "*A perlaboração e seus modelos*". Trabalho apresentado no Congresso da IPA, Berlim, 27 de Julho de 2007, p.11.

231 BENEDETTI, G. (1980) *La mort dans l'âme. Psychothérapie de la schizofrenie: existence et transfert*, p.246.

232 ROUSSILLON, R. "Agonia e desespero na transferência paradoxal". In: *Revista de Psicanálise da SPPA*, v. 11, n. 1, pp.13-33, abril de 2004, p.23.

E, a propósito desse sonho sobre a rocha, que guarda o boneco sem cabeça, achei interessante trazer o comentário do autor após a afirmação desse novo sentido da transferência como matriz constitutiva:

> É assim que o terapeuta começa a tornar-se uma rocha para o paciente. Isto não é inicialmente senão uma imagem puramente figurativa, metafórica, característica da linguagem esquizofrênica que nos inunda de imagens. Mas o paciente, que sabe fazer da necessidade virtude e se servir de sua fatal tendência à "concretização" e à regressão para viver (...) começa a dizer que para ele o terapeuta é uma rocha, que se interpõe entre o seu self e seu passado. Nesse caso, como esse passado, assim como tantas outras partes de seu self, não lhe pertencem mais habitualmente, ele o reencontra, agora, graças ao ponto de referência que é o terapeuta.[233]

Então essa nova visão da transferência, como matriz constitutiva na psicose, e a função da imagem como ferramenta do terapeuta começam a ser mais profundamente investigadas em nossas reflexões sobre a técnica modificada, por meio de autores que nos trazem a possibilidade de expandirmos essa questão da figurabilidade, como Benedetti, Ferro, Roussillon, e o casal Botella. Acredito, como diz Bion[234], *que a análise é uma sonda que expande sempre o campo que investiga.*

233 BENEDETTI, G. (1980), *La mort dans l'âme. Psychothérapie de la schizofrenie: existence et transfert*, p.246.

234 Citado por FERRO, In: Entrevista com Antonino FERRO. Entrevista concedida à SPPA em 1/7/2010. Disponível em: www.sppa.org.br/entrevista.php?id_entrevista=5, acesso em 15 de julho de 2010.

Por isso, acho relevante pesquisarmos quais as qualidades desse *holding* como função terapêutica, desse tempo regressivo em que o *dizer* se encontra embutido no *fazer*, que realmente possam transformar: como pode se dar a construção do *self* do paciente pelo terapeuta através da simbolização, *no nível fantasmático próprio da primeira infância, onde o self se constitui através das imagens concretas e visuais do outro.*[235]

235 BENEDETTI, G. (1980) *La mort dans l'âme. Psychothérapie de la schizofrenie: existence et transfert*, p.232.

CAPÍTULO IV

Reflexões sobre a técnica modificada em instituição

"[...] Penetra surdamente no reino das palavras.
Lá estão os poemas que esperam ser
escritos. Estão paralisados, mas não
há desespero,
há calma e frescura na superfície intata.
Ei-los sós e mudos, em estado de dicionário.
Convive com teus poemas, antes de escrevê-los.
Tem paciência se obscuros. Calma, se te provocam.
Não colhas no chão o poema que se perdeu.
Não adules o poema. Aceita-o
como ele aceitará sua forma definitiva e concentrada
no espaço.
Chega mais perto e contempla as palavras.
Cada uma
tem mil faces secretas sob a face neutra
e te pergunta, sem interesse pela resposta,
pobre ou terrível, que lhe deres:
Trouxeste a chave? [...]"

Carlos Drumond de Andrade

Essa interrogação de Carlos Drummond de Andrade é a que me cala quando penso em técnica modificada em meu trabalho institucional. Aceitar *os poemas que esperam ser escritos*, os que se encontram paralisados *em estado de dicionário*. Isso me reporta à necessidade de convivermos durante muito tempo com os desafios de um inconsciente que transborda até que encontre morada. Mas, antes, assim como o poeta, ele pede para que seja aceito, pois dessa aceitação depende *como ele aceitará sua forma definitiva e concentrada no espaço*, desde que possa ser reconhecido para que possa reconhecer-se a si próprio.

Então, chego mais perto, contemplo as palavras (quando existem) e suas *mil faces secretas*, e me pergunto: terei a chave?

Lembro-me da frase de Masud Khan,[236] citado por Marion Milner, "não há nenhuma chave para a experiência onírica" no conteúdo manifesto dos sonhos. Milner pondera alegando que,

> [...] em alguns sonhos, onde um espaço vazio indiferenciado é um item importante no conteúdo do sonho, deve-se considerar se a pessoa não deveria olhar por trás do tema da perda, perda do objetivo de que se necessita, para o desejo do sonhador, para o contato direto de seu próprio sentido do ser.[237]

Ora, não é esse contato direto com o próprio sentido do ser que falta na psicose? Quando Winnicott[238] nos fala que *o paciente regredido está à*

---

236 MILNER, M. Uma discussão do estudo "Em Busca da Experiência Onírica", de Masud Khan. In: *A Loucura Suprimida do Homem São*, p.272.

237 *Ibidem*, p.273.

238 WINNICOTT, D.W. Aspectos Clínicos e Metapsicológicos da Regressão no Contexto Analítico (1954). In: *Da Pediatria à Psicanálise: obras escolhidas*, p.385.

beira de reviver situações de sonho e da memória e da importância da atuação do sonho para que nos revele o que é urgente, penso na quantidade de pacientes que se apresentam, na instituição, com *esses espaços vazios indiferenciados* presentes no conteúdo dos sonhos, referindo-me, aqui, aos sonhos da sessão, os sonhos de vigília.

Isso conta de uma situação falha, ausente, e me leva a pensar para além das perdas traumáticas, nas perdas simbolizadas também pelo não acontecido. Isso porque, nos casos de pacientes difíceis, é necessário que aprendamos a pensar por imagens, pois essa linguagem metafórica, simbólica, é de suma importância na comunicação desses processos regressivos.

É nesse sentido que vejo o uso que Milner fazia dos sonhos: antes de tudo, a procura por associações e, na sua falta, a busca por *símbolos que pudessem ser entendidos*, já que, enquanto linguagem simbólica, eram a *testemunha de um estado do ser*, no dizer de Pontalis, o que tornaria possível trabalhar com o *conteúdo latente manifesto sem considerá-lo necessariamente como distorção do conteúdo.*[239]

Essa frase de Milner, sobre olharmos para o tema da perda que talvez exista por trás desse *espaço vazio indiferenciado do sonho*, remeteu-me ao *setting* da instituição e à primeira frase de um texto de uma paciente da qual nunca me esqueci, que diz: *na ilha do sol não existiriam perdas.* Essa ilha fala do exílio a que o *self* dessa paciente se viu convocado, pois ali estaria a salvo, uma vez impedido seu contato com a dor.

Essas perdas referem-se também ao que foi perdido para além das perdas traumáticas, representadas, como nos diz Milner, pela perda do objetivo *para o contato direto de seu próprio sentido de ser.*[240]

239 MILNER, M. Uma discussão do estudo "Em Busca da Experiência Onírica", de Masud Khan. In: *A Loucura Suprimida do Homem São*, p.271.
240 *Op.Cit.*, p.273.

Trago como exemplo a única tela pintada por um paciente inúmeras vezes, um lugar de refúgio, mas onde o *self* também não habitava. Depois de pintar algumas vezes esse cenário de água e de pedras, pude perguntar-lhe, afinal, onde ele estava? (Aqui, eu reconhecia que existia um si-mesmo que não estava presente).

Percebi a sua surpresa e, depois, colocou-se ali, pequeno, no meio da água.

Figura 22

De acordo com Steiner, *o alívio fornecido pelo refúgio é obtido à custa de isolamento, estagnação e retraimento.*[241] O poder da imagem, trazida sob a forma de rabisco, pintura, vai formando a figura que por si só toca no ponto indizível, registra o que não pôde ser revelado, une as pontas como falava o personagem Bentinho, o Dom Casmurro, de Machado de Assis: "Se só me faltassem os outros, vá, um homem consola-se mais ou menos das coisas que perde, mas falto eu mesmo, e essa lacuna é tudo".

Steiner coloca que

> a visão do paciente sobre esses refúgios reflete-se nas descrições e também nas fantasias reveladas em sonho [...] que proporcionam uma imagem pictórica ou dramatizada de como o refúgio é experimentado inconscientemente. Tipicamente ele aparece como uma casa, caverna, fortaleza, ilha deserta ou local semelhante, vistos como área de relativa segurança.

Percebo a presença desse *latente manifesto* nos refúgios psíquicos encontrados pelos pacientes para tolerar a ansiedade, longe da presença do outro e do mundo que o cerca. Mesmo distantes do analista, algumas imagens falam já a respeito do latente do conteúdo, embora na realidade só tenhamos o manifesto. Esses refúgios tanto podem dizer respeito aos concebidos por Steiner – conceito de refúgio psíquico – quanto aos

---

241 STEINER, "Uma teoria dos refúgios psíquicos". In: *Refúgios Psíquicos Organizações Patológicas em Pacientes Psicóticos, Neuróticos e fronteiriços*, p.18.
Refúgios psíquicos são *estados mentais* (Conceito de Steiner), em que o paciente apresenta um sistema defensivo que o *mantém isolado e fora de alcance,* [...] *evitando contato com as outras pessoas e com a realidade.*

encontrados em zonas culturais, como a de criação artística. Gostaria também de lembrar o comentário de Balint citado por Haynal, em seu texto "O analista – este desconhecido – e seu paciente regredido sobre o paciente silencioso, o qual *foge de um conflito, mas que também foge em direção a algo [isto é, para] um estado no qual ele sinta-se relativamente seguro... um tipo de 'criação'*".[242]

Pensando nesses refúgios como algo de criação, mesmo se condensados em organizações patológicas, posso compreendê-los como fragmentos do *self*, algo do conteúdo latente que se apresenta no manifesto, uma vez que a fuga é sempre uma fuga *em direção a algo*.

Na concepção de Steiner, partes do *self* são excindidas para dentro dos objetos e lá permanecem indisponíveis, e, a menos que o paciente possa se reapropriar dos fragmentos ali depositados, só poderá fazer contato com essas partes perdidas por meio da manutenção da posse do objeto sobre o qual foram projetadas. *Como resultado*, segundo suas palavras, *a rigidez original das organizações patológicas não se altera através da experiência.*[243]

A possibilidade de reintrojetar essas partes cindidas vai depender da capacidade do analista em aceitar, compreender e significar o que foi projetado fora e, posteriormente, nele, analista, sob forma de sensorialidade, dando continência ao analisando. Isso significa poder recolher os

---

242 HAYNAL, André E. *A técnica em questão: controvérsias em psicanálise: de Freud e Ferenczi a Michel Balint*, p.73.

243 STEINER, "A relação com a realidade nos refúgios psíquicos". In: *Refúgios Psíquicos Organizações Patológicas em Pacientes Psicóticos, Neuróticos e Fronteiriços*, p.109. Refúgios psíquicos são *estados mentais* (conceito de STEINER), em que o paciente apresenta um sistema defensivo que o *mantém isolado e fora de alcance*, [...] *evitando contato com as outras pessoas e com a realidade.*

fragmentos projetados, *absorver a angústia* e devolver-lhe de forma mais tolerável,[244] transformando *em imagens ou comunicação assimilável*,[245] o que vai permitir que sejam, então, reintrojetados.

Considero, também, outro tipo de refúgio, o escolhido por pacientes do tipo falso *self winnicottiano*, que mantém o *self* verdadeiro em lugar seguro, à prova de toda experiência. Tudo o que é registrado pelo falso *self* é via *mimesis*, isto é, pela imitação. Disso decorre sua adesão a vários personagens, capazes de encarnar as emoções cindidas pelo paciente, até que ele possa, ao ser reconhecido pelo analista, ser capaz de reconhecê-las como próprias.[246]

Mas, ao pensar nesses refúgios como algo de criação, lembro-me também da fala de Winnicott,[247] ao dizer que *somente o self verdadeiro pode ser criativo [...] ligando a ideia de um self verdadeiro ao gesto espontâneo e ao modo como a mãe responde a esta onipotência infantil revelada em um gesto [...]*.[248]

---

244 STEINER, "A recuperação das partes do *self* perdidas através da identificação projetiva: o papel do luto". In: *Refúgios Psíquicos Organizações Patológicas em Pacientes Psicóticos, Neuróticos e Fronteiriços*, p.76.

245 FERRO, A. *Técnica e Criatividade: o trabalho analítico*, p.135.

246 Trata-se aqui do conceito *winnicottiano* de falso *self* patológico, formado prematuramente em virtude de um trauma ambiental. As defesas são organizadas em consequência de uma intrusão muito grande por parte do ambiente ou de uma falta de cuidados intensa com o bebê. Forma-se então um escudo protetor, que tem o intuito de proteger o *self* verdadeiro (ainda imaturo) de toda experiência. O falso *self* vai então mimetizar os traços ambientais que julgar necessários para se adaptar. O *self* verdadeiro fica impedido de absorver as exigências instintuais e não forma a verdadeira sexualidade.

247 WINNICOTT, D.W. *O Ambiente e os Processos de Maturação: estudos sobre a teoria do desenvolvimento emocional*, p.135.

248 *Ibidem*, p.133.

Desse modo, vejo, também, nos personagens escolhidos, algo de muito verdadeiro do *self* real, lembrando-me aqui da fala de Pirandello, quando recorda que não se dá vida em vão a um personagem.[249]

Faço, assim, uma primeira aproximação de alguns conceitos a serem utilizados por mim neste capítulo, como a capacidade transformadora da *rêverie* (Bion) em Antonino Ferro, e a capacidade da *mãe suficientemente boa,* de Winnicott, em promover o processo de simbolização.[250]

De acordo com Ferro,

> [...] no conceito de "mãe suficientemente boa", de *holding*, encontramos aquilo que, em termos mais especificamente mentais (e de funcionamento mental), nos será dito por Bion com o conceito de rêverie e de presença da mente do outro, do ambiente

---

249 PIRANDELLO, L. *Henrique IV (1922) e Seis Personagens em Busca de Autor (1921).* Lisboa: Relógio d'Agua, 2009.

250 *Mãe suficientemente boa* de Winnicott: é a mãe capaz de acolher, prover os cuidados cotidianos e as necessidades rítmicas e temporais do bebê, inclusive a de sustentá-lo nas passagens de um estado para outro, adaptando-se às necessidades do bebê, para que ele possa vir a ser. É a presença constante sem ser intrusiva. *Rêverie:* Processo através do qual a mãe acolhe o terror sem nome do bebê, seus fantasmas primitivos, [...] chamados elementos β, e transforma-os em elementos α (pictogramas visuais), tornando-os pensáveis e toleráveis. No início, a mãe também transmite, ao fazê-lo progressivamente, o método de como transformar elementos β em α (In: FERRO, A. *A sala de análise,* p.175).

como mente do outro, e de desenvolvimento de σ além de desenvolvimentos da função α.[251]

Steiner comenta a dificuldade técnica encontrada pelo analista que tenta se comunicar com *os pacientes que se recolhem em excesso para os refúgios psíquicos*: isso ocorre porque os dois parecem, muitas vezes, ter objetivos opostos, pois, se os pacientes têm necessidade de recuperar o equilíbrio permanecendo paralisados exatamente ali, nesse lugar seguro representado pelo refúgio, o analista procura formas de fazê-lo emergir, para que o processo prossiga.[252]

Ao comentar um grau menos extremado de falso *self*, no qual já é permitida *uma vida secreta* ao verdadeiro *self*, Winnicott reconhece, nessa

251 *Holding*: literalmente significa sustentar, segurar, abrangendo, no início, o manuseio do bebê e a forma de segurá-lo para, depois, ampliar-se para uma área de suporte bem maior, o de *sustentar a situação no tempo*. Esses conceitos serão explorados no desenvolvimento do texto. *Conceito de σ*: é o desconhecido (coisa em si), a experiência incognoscível, do qual se origina o ciclo de transformações. Podemos conhecer apenas os fenômenos que ocorrem em torno da coisa original. A *função* α se encarrega de metabolizar os elementos brutos em elementos α (pictogramas emocionais). Sua introjeção funciona em nós como um "moedor de medos, terrores", que podem então ser transformados em sonhos e narrativas (FERRO, 1998, p.175).

252 STEINER, "Problemas de técnica psicanalítica: interpretações centradas no paciente e centradas no analista". In: *Refúgios Psíquicos Organizações Patológicas em Pacientes Psicóticos, Neuróticos e Fronteiriços*, p.153.

217

organização defensiva, um lado positivo de preservação do indivíduo, o mesmo reconhecido pela psicanálise em relação ao valor dos sintomas.[253]

Disso decorre que cuidar desse lugar, operando a partir dele, é uma preocupação que nós, analistas, devemos ter, quando tomamos em análise esse tipo de pacientes: preservar o lugar seguro, sempre levando em conta o risco de desagregação, até que seja possível para o paciente abandoná-lo, sob pena de repetirmos aqui a frase de Manoel de Barros citada à p.179: *E o lugar que retiraram debaixo de mim? Não era para terem retirado a mim do lugar?*

Penso, pois, que, ao encontrarmos um paciente regredido, a criação que reflete o lugar seguro é, justamente, o único ponto a partir do qual se pode iniciar uma comunicação. Só que as coisas não são assim tão simples, pois a ameaça de uma possível exposição faz com que atravessar essas resistências, no caso de pacientes difíceis, signifique uma busca incansável de atalhos, que tornem quase imperceptíveis a aproximação do caminho, até que se possa alcançá-lo, sem a possibilidade de feri-lo.

Isso ocorre porque, sendo o refúgio preservado a todo custo, como no caso dos pacientes tipo falso *self*, o caminho está a serviço da proteção do *self* e envolve o confronto com um sistema muito bem articulado de defesas, que permitiram a preservação do *self* de toda a experiência. Entregar a chave envolve perdas, a perda do que foi mantido intacto, como alternativa à sobrevivência. Toda aproximação, pois, ameaça, leva ao medo de colapso, medo de desintegração do *self*.[254]

---

253 WINNICOTT, D.W. "O Ambiente e os Processos de Maturação: estudos sobre a teoria do desenvolvimento emocional", p.131.

254 Conceito *winnicottiano* que diz respeito ao fracasso da organização defensiva relacionada a um medo impensável subjacente, cujo colapso ameaça a própria

A necessidade que se impõe é chegar ao sujeito de alguma maneira, mas qual?

Penso que a chave a ser encontrada é única para cada paciente, assim como é único o seu processo. Poderíamos usar a metáfora da chave tetra, pois cada chave, assim como o poema, *tem mil faces secretas*, abre apenas aquela porta de determinado paciente.

Winnicott, em seu texto de 1954, "Aspectos clínicos e metapsicológicos da regressão no contexto analítico", fala sobre a análise e a importância de sua não redução ao *exercício de uma técnica*. O autor nos leva a entender que as técnicas não se confundem com o tratamento, ou seja, determinada técnica pode funcionar muito bem com um, mas não com outro. Tudo, portanto, vai depender das respostas dadas pelo paciente à condução do processo analítico.[255]

O que se instaura é um processo que, se for bem dirigido, terá seu ritmo fornecido pelo inconsciente do próprio paciente, o que, às vezes, se torna muito difícil para o analista, em virtude do respeito ao tempo necessário de espera por parte dele, até que possa confiar e se entregar ao processo regressivo.

A nós, psicanalistas, interessa saber o funcionamento do paciente em termos de seu estágio de desenvolvimento. De acordo com Winnicott, existem os que funcionam em termos de pessoa inteira, com problemas situados nos relacionamentos interpessoais, cuja técnica não difere da clássica.[256]

---

organização do ego (In: WINNICOTT, *Explorações Psicanalíticas: D. W. Winnicott*, p.71).

255 WINNICOTT, D. W. "Aspectos Clínicos e Metapsicológicos da Regressão no Contexto Analítico" (1954). In: *Da Pediatria à Psicanálise: obras escolhidas*, p.375.

256 *Ibidem.*

Temos ainda aqueles cuja personalidade está recém-integrada e, portanto, a análise se remete à questão da unidade e também da ambivalência, com a necessidade da junção de amor e ódio na relação objetal, o chamado estágio do concernimento ou posição depressiva. Aqui, pode-se também, conforme o caso, empregar a técnica clássica, mas o manejo tende a ser um pouco diferente, em razão da amplitude do material a que se refere.

A sobrevivência do analista é um fator dinâmico a ser observado. No último grupo, que é o que nos interessa mais de perto em um primeiro momento, Winnicott inclui os que ainda não têm uma estrutura integrada, e, portanto, a análise se remeterá aos primeiros estágios do desenvolvimento emocional, anteriores à aquisição da personalidade.

O manejo então ocupará todo o espaço e, por longo tempo, o trabalho analítico normal deve ser deixado de lado.[257]

Sobre essa questão, Roussillon suscita, em seu texto sobre a "Agonia e desespero na transferência paradoxal", a dificuldade que tem o analista em vir a se tornar apenas um objeto subjetivo para o paciente, dificuldade vivida como uma *ameaça de aniquilamento transferencial e de perdas de referências*.[258]

É, então, nesse sentido, *sobre o sentido do trabalho analítico que não deve ser deixado de lado*, que gostaria de me aprofundar neste capítulo. Procuro explorar quais as qualidades necessárias a esse manejo e a esse *holding* a que chamamos de técnica modificada, quando se faz necessária essa ampliação do método, de modo a criarmos a função simbólica e a fazermos frente à desagregação, oferecendo reais possibilidades de integração. Faço referências ao caso clínico relatado nos capítulos anteriores e também

---

257 *Ibidem.*

258 ROUSSILLON, R. "Agonia e desespero na transferência paradoxal". In: *Revista de Psicanálise da SPPA*, v.11, n. 1, p.17.

algumas digressões, para ilustrar determinados pontos que me parecem importantes, trazendo outros exemplos da instituição.

O caso clínico apresentado refere-se, de início, aos primeiros estágios desse desenvolvimento emocional, para, mais tarde, situar-se entre os que se encontram com a personalidade recém-integrada, em que prevalece a questão da unidade e da ambivalência, que pressupõe a capacidade de junção de amor e ódio nas relações de objeto. Houve um grande período de predominância do manejo até que as interpretações, feitas na psicose com cuidado extremo, pudessem ser introduzidas no campo.

Antes de desenvolver minhas reflexões, gostaria de precisar minhas experiências clínicas e os fundamentos sobre os quais construí minhas referências técnicas.

Várias foram as situações clínicas em que me vi confrontada com a psicose. Minha experiência mais direta diz respeito aos quase dez anos em que dirigi e implantei uma oficina de pintura em um hospital-dia da periferia. Esse talvez seja um dos principais fundamentos em que se apoia esta reflexão. Essa possibilidade de dirigir um grupo de pacientes *borderlines* e psicóticos, com vários graus de comprometimento, ensinou-me muito a respeito dos vários papéis a que somos convidados a representar na transferência psicótica.

Penso ser necessário lembrar que minha reflexão supõe um horizonte clínico *winnicottiano*, principalmente no que diz respeito à concepção de psicose como uma organização defensiva. Dentro desse horizonte, outras referências que se entrecruzam me acompanham nesse campo da técnica e da visão clínica sobre esses pacientes e seus estados-limites.

Essa experiência me fez refletir sobre quais qualidades eram necessárias a esse *holding* durante o período em que o paciente se encontrava regredido e questionar sobre o teor da qualidade dessa presença, para que tivesse efeitos terapêuticos.

Voltando a Winnicott, recordo, então, o que nos diz sobre a importância da participação do analista na atuação da sessão, que, nesses casos, deve ser tolerada, ainda que de forma simbólica. Qual é realmente a importância dessa atuação simbólica do analista? Winnicott ainda completa dizendo o quanto é intensa a surpresa das revelações que surgem, para paciente e analista, quando se observa o caminho dessa atuação simbólica.[259]

Aos poucos, fui me dando conta de que não podemos abreviar esse caminho simbólico se quisermos, com esses pacientes, provocar transformações.

Ferro também esclarece que

> [...] é necessário tempo, às vezes muito tempo, para que aconteçam as metabolizações de estados primitivos da mente, que deverão ser recebidos e subterraneamente transformados antes que possam chegar a serem pensados e ditos.[260]

Comecei então a compreender o quanto nossa participação nesse tempo de cena infantil importava e como, a partir daí, poderíamos, de fato, nos comunicar. Penso que aqui esteja a brecha de possibilidade de transformação: o uso da linguagem da primeira infância é outro, difere da nossa linguagem habitual, pois ainda não tem representação. Comecei então a pesquisar o valor da imagem como fator de transformação, decorrente da necessidade de me aprofundar nessa qualidade de presença, exigida pelo *holding*, nos processos regressivos. Passei a estudar autores que me dessem subsídios para trabalhar essa linguagem de primeira infância, a linguagem

---

259 WINNICOTT, D.W. "Aspectos Clínicos e Metapsicológicos da Regressão no Contexto Analítico" (1954). In: *Da Pediatria à Psicanálise: obras escolhidas*, p.378.
260 FERRO, A. *Na sala de análise*, p.132.

das imagens, que considero um dos grandes fatores de êxito, como possibilidade de transformação, no caso de pacientes difíceis. É como se o mundo pudesse lhes oferecer uma outra oportunidade de constituição.

Minha experiência pessoal encontra um grande eco no trabalho clínico de dois autores italianos, ambos sicilianos e contemporâneos. O que eles têm em comum? O valor dado à imagem em seu pensamento clínico, embora por leituras diferentes, que penso ser um dos caminhos de comunicação possível na psicose. Um deles é Antonino Ferro, bastante conhecido entre nós, com quem muito me identifico em razão de seus conceitos de *rêverie, onírico de vigília, campo* e *de teoria dos personagens*.[261] Não obstante

---

261 Esses conceitos serão desenvolvidos ao longo desta exposição. Infelizmente, neste capítulo, terei que me ater aos conceitos que mais efetivamente se entrecruzarem com a exploração do pensamento clínico do caso em questão. Isso inclui a impossibilidade de explorar a fundo a grade bioniana, por escapar aos propósitos deste livro, que se ocupará apenas dos recortes da obra de Antonino Ferro que digam respeito ao tratamento da imagem referentes à minha técnica.

· *Rêverie* do analista: *entendida como a capacidade do analista entrar em contato com seu pensamento onírico de vigília (onde uma imagem aflora e podemos vê-la com os olhos da mente) e suas subunidades compositivas, os elementos* α *(transformando a sensorialidade em imagens visuais) e narrá-los em palavras* (In: *A Psicanálise como Literatura e Terapia*, p.131).

· *Onírico de vigília: um processo que acontece continuamente*, permitindo que o paciente narre o que acontece na própria sessão, a partir de um vértice desconhecido para nós, por meio dos derivados narrativos do elemento α. Os narrativos são comunicações com graus diversos de distorção *do que é continuamente pictografado pela mente, em tempo real* (In: FERRO, A. *Na sala de análise*, pp.95-110). As funções α do campo começam a gerar um "pensamento onírico de vigília"

(In: FERRO, A. "Transformações em sonho e personagens no campo analítico". In: *Revista Brasileira de Psicanálise*. Vol.43, n.2, pp.89-107).

· *Campo*: originário da *Gestalt*, repensado por Merleau-Ponty, visando a compreender o homem em situação no contexto das relações subjetivas. Conceito unido por Baranger e Mom aos conceitos kleinianos, em que a análise é entendida como um campo bipessoal, dinâmico, onde se conhece apenas *a fantasia inconsciente da dupla*, por meio de identificações projetivas, entendidas aqui como um processo *que acontece realmente entre duas pessoas* (Bion, 1980). O funcionamento mental do analista deve se deixar envolver pelo campo para depois recuperar uma tercialidade por meio da interpretação e daquele *segundo olhar* que lhe permitirá ver o processo para cuja constituição contribuiu (In: FERRO, A. *Na sala de análise*, pp.85-86). Isso significa que o campo deve adoecer das "doenças" do paciente, o que possibilitará uma transformação real (FERRO, A. "Transformações em sonho e personagens no campo analítico". In: *Revista Brasileira de Psicanálise*. Vol.43, n.2, pp.89-107). O *insight* é alcançado pela dupla quando se chega a uma compreensão comum de suas fantasias inconscientes, o que permite uma reestruturação da campo, pois áreas antes ocupadas pelos *baluartes* (as chamadas áreas de resistência da dupla) podem ser visitadas por meio de uma comunicação afetiva e cognitiva, e suas resistências, dissolvidas (In: FERRO, A. *Na sala de análise*, pp.85-86). Esse conceito tornou-se para Ferro um "campo holográfico onírico em constante expansão", no qual mundos e histórias possíveis podem ganhar vida e transformar-se (FERRO, A. "Transformações em sonho e personagens no campo analítico". In: *Revista Brasileira de Psicanálise*. Vol.43, n.2, pp.89-107).

· *Teoria dos personagens*: o paciente se cinde, afastando-se das emoções que não pode reconhecer como próprias senão por intermédio de um *embaixador, que é um personagem*. Esse personagem apresenta as emoções para as quais não tinha nome, até que possa reconhecê-las e tornar-se o protagonista de suas ideias e emoções, ou seja, de si mesmo. Essas emoções não reconhecidas comparecem na cena analítica por meio de vivências e deverão ser acompanhadas pelo analista, que, por meio de sua contratransferência, poderá ajudar o paciente a recolher os aspectos abandonados de sua história. Esse caminho torna-se possível por meio do que Ferro chama de *micropsicoses de contratransferência*, que são contraidentificações trazidas por meio de imagem, que recuperam as emoções cindidas do paciente. O paciente torna-se capaz de reconhecer essas emoções por meio de um sinal do analista, que pode ser uma palavra, expressão, um gesto, e, ao olhar dessa outra maneira, de um novo modo para o personagem, pode ser capaz de reconhecer-se em suas partes cindidas (In: FERRO, A. *Na sala de análise*, pp.213-214).

· *A história que devemos contar* (Bion): é a história do paciente que entra no campo de análise e se torna viva, sobre a qual se podem operar transformações, em uma inter-relação contínua entre o leitor e o texto, lembrando que, de certa forma, o leitor também constrói o texto (ou seja, entre analista e paciente). Essas transformações passam depois a habitar o mundo interno do paciente (In: Entrevista com Antonino Ferro concedida à SPPA em 1/7/2010. Disponível em: www.sppa.org.br/entrevista.php?id_entrevista=5, acesso em 15 de julho de 2010). O gênero narrativo varia e é escolhido a cada dia pelo paciente: pode ser um romance familiar, um reconhecimento do mundo interno do paciente ou a criação de um campo, *um teatro afetivo onde os personagens podem tomar corpo e voz tornando pensável e exprimível* o que não se podia fazer ver (FERRO, A. *Rêverie: problemas de teoria e prática. As reveries do psicanalista na sessão*, p.6; disponível em: http://www.spbsb.org.br/forum2/forum.htm, acesso em 17 de julho de 2010).

· *Área transicional*: área intermediária situada entre a criatividade primária e a percepção objetiva baseada no teste de realidade (WINNICOTT, *O Brincar e a realidade*, pp.26-27). Área destinada a dar forma à ilusão por meio do objeto transicional e dos fenômenos transicionais.

· *Fileira C da grade* (Bion): "é a do sonho, mito, narrações com características visuais [...] também da poesia. A principal característica é remeter ao "sensual" visual [...]

tenha seu referencial em Bion, como ele próprio diz, um autor que, de seu ponto de vista, também *permite o uso expansivo das suas teorizações e que tem muitos pontos em comum com seu Bion* é Winnicott.

Cito alguns exemplos a que se refere, fazendo essa possível aproximação em seu livro "Fatores de Doença, Fatores de Cura", como a *história*, que ele relaciona com o meio de diagnóstico de Winnicott e a *história que devemos contar* em Bion; refere-se também ao conceito *de mãe suficientemente boa*, de *holding winnicottiano* como similar ao de *rêverie e presença da mente do outro (...) em Bion*; a *área transicional* de Winnicott para ele está ligada a tudo que Bion coloca na fileira C da grade, como o sonho, mito, etc.; o conceito de *colapso* situado em *O medo ao colapso* de Winnicott tem alguns pontos de conexão com o de *mudança catastrófica* de Bion, etc.[262]

O outro autor italiano a que me refiro é Gaetano Benedetti, psiquiatra e psicanalista italiano contemporâneo, que embasa, junto ao seu conterrâneo

---

(In: *A Psicanálise como Literatura e Terapia*, p.47. Rio de Janeiro: Imago, 2000). *Permanecer com o paciente na fileira C significa não fazer operações de tradução interpretativa [...] mas operar continuamente na área original e criativa do encontro [...]: é o lugar da criação da imagem e portanto da barreira de contato (entre consciente e inconsciente)* (In: *A Psicanálise como Literatura e Terapia*, p.49).

· *Mudança catastrófica* (Bion): *trata-se de acontecimentos traumáticos e imprevistos, como uma morte, um acidente, uma doença grave, que subvertem totalmente as organizações anteriores e a escala de valores [...], seguidas de intensa dor pela perda da organização anterior, o que requer um tempo de luto, de reorganização até a possibilidade de se estabelecer e aceitar essa mudança de ordem dos fatos. Caso isso não ocorra, pode haver uma série de caminhos de fuga, como suicídios, doenças e outras atuações* (FERRO, A. *Fatores de Doença, Fatores de Cura*, p.151).

262 FERRO, A. *Fatores de Doença, Fatores de Cura*, p.111.

Antonino Ferro, este capítulo, tem toda uma obra que versa sobre a exploração psicanalítica[263] e psicose, articulada com o espaço potencial e objeto transicional de Winnicott. Embora sua pesquisa clínica tenha se iniciado há sessenta anos, não é suficientemente conhecido entre nós, razão pela qual nenhuma obra sua foi até agora traduzida para o Português, embora sua produção escrita tenha sido publicada em inglês, francês e alemão. Interessam-me muito seus conceitos porque a leitura clínica de Benedetti faz também uma ponte entre a psicoterapia institucional e a psicanálise.

Para começarmos a falar da técnica, é necessário conhecer a visão dos autores sobre esse manejo. Sobre o manejo e a técnica com esses pacientes, Benedetti esclarece:

> Se a função principal do terapeuta é de restaurar a ferida narcísica do paciente, isso não poderá jamais vir a acontecer nos únicos limites de uma "técnica". "Técnica" (no sentido de Eissler) designa um modelo operacional segundo o qual o paciente torna-se o objeto de um processo terapêutico bem organizado experimentado... (ora) o paciente não pode começar a compreender verdadeiramente (sua

263 Benedetti fala frequentemente de sua prática clínica como de uma psicoterapia, que ele diferencia da psicanálise assim que explicita seu trabalho de terapeuta com pacientes psicóticos, no que é "repreendido" pelos analistas contemporâneos. Porém, essa distinção aparece ligada a um contexto histórico e às resistências encontradas no quadro da International Psychoanalytical Association (IPA), como todos que recorreram à psicanálise para encontrar uma nova aproximação do universo ainda amplamente desconhecido da esquizofrenia. Faugeras P. "Postface: traduire Benedetti". In: *Autour de Gaetano Benedetti. Une nouvelle approche des psychoses*. Paris: Editions Campagne-Première, 2008 [Tradução da autora].

patologia) enquanto alguma lacuna narcísica não seja, ao menos em parte, restaurada. E isso não pode se realizar, senão na medida em que o paciente deixe de ser somente um objeto terapêutico para se tornar, conforme um processo de identificação, uma parte da subjetividade do terapeuta.[264]

Nesse sentido, quanto a tomarmos o paciente como objeto, em nossa função intuitiva como psicanalistas, no manejo da regressão com pacientes-limites, Winnicott acrescenta que *os psicanalistas podem realmente ser bons artistas, mas [...] que paciente deseja ser o poema ou o quadro de alguém?*[265]

Winnicott, em seu texto "As posições do analista na análise padrão e na análise modificada", nos diz:

Se nosso objetivo continua a ser pôr em palavras o consciente em estado nascente em termos de transferência, então estamos praticando análise; se não, somos então analistas praticando outra coisa que julgamos apropriada para a ocasião. E por que não?[266]

Penso, em minha clínica, que, mesmo quando *estamos praticando outra coisa*, é sempre no sentido de pôr em palavras, em algum momento,

---

264 Ibidem, p.201. Essas concepções serão explicitadas paulatinamente no decorrer da explanação.

265 WINNICOTT, D.W. "Aspectos Clínicos e Metapsicológicos da Regressão no Contexto Analítico (1954)". In: *Da Pediatria à Psicanálise: obras escolhidas*, p.389.

266 WINNICOTT, D.W. "Os objetivos do tratamento psicanalítico" (1962)". In: *O ambiente e os processos de maturação: estudos sobre a teoria do desenvolvimento emocional*, p.155.

o inconsciente. Esse é o nosso objetivo. Entretanto, em certos casos, *há a necessidade de construir*, como esclarece Ferro, *um lugar para pensar os pensamentos antes que os conteúdos possam ser expressos plenamente*, o que seria válido também para o espaço do sonho.[267] Ao refletir sobre essas novas fronteiras da psicanálise que, no seu entender, se alargaram muito, Ferro diz reconhecer tanto a legitimidade do analista para quem a psicanálise vai até *o conflito ou a cena primária* quanto a do analista *para o qual a fronteira da psicanálise está sempre em movimento, "para a frente"*, incluindo, aqui, as patologias mais graves (autísticas, psicóticas).

Esse analista, ainda segundo o mesmo autor, trabalhará com os processos de simbolização e com a possibilidade de formar imagens.[268]

Referindo-se à linguagem de Bion, o autor esclarece que estamos lidando com as repercussões da função α,[269] em relação à qualidade e quantidade da metabolização dos elementos β, do continente e de suas reverberações. Ferro sinaliza que o trabalho deste analista é muito diferente do primeiro (que já trabalha sobre conteúdos), pois é muito anterior, devendo trabalhar *na origem dos mesmos: sobre a capacidade de gerar pensamento e sobre os instrumentos necessários para gerá-lo.* Ressalta ainda a diferença da abordagem técnica trazendo uma metáfora sobre a cozinha:

> no primeiro caso (do analista que trabalha sobre os conteúdos) trata-se de cozinhar produtos dispondo de panelas, frigideiras e

---

267 Ferro, A. *A psicanálise como Literatura e Terapia*, p.87.

268 *Técnica e Criatividade: o trabalho analítico*, p.172.

269 Referência ao conceito bioniano de função metabólica do aparelho psíquico capaz de transformar os elementos β (estados protoemocionais ainda não digeridos) não representáveis em imagens visuais.

uma cozinha que funciona; no segundo caso (do analista que trabalha com pacientes difíceis) trata-se de construir as panelas e as frigideiras antes de poder pensar em cozinhar os "produtos" e, às vezes, é até necessário construir a própria cozinha.[270]

O autor ainda esclarece que, quando trabalhamos com partes autísticas e psicóticas, a técnica terá que ser completamente diferente, porque teremos de nos haver com dois problemas:

> [...] o peso da história vivida, que impede a aquisição de qualquer confiança e que, portanto, deve ser por longo tempo metabolizada;
> [...] e a ausência de receptores para as experiências positivas, que foram destruídos ou tornados não-operativos, sendo, portanto, extremamente difícil encontrar o lugar e a forma para "enganchar as novas experiências positivas".[271]

Em um primeiro momento, acredito ser importante a disponibilidade do analista em acolher o núcleo doloroso da experiência subjetiva ou, como salienta Ferro,[272] a necessidade de *permeabilidade* do analista, *no sentido de se acolher ao máximo tudo o que vem do paciente*, com economia de *hipóteses interpretativas*, de modo que se possa começar a construir o que aqui realmente conta (uma vez que as explicações analíticas não importam), que é *o tecido dialógico da relação analítica.*[273]

---

270 FERRO, A. *Técnica e Criatividade*, p.172.

271 *Ibidem*, p.173.

272 FERRO, A. *Na sala de análise*, p.97.

273 ANDREOLI, L. Croisements. In: *Autour de Gaetano Benedetti. Une nouvelle approche des psychoses*, Paris: Éditions CampagnePremiére, 2008.

sobre a transferência e a experiência

A esse respeito, gostaria de reproduzir um dos conceitos centrais de Benedetti, a *positivação*[274] que é dada ao paciente pela experiência (psicótica) de dualidade,[275] vivida pelo paciente e pelo terapeuta. Ela *se apoia sobre a vivência da transferência psicótica e sobre a afirmação da preponderância e da particularidade da contratransferência*, segundo as palavras de Faugeras[276], confirmando assim a importância dada pelo autor à relação intersubjetiva.

A transferência psicótica não é concebida sobre o modelo da transferência neurótica, em que o outro é a tela sobre a qual o paciente projeta suas próprias imagens, mas como uma transferência

> [...] tão excessiva que anula toda percepção objetiva [...], a realidade do outro se dissolve, pois o paciente esquizofrênico não vê senão a imagem interior de um dos parceiros de sua história. A confusão de si com o terapeuta ou, dito de outra maneira, a confusão de identidade segundo a qual o paciente psicótico vive certas partes de si mesmo como se elas fossem partes do terapeuta (Benedetti, citado por Faugeras) não pode viver ou se atualizar senão na própria transferência onde ela adquire uma dimensão

---

274 Tradução do termo original *positivation*.

275 Em parte, é fundida, porque o paciente deposita no analista suas áreas de morte, mas a fusão não é total, pois o analista acolhe essa *não existência* junto às suas áreas de vida, e, portanto, a dualidade se mantém.

276 FAUGERAS, P. Postface: Traduire Benedetti. In: *Autour de Gaetano Benedetti. Une nouvelle approche des psychoses*, 2008. (Texto retirado do prefácio do livro de Gaetano Benedetti, *Le sujet emprunté. Le vécu psychotique du patient et du thérapeute*).

positiva, pois o paciente pode objetivar no outro um fenômeno que, sem isso, restaria encapsulado num mundo autístico.[277]

Nesse mesmo sentido, o analista, de acordo com Roussillon[278], é convocado para ser *o espelho negativo do analisando*, a fim de possibilitar que ele consiga ver o que não pode reconhecer em si, a existência do que não pôde acontecer nele e que continua a ameaçá-lo. Isso diz respeito a uma duplicação da transferência, como ensina Roussillon,[279] transferência que se estabelece de maneira clivada, uma outra transferência, diferente do deslocamento (em que se deslocam para o analista antigas figuras das relações com os personagens significativos), no qual o analista é confundido com personagens de sua história.

A questão, então, é também o paciente poder *objetivar no outro*, como na citação anterior, referente à teoria de Benedetti, *um fenômeno que sem isso restaria encapsulado.*

Trata-se aqui de colocar o analista no papel da *criança que o analisando foi frente a seus objetos e do que ele teve de repudiar de si mesmo para manter a relação narcísica com os mesmos.*[280] Se o analista resiste a acolher essa transferência, se essa parte clivada não puder ser aceita, ela não pode adquirir essa dimensão positiva, fica sem lugar e acaba retornando sob a forma de ameaça, sem a possibilidade de se fazer integrada.

Então me parece que a aceitação dessa outra transferência, a de suas partes cindidas, a que não pode ser objetivada senão através da

---

277 *Op.Cit.*, p.203.

278 ROUSSILLON, R. "Agonia e desespero na transferência paradoxal". In: *Revista de Psicanálise da SPPA*, v.11, n. 1, p.22.

279 *Ibidem*, pp.18-19.

280 *Ibidem.*

transferência no processo terapêutico, é a grande responsável pelo papel de integração e constituição subjetiva, pois ela torna possível a experiência desses conteúdos ausentes por meio do analista.

Mas esse processo só tem lugar se passar a se desenrolar primeiro em uma sobreposição de zonas, em um campo pertinente aos dois, tanto ao paciente quanto ao analista, onde se faça possível a duplicidade da vivência psicótica, em uma zona intermediária de experiência que pertença aos dois participantes. A esse respeito, Winnicott nos esclarece sobre a importância de o analista permanecer *orientado para a realidade externa enquanto [...] estiver identificado ao paciente*.[281]

Estou me referindo à psicose de transferência que, de acordo com as palavras de Naffah Neto,

> [...] emerge sempre com pacientes em estado de intensa regressão a estados de dependência e, diferentemente da neurose de transferência, nela a figura real do analista é inteiramente eclipsada. Traduzindo em termos winnicottianos: aí o analista é unicamente experimentado como objeto subjetivo.[282]

Nesse tipo de transferência, há uma imersão em outra temporalidade, pois o presente é que retorna ao passado, possibilitando ao analista o confronto com os processos primários do paciente, em seu ambiente original.

Naffah Neto nos esclarece que:

---

281 WINNICOTT, D.W. "Contratransferência" (1960). In: *O ambiente e os processos de maturação: estudos sobre a teoria do desenvolvimento emocional*, p. 149.

282 Remeto à leitura do texto de NAFFAH NETO, "As funções da interpretação psicanalítica em diferentes modalidades de transferência: as contribuições de D. W. Winnicott.". *In Jornal de Psicanálise*, São Paulo, v.43 (78):1-22, 2010.

É justamente por não colocar em cena nenhuma mistura de tempos cronológicos – já que o presente retorna ao passado –, nem tampouco de tipos de objeto – já que aí o analista é somente experimentado como objeto subjetivo –, que a psicose de transferência não requer interpretação. Ou seja, nesse contexto, a interpretação torna-se desnecessária, já que não há nada a ser discriminado, diferenciado, nem no nível dos tempos envolvidos, nem no nível dos objetos aí implicados. Necessária aí é tão somente a sustentação da transferência, para que o paciente possa reviver a situação traumatogênica diante de um ambiente mais acolhedor e assim retomar experiências que, na história real, não puderam se realizar ou ficaram truncadas.

Por essa razão, aí não cabe mais a atenção flutuante do analista, como ferramenta clínica, e muito menos se esperar associações livres de um paciente em tais condições. Já não estamos mais na técnica psicanalítica padrão, mas na técnica modificada.

Um paciente regredido exige a presença maciça do analista, incluindo, muitas vezes, contatos corporais à guisa de holding [...].[283]

A diferença, segundo Roussillon (no caso de pacientes-limites) – e isso me parece de suma importância, pois quase todos os pacientes se encontram paralisados em algum tempo precoce –, é que a experiência infantil não conhece o limite, o relativo, o tempo.

Se a interpretação de transferência [...] atualiza a experiência esquecida, permite dramatizá-la de novo com outro objeto, [...] isto pressupõe que o analisando possa perceber como representação, como transferência [...] aquilo que se atualiza.

[283] *Op.cit.*, p.14.

> Nas conjunturas clínicas que nos interessam, e é justamente o que confere ao processo seu caráter desesperante, a experiência vivida no presente não é representada como reedição do passado esquecido, ela é atual, atemporal, presente, não é vivida como transferência, é vivida fora do tempo.[284]

Ainda de acordo com o autor, não é o inconsciente que está fora do tempo, é a experiência precoce vivida antes da organização da temporalidade que não contém indício temporal, sinal de fim, saída.[285]

E é ao analista, *através da reconstrução como experiência pertencente ao passado, [...] que cabe reintroduzir o tempo.*[286] Suportar com o paciente esse processo delirante, atemporal, vivido em outro tempo é sustentar uma regressão, que deverá ser vivida de outro modo junto ao terapeuta, caso ele se torne um objeto confiável.

Quando o analista ainda é vivido como objeto subjetivo, mas já pode ser reconhecido como objeto objetivo, isso nos indica que estamos em uma outra dinâmica, a da neurose de transferência.[287]

Winnicott reconhece que há

> [...] dois tipos de casos que alteram completamente a atitude profissional do terapeuta. Um é o paciente que tem uma tendência

---

284 ROUSSILLON, R. "Agonia e desespero na transferência paradoxal". In: *Revista de Psicanálise da SPPA*, v.11, n. 1, pp.13-33, abril de 2004.

285 *Ibidem*, p.28.

286 *Ibidem*, p.28.

287 Neste estudo, não abordaremos a neurose de transferência como técnica clássica padrão.

anti-social,[288] o outro é um paciente que necessita de uma regressão. [...] (neste caso) Se uma mudança significativa é o que se pretende conseguir, o paciente precisará passar por uma fase de dependência infantil. Novamente aqui a Psicanálise não poderá ser ensinada, embora possa ser praticada de forma modificada. A dificuldade aqui está no diagnóstico, na identificação da falsidade da falsa personalidade que oculta o *self* verdadeiro imaturo. Se se quiser que o it self verdadeiro oculto aflore por si próprio, o paciente terá de passar por um colapso como parte do tratamento, e o analista precisará ser capaz de desempenhar o papel de mãe para o lactente do paciente. Isto significa dar apoio ao ego em grande escala. O analista precisará permanecer orientado para a realidade externa ao mesmo tempo que identificado ou mesmo fundido com o paciente.[289]

Infiro que, nesses casos, fazer psicanálise é deixar a interpretação clássica para depois, pois, nessas circunstâncias, nosso trabalho é começar do início, ou seja, ser capaz, e por que não, de poder habitar o caos ao caminharmos por uma via de associações não verbais, mas de imagens, do que se mostra em detrimento do que não pode ainda ser falado.

É a partir de minha experiência clínica que penso ser a imagem (o que se mostra) também uma fala, uma forma de comunicação primordial, e a escuta dessa expressão regressiva é, em um primeiro momento, a única possível ao analista. Ela se apresenta por meio de

288 O manejo transferencial dos pacientes com tendência antissocial deixa de ser abordado neste estudo por não ser objeto de minhas reflexões.

289 WINNICOTT, D.W. "Contratransferência" (1960). In: *O ambiente e os processos de maturação: estudos sobre a teoria do desenvolvimento emocional*, p.151.

gestos e pequenos sinais, tom da voz, alterações faciais, silêncios, olhares, de respostas aos nossos estímulos para o paciente acordar. Muitas são as intercorrências do campo transferencial que, metabolizadas pela sensibilidade do analista, indicam o longo caminho a ser percorrido até o advento da palavra.

sobre a possibilidade de sonho e delírio

Winnicott esclarece que, quando o paciente está regredido, o termo desejo não é o adequado, e sim necessidade:

> Quando a necessidade não é satisfeita a conseqüência não é a raiva, mas uma reprodução da situação original de falha que interrompeu o processo de crescimento do eu. [...] O paciente regredido está à beira de reviver situações de sonho e da memória. A atuação do sonho pode ser o modo pelo qual o paciente descobre o que é urgente. Falar sobre o que foi atuado pode seguir-se à ação, mas não pode precedê-la.[290]

A atuação do sonho pode, pois, ser o lugar, parafraseando suas palavras, de onde seja possível operar.[291] Mas o que fazer, no caso de pacientes difíceis, *borderlines* ou psicóticos, que se encontrem regredidos, para que esse sonho possa ser atuado?

290 WINNICOTT, D.W. "Aspectos Clínicos e Metapsicológicos da Regressão no Contexto Analítico (1954)", In: *Da Pediatria à Psicanálise: obras escolhidas*, p.385.
291 *Ibidem*, p.388.

Muitas vezes os encontramos delirantes, e minha técnica, ao convidá-los a pintar suas alucinações e delírios na tela, identifica-se com o ponto de vista de Benedetti, segundo o qual

> [...] elementos delirantes podem se inserir nas formas de comunicação psicoterapêutica intensa [...] trata-se de uma experiência que contradiz completamente nossa concepção atual de delírio, de acordo com o qual ele não seria senão o vetor da própria psicopatologia.[292]

Para o autor, essa *experiência intensa de comunicação pode "romper" a realidade intrapsíquica*, como acontece às vezes em situações-limites. As características desse encontro em profundidade estão ligadas ao *setting* como espaço potencial, acolhedor, onde o delírio pode então ser visto como construtor da realidade.[293]

Essa ideia delirante, ainda segundo Benedetti,

> [...] permite a introdução – mais que a exclusão – do paciente em nossa realidade. Pois, ao submeter à discussão esta idéia delirante, ele a fragilizou, ele fez com que ela se tornasse transparente no encontro terapêutico; ele a devolveu a seu nível, na medida em que um outro a sustentou, com o paciente, dentro desse delírio.[294]

292 BENEDETTI, G. "Les délires schizophréniques". In: *La mort dans l'âme. Psychothérapie de la schizophrénie:existence et transfert*, p.110.
293 *Ibidem.*
294 *Ibidem.*

Passo a relatar um fragmento clínico que faz referência justamente a essa possibilidade de fragilização do delírio, em virtude de sua sustentação. Um paciente aproximou-se de mim dizendo: *eu sou Jesus Cristo.* (Imediatamente me lembrei de uma história semelhante vivida por Moreno, criador do Psicodrama) e disse-lhe bem séria: *muito prazer!*

Ele se surpreendeu com a minha entrada em cena, riu e respondeu como se fosse o personagem. Poder sustentá-lo no grupo, ouvindo-o como Jesus Cristo, pedir que nos abençoasse, fez-lhe muito bem. Com o tempo, ele começou a rir cada vez mais e, mesmo respeitando sua história, todos pudemos brincar com isso, o que fez com que fosse perdendo a força até desaparecer. Ele pôde então pintar-se na cruz como Cristo, fazendo-se acompanhar dos dois ladrões, que representavam o pai e o irmão. Pôde narrar também a sua impotência para lidar com a dor provocada pela morte do pai e sua vontade de aproximar-se dele, o que procurava, concretamente, dormindo nos túmulos do cemitério.

Laura Andreoli, comentadora do autor, esclarece que

> Para Benedetti, no coração da psicose há *uma identidade negativa ou identidade de não existência,* que está estritamente ligada à perda do símbolo. Perda que o psicótico tenta compensar inclusive pelo delírio. Benedetti compreende a cisão e o autismo como uma dimensão de defesa contra a dissolução das relações e das coisas do mundo e não somente como perda do contato vital com o mundo.[295]

295 ANDREOLI, L. et al. "L'image du corps, le transfert. Benedetti, Pankov, Matte Blanco". In: *Autour de Gaetano Benedetti. Une nouvelle approche des psychoses,* p.174.

Nessa compreensão da cisão como defesa, encontro um ponto de cruzamento com a teoria winnicotiana, assim também como em seus conceitos de sujeito transicional (originário do objeto transicional winnicottiano), e a importância de *estar com*, *être avec*, que me remete a Ferenczi e à empatia do analista.

Voltando aos comentários de Andreoli acerca dos conceitos do autor e sobre a *identidade de não existência* como núcleo da psicose, ela especifica que *quando há falta sem nenhuma possibilidade de reparação, o vazio se impõe*, citando aí uma aproximação com a fala de Green: *lá onde a não existência tomou posse as representações vêm a faltar.*

> É o próprio símbolo do self, que é, de acordo com Benedetti, a falta nuclear da identidade de não existência; esta ausência vem a ser entendida como uma "falta de ser" (Winnicott), o que significa muito mais que uma falta de representabilidade, falta de eventos primários que fundam o ser simbólico, área de morte, buracos de morte, de ausência... A psicose toca sobretudo a "falta de sujeito", entendida aqui não somente como espoliação da identidade, mas também como impossibilidade de construí-la.[296]

sobre o sujeito transicional

Para melhor compreendermos esse conceito, gostaria de trazer o fragmento de caso que deu origem a essa descoberta, nas próprias palavras de Benedetti:

---

296 *Ibidem*, p.175.

O conceito de sujeito transicional surgiu no curso do processo terapêutico de uma paciente que tinha, no início de sua psicose, uma alucinação de morte, que ela não conseguia distingui-la de si mesma, porque não era ainda capaz de criar símbolos. Esta alucinação da morte significava para ela que ela mesma estava morta [...] ora [...] criou-se uma zona intermediária entre a paciente e eu, onde eu tinha, eu mesmo, certas vivências de morte [...], mas eu tinha ao mesmo tempo vivências de vida que transformavam essa paciente. Então, ela pôde representar a morte como um esqueleto que a levava nos braços, e esse esqueleto era eu. Eu era, portanto, um símbolo da morte, mas também da vida. Ela também era esse esqueleto que a levava nos braços. Essa imagem era um sujeito transicional.

Em sua obra anterior, o autor comparava o terapeuta ao objeto transicional de Winnicott.[297]

Hoje, entende que não pode ser objeto, e sim sujeito, pois o *objeto transicional* aqui não é suficiente, pois *tem-se necessidade de uma duplicação de subjetividade*, ou seja, de uma *estrutura dinâmica da presença*, o que é *anterior a uma representação*.[298] Como o *tornar-se sujeito* pressupõe dimensões que são constitutivas, e não somente representativas, o terapeuta pode ser comparado a um sujeito transicional. A essa estrutura dinâmica da presença, Benedetti dá o nome de *sujeito transicional*. Seria

297 BENEDETTI, G. *La Psychothérapie des psychoses comme défi existentiel*, p.97.
298 MALDINEY, H. Présence de Gisela Pankov, Paris; Campagne Première, 2004, pp.55-63 apud ANDREOLI, L. In: *Autour de Gaetano Benedetti. Une nouvelle approche des psychoses*, p.84.

um pré-sujeito do futuro sujeito do paciente, no dizer de Ceccon,[299] outro analista comentador da obra de Benedetti. Essa figura reuniria

> [...] forças dos dois protagonistas atuando sobre o paciente mais profundamente que ele mesmo, limitado por suas próprias pulsões destrutivas, sabendo fazer melhor e mais incisivamente que o próprio terapeuta, pois *o sujeito transicional é, metaforicamente falando, o terapeuta com a alma do paciente.*[300]

Para que isso aconteça, é necessário que o analista se *coloque no lugar do paciente, no mesmo caminho emocional, dotado de uma identificação parcial que tem a simetria de um "estar com".* Nesse sentido é que se pode compreender a imagem do paciente no espelho da "dualização"[301] e como vetor progressivo. Benedetti esclarece que enquanto

> na neurose, é a transferência que suscita a contra-transferência, na psicose é na realidade o ato identificatório do terapeuta que provoca a "contra-identificação" do paciente, que é o sinal que o paciente percebeu inteiramente a mensagem do terapeuta, ou seja, que o terapeuta se colocou no mesmo dilema do paciente ao assumi-lo (em vez de remeter-lhe analiticamente). A contra-identificação do terapeuta é, portanto, mais que o deslocamento

---

299 CECCON, "Le concept de "positivation" dans l'oeuvre de Benedetti". In: *Autour de Gaetano Benedetti. Une nouvelle approche des psychoses*, pp.79-80.

300 BENEDETTI, G. *Le sujet emprunté. Le vécu psychotique du patient et du thérapeute*, p.106.

301 Tradução do termo *dualisation*.

contra-transferencial de sua própria problemática sobre o paciente, porque significa o ato de espelhar uma situação que toma por base (espelho) a própria imaginação ou a própria fantasmática do terapeuta; um espelho que prolonga, mas que ao mesmo tempo retifica automaticamente as imagens do paciente, sem intenção de aplainá-las.[302]

A *positivação* não se relaciona, pois, com nenhum tipo de interpretação, porque consiste justamente na "presença" do terapeuta. Essa presença que dá não somente um eco, mas também um rosto, é que aqui se torna necessária. É o ato de se colocar imagens vivas onde elas não puderam viver, ou seja, nas áreas de *não existência*, que são o ponto nuclear da psicose. Considero que essa possibilidade de conferir existência possa ser aproximada ao que o bebê recebe dos olhos da mãe, segundo Winnicott:

> O que vê o bebê quando ele olha para o rosto da mãe? [...] o que o bebê vê é ele mesmo. Em outros termos, a mãe está olhando para o bebê e aquilo com o que ela se parece se acha relacionado com o que ela vê ali. [...] Muitos bebês, contudo, têm uma longa experiência em não receber de volta o que estão dando. Eles olham e não se vêem a si mesmos. [...] O bebê se acostuma à idéia de que, quando olha, o que é visto é o rosto da mãe. [...] Isso acarreta uma

302 BENEDETTI, G. "L'identification du thérapeute avec le patient". In: *La mort dans l'âme, Psychothérapie de la schizophrénie: existence et transfert*, p.231.

ameaça de caos e o bebê organizará a retirada e não mais olhará, exceto para perceber, como defesa.[303]

Penso que, aqui, esse trabalho de *inversão positiva*[304] *que se imprime sobre um tecido de imagens transformadoras*[305] possa ser melhor compreendido junto ao conceito de identificação do terapeuta com o paciente. Essa identificação, para ter a qualidade da transformação, seria a de uma presença que devolve ao paciente a imagem em que ele foi reconhecido e agrega, também, a imagem do terapeuta sobre o paciente, ou seja, o que lhe é devolvido é uma terceira imagem, a que faz a síntese da imagem do paciente com a do terapeuta. Ao reconhecer a imagem do paciente, o analista reconhece sua dor e seu sofrimento, ele *está com* (être avec), ele *sente com*: isso faz com que o paciente não se sinta só, pois possibilita a emergência de um sentimento de verdade presente na relação terapêutica. A imagem do terapeuta incorpora algo novo à imagem do paciente, fazendo com que, aos poucos, ele se apodere dela.

Assim, por exemplo, como no nosso relato das páginas 150 e 151, quando o paciente traz a cena do menino que é abandonado pelo pai: ao dizer-lhe no meio da sua vivência *toda criança abandonada é um herói*, eu também me encontrava lá, nesse mesmo tempo, para poder sustentá-lo. A interpretação tem a finalidade de poder fazer passar esse passado

303 WINNICOTT, D.W. *O Brincar e a Realidade*, pp.154-155.

304 Conceito de Benedetti: *renversement positif* relativo ao trabalho de construção/reconstrução psíquica, em que o foco principal é propiciar a possibilidade de saída do negativo.

305 FONTAINE, A. "L'homme de Sicile". In: *Autour de Gaetano Benedetti. Une nouvelle approche des psychoses*, p.36.

que não passa, através de nossa ressonância com o tempo do paciente: *só a inclusão desse passado em nossa compreensão é que pode dar vida ao presente.*[306]

Pude, com essa frase, devolver-lhe uma imagem do que via ali: *um menino abandonado e herói.* Essa imagem reconhecia toda a sua dor, o seu abandono e, ao mesmo tempo, dava-lhe força, fazendo dele um sobrevivente e herói. Isso possibilitou que essa experiência pudesse ser transformada, pois, ao reconhecer capacidades como sua potência, ao mesmo tempo lhe fornecia o sentimento de não estar só, em um momento em que ele não tinha forças para suportar sozinho seu estado de desamparo.

De acordo com Benedetti, ao se reconhecer a dor do outro, propiciamos

> a percepção da própria dor pelo paciente psicótico, (que) é qualquer coisa de diferente da sua sensação. Por percepção da própria dor, entendo a capacidade de se representar como um eu face a ela, de organizar a experiência na sua própria (auto) identidade.
>
> É por isso que a vivência do terapeuta refletida pelo paciente constitui uma maneira de construir sua própria identidade através da identificação com um outro eu.[307]

Ainda segundo as palavras do autor,

---

306 BENEDETTI, G. "Psychothérapie de la dépersonnalisation". In: *La mort dans l'âme, Psychothérapie de la schizophrénie: existence et transfert,* p.264.

307 BENEDETTI, G. "L'identification du patient avec l'autre". In: *La mort dans l'âme, Psychothérapie de la schizophrénie: existence et transfert,* p.237.

o fantasma do terapeuta constrói assim o *self* do paciente e ele o faz no nível fantasmático próprio da primeira infância, onde o *self* se constitui através de imagens concretas e visuais do outro.[308]

Podemos, também, fazer uma articulação entre a psicoterapia de Benedetti e a de Bion, por meio do conceito *rêverie*, que acolhe a sensorialidade e produz uma transformação desses conteúdos não assimilados em imagens visuais, sem deixar de levar em conta o texto do paciente, embora adicionando sempre uma imagem do analista.

A importância da psicoterapia de Benedetti é justamente a centralização no foco sobre *o reencontro dual do inconsciente: a dualização (que é fundante e constitutiva) está a serviço do eu e não dos fantasmas alucinatórios*.

Isso, para ele, acontece através de

[...] uma espécie de enxerto do psiquismo do paciente no terapeuta. Assim, o terapeuta está no limite do racional, e é a imagem que deve lhe dar uma função continente, colocar em evidência uma conexão afetiva. Pode-se esperar uma imagem, uma voz que pode emergir das malhas do delírio ou das imagens oníricas. É uma voz progrediente na tela figurativa.[309]

Essa identificação do paciente com seu terapeuta é capaz de promover uma modificação intrapsíquica da imagem no paciente. Benedetti

---

308 BENEDETTI, G. "L'identification du patient avec l'autre". In: *La mort dans l'âme, Psychothérapie de la schizophrénie: existence et transfert*, 1995, p.232.
309 ANDREOLI, L. "L'image du corps, le transfert". Benedetti, Pankov, Matte Blanco. In: *Autour de Gaetano Benedetti. Une nouvelle approche des psychoses*, 1995, p.175.

distingue a contratransferência da identificação: enquanto a contratransferência diz respeito às vivências particulares determinadas pelo passado do terapeuta à patologia do paciente, a identificação (...) é a maneira pela qual o terapeuta entra no mundo do paciente, revive seu *drama em seu interior, reconstrói na massa desordenada dos sintomas* [...].

A identificação do paciente com seu terapeuta vai depender de sua percepção sobre a identificação do terapeuta consigo e com suas questões. Disso depende em muito a confiabilidade no processo terapêutico.[310]

Assim, podemos extrair através das *próprias raízes do delírio ou da alucinação* uma possibilidade de encontro do *self*:

> não se trata, então, de somente uma contratransferência, mas de uma atividade fantasmática, que pode absorver e transformar o delírio [...] se o terapeuta é capaz de vê-lo como única realidade do *self* do paciente. É essencialmente uma dialética entre simetria e assimetria que tem lugar na contra-identificação terapêutica.[311]

sobre a figurabilidade e o trabalho em duplo

Este sujeito transicional, conforme nos esclarece Andreoli,[312] é justamente aquele que falta na psicose, do qual se percebem apenas fragmentos, encontrados às vezes em um processo de garimpagem nas malhas do delírio. Essa ausência dos verdadeiros símbolos faz com que *o sujeito esquizofrênico se identifique com cada pedaço do mundo*, em razão de sua *hipertrofia simbolizante*, onde os vários significados para uma mesma palavra

---

310 Remeto ao leitor às páginas 244 e 245 do texto.

311 *Op.cit.*, p.170.

312 *Op.cit.*, p.176.

247

desaparecem, tornando o signo concreto. É, portanto, na dualidade que pode se construir uma nova possibilidade de simbolização para o paciente, onde ele pode adquirir uma *potencialidade protossimbólica*,[313] como o resultado do trabalho em duplo. Esse trabalho em duplo é também referido em sessões analíticas por Cesar e Sarah Botella como um trabalho que se dá entre dois psiquismos, em que um demonstra *uma plasticidade momentânea considerável, refletindo em si o que é apenas potencial no outro.*[314] Em uma dinâmica de identidade de percepção (duplo anímico),[315] quanto de identidade de pensamento (duplo autoerótico)[316] com o analisando.

313 O protossímbolo pode ser entendido como uma "apresentação simbolizante", visual, mas também acústica, cinestésica, não se configurando ainda como representação para o outro, mas como abertura de um sentido que só encontrará realização no encontro com o outro (LANGER, citada por ANDREOLI, et al. L'image du corps, le transfert. Benedetti, Pankov, Matte Blanco. In: *Autour de Gaetano Benedetti. Une nouvelle approche des psychoses*, p.176).

314 BOTELLA, C. & BOTELLA, S. *Irrepresentável: mais além da* representação, pp.78-79.

315 O duplo anímico é constituído pelo pensamento anímico, um pensamento regressivo, em que representação, percepção e motricidade são equivalentes e indistintas. Produto da via regrediente, esse duplo anímico transbordante de sensoriabilidade está sob a dominação do perceptivo e/ou do alucinatório e ignora a alteridade (In: BOTELLA, C. & BOTELLA, S. *Irrepresentável: mais além da* representação, p.70).

316 Duplo autoerótico: "o psiquismo capta algo do mundo indiferenciado (anímico) e o internaliza. Auto-erotismo secundário é este movimento da captação, fundamental para o crescimento psíquico, pois leva a marca do objeto, embora ele ainda não seja reconhecido como distinto. [...] Organiza a passagem da continuidade anímica ao duplo auto-erótico. Isto equivale a investir constantemente o corpo erógeno,

Se o analista prescinde de suas defesas e de convicções teóricas prontas, o confronto poderá recuar até *a regressão formal de seu pensamento* com o desconhecido, *o mais próximo possível do desconhecido despertado pelo analisando.*

A figurabilidade é esse ato de tornar vivas também as imagens que não puderam se fazer memória, por uma falha dessa mesma inscrição, diferenciando-se, pois, da *marca mnêmica*, já portadora de conteúdos. Essa falha/ausência poderia ser qualificada como *marca perceptiva, uma potencialidade*, onde existe uma ausência de inteligibilidade e qualidade, *propensa a transformar-se em um movimento perceptivo-alucinatório não ligado de um efeito potencial sem conteúdo.*[317] A não representação é, portanto, da ordem da incapacidade de tornar psíquico o que advém de *uma zona de sofrimento psíquico que ultrapassa as possibilidades de figuração*, tal a medida do desamparo do ego, que perde seus recursos. O trauma, portanto, não vem [...] nem do conteúdo [...] nem da intensidade

a apropriar-se dos próprios membros, das próprias zonas erógenas despertadas pelo contato com o objeto anímico, o que explica sua qualidade ao mesmo tempo de separação e de união; o eu-corpo, a representação de si mesmo dependem disso. O auto-erotismo secundário trabalha, apesar de suas características narcísicas, para a manutenção do sentimento de alteridade. [...] O duplo auto-erótico [...] afasta o perigo da não representação e apóia a prova de realidade". (Investimento auto-erótico secundário: o objeto é *somente dentro-também fora*) (BOTELLA; BOTELLA, 2002, p.71).

317 BOTELLA, C. & BOTELLA, S. *La figurabilidad psíquica: figuras y paradigma*, p.166.

de uma percepção, mas da incapacidade de tornar psíquico um estado que, devido a essa própria incapacidade, torna-se excedente de energia.[318]

A origem do negativo do trauma, de acordo com o casal Botella, decorre da ausência de algo que, para a criança, deveria ter se produzido com naturalidade. Algo que, para o sujeito, deveria ter acontecido, mas não aconteceu. Nesse caso, o sujeito não se dá conta desse processo sem que perceba esse negativo para que possa representá-lo.[319]

A importância, então, do analista é dar uma imagem para o que ficou sem forma, localizando esse negativo na regressão da situação analítica que se dá por meio dos dois psiquismos, pois o retorno do negativo, segundo os autores, corresponde a uma curiosa situação em que não haveria

> [...] uma deformação da prova de realidade: pertence a um estranho estatuto "nem dentro-nem fora", ou seja, não pode voltar de fora porque não foi abolido e nem vir de dentro como sucede com o recalcado, pois não é marca mnêmica.[320]

Já na alucinação psicótica, segundo os autores, a via de retorno pode ser outra, uma vez que ela é consequência de uma desagregação interna, acompanhada de uma deformação da realidade capaz de transformar a representação em percepção, em um *somente fora*.

Mas qual a técnica para nos aproximarmos desses conteúdos não representados?

318 Idem, *Irrepresentável: mais além da* representação, p.94.
319 Idem, *La figurabilidad psíquica: figuras y paradigma*, p.166.
320 *Op. cit.*, p.167.

Esses conteúdos aparecem na sessão como manifestações dos efeitos negativos, modificações psíquicas/pré-psíquicas não representáveis e, portanto, inacessíveis à técnica clássica.

Porém, esses elementos são reconhecíveis ao permitirmos que a via regrediente,[321] dominada pela identidade de percepção, ocupe o lugar das representações objetivas e caminhe rumo ao quase alucinatório do analista que se permitir encontrar-se *com o que possa surgir*, com o caos e o desconhecido na sessão.

O casal Botella faz uma distinção entre o sonho-memória do inconsciente representável, em que predominam os *traços não esquecidos e recalcados*, e o sonho de *uma memória sem lembrança*, o que permite um outro empenho por parte do analista em busca de sua acessibilidade, uma vez que os conteúdos irrepresentáveis guardam um passado que precisa ser integrado, pois se encontra fora de alcance.

A psicanálise contemporânea muito tem se perguntado sobre o que não pode ser representado, e inúmeras são as questões com as quais nos deparamos em relação ao modo como podemos aproximar o paciente de sua história, que permanece estranha pela impossibilidade de inscrição.

Retomando o fio com Andreoli e o trabalho de figurabilidade de Benedetti, poderíamos então situar a presença terapêutica na *psicopatologia progressiva* como um dos eixos centrais de sua teoria.[322]

---

321 É caminho da regressão para o polo perceptivo-alucinatório, em que se dá o apagamento da realidade, com a indistinção da representação-percepção e a ignorância do espaço e da temporalidade.

322 Nesse eixo, a linguagem onírica, das imagens, tem função preponderante na atualização da intersujetividade, com a finalidade de transferir *existência* ao núcleo de identidade negativa do paciente.

A compreensão desse núcleo nos é esclarecida pela diferenciação do autor entre a contratransferência e contraidentificação terapêutica: enquanto *o vetor contratransferencial nos remete a um outro tempo e a um outro lugar, a fim de desvelar a parte recalcada, a contraidentificação se situa no aqui e agora da relação, com a função de criar novos laços intersubjetivos e aproximar códigos psíquicos.*[323]

Parece que a disponibilidade psíquica do terapeuta *a uma (dualização) duplicação da linguagem do paciente introduz a dinâmica de 'um ver' antes de 'um compreender'*[324] como reflexo da possibilidade de criar zonas estruturantes em um espaço transicional. A possibilidade de um ver está conectada à imagem, que está para o inconsciente não recalcado, assim como a palavra está para o recalcado.

Benedetti nos mostra, por meio de exemplos, *como a regressão à imagem pode induzir uma progressão ao conceito*, do que se deduz que *tanto o pensamento abstrato pode levar à imagem quanto a imagem pode levar ao pensamento abstrato.*[325]

sobre a imagem

Parece-nos que a aproximação do código não verbal da lógica verbal é feita por meio da imagem. O desafio do analista passa a ser transferir

---

[323] ANDREOLI, L. "Identité négative et positivation dans la théorie de la psychose de Benedetti". In: *Autour de Gaetano Benedetti. Une nouvelle approche des psychoses*, p.90.

[324] *Ibidem*, p.91.

[325] *Idem*, "L'image du corps, le transfert". Benedetti, Pankov, Matte Blanco. In: *Autour de Gaetano Benedetti. Une nouvelle approche des psychoses*, p.173.

porções de existência ao núcleo de identidade negativa do paciente pela atualização da dualidade transicional intersubjetiva. Essa transferência de *existência* tem como linguagem as imagens fantasmáticas e oníricas. Andreoli complementa que

> [...] a imagem tem uma força sensorial de uma acuidade particular, de uma verdade transformadora [...] utiliza um código perceptivo sensorial como um pensamento visual, no cruzamento dos sistemas psíquicos do terapeuta e do paciente, pensamento que parece extrair do texto figurativo uma forma que pode admitir os contrários, criar uma ligação entre dentro e fora, numa progressão estruturante [...].[326]

No seu entender,

> é possível estabelecer uma articulação entre as imagens transformadoras de Benedetti, a memória sem lembranças[327] e as memórias implícitas[328] para a inscrição psíquica de um inconsciente da ordem do não recalcado.

Em seu conceito de *psicoterapia configurante* (figurabilidade), Benedetti refere-se à possibilidade de se ver nas imagens *uma função muito próxima do código concreto da psicose, no valor sensorial do sonho,* um

---

326 *Op.cit.*, p.91.

327 Referidas por Botella e Botella (2003).

328 Ligadas a experiências não conscientes e não verbais, que contêm os registros primários de nossas interações.

estatuto transicional situado entre o verbal e o não verbal, que vê na imagem uma competência capaz de, *no lugar de esconder o pensamento, poder torná-lo inesquecível*, como matriz de uma área transicional entre o psiquismo do paciente e do terapeuta.[329]

O sujeito transicional emerge como figura fantasmática na via progrediente (figurativa) que aparece no sonho, mas também é procurado por Benedetti *na tela do delírio e da alucinação*, em textos imagéticos, que são privilegiados por seus conteúdos comuns, ou seja, que não pertencem nem ao paciente nem ao terapeuta, mas ao espaço potencial, capaz de gerar o núcleo do então sujeito transicional.

Embora o paciente ainda não seja, nesse momento, capaz de *insights*, o poder ver e dar limites a conteúdos internos torna-o capaz de despotencializar as ameaças, pois, em razão da ligação que se forma com o terapeuta, nasce aí algo novo, em virtude da emergência de um caráter simbólico, também para o paciente.

O terapeuta, então, *sonha para* o paciente: o trabalho de sonho e as imagens oníricas devem sua força à possibilidade de o terapeuta vivenciar o que preexiste antes mesmo do relato do sonho. Nesse sentido, segundo o autor, *o trabalho do sonho não se dá do manifesto ao latente, mas do manifesto ao possível. As interpretações consistem na comunicação ao paciente da ressonância de seus protossímbolos sobre o terapeuta.*[330]

329 ANDREOLI, L. "L'image du corps, le transfert". Benedetti, Pankov, Matte Blanco. In: *Autour de Gaetano Benedetti. Une nouvelle approche des psychoses*, p.177.

330 ANDREOLI, L. "Identité négative et positivation dans la théorie de la psychose de Benedetti". In: *Autour de Gaetano Benedetti. Une nouvelle approche des psychoses*, pp.87-88.

hoje tive um sonho que...

Penso que podemos também compreender essa amplitude do espectro onírico do pensamento de Benedetti, embora com leituras singulares, como um dos pontos de cruzamento com a obra de Antonino Ferro, no que diz respeito, por exemplo, à atividade de *rêverie* na sessão, definida como *o aflorar de imagens na mente do analista ligadas ao que acontece na situação analítica* [...] e que considera como um dos fatores de desenvolvimento da análise.

Esse fator de expansão proporcionado pela imagem pode se tornar uma das atividades de maior importância realizada pelo analista, que é a *operação de transformação em sonho*, em que o analista coloca na frente de toda fala do paciente a expressão: *hoje tive um sonho que...*, o que permite ao analista uma escuta ampliada, no sentido de poder ouvir o que se encontra por trás do manifesto e que está em busca de figuração.[331]

A propósito dessa expansão onírica, gostaria de citar um fragmento clínico que diz respeito a um paciente que transformou sua identidade em um professor de História (que ele era, na realidade). Esse era o seu sintoma: (tinha o sonho de) dar aulas constantemente para mim e para o grupo...

Ao poder atuar o sonho no *setting*, com o tempo, pude notar que o volume do discurso de professor foi diminuindo. Passou a ser ele mesmo em ambiente conhecido e protegido. Se chegasse alguém estranho, de fora, imediatamente o "professor" voltava. Era sua forma de se comunicar com o mundo. Chegou a me dizer, revelando alguma consciência sobre sua dinâmica defensiva, que, à noite, ele se trancava no quarto e ainda colocava "os óculos" (símbolos relativos ao papel do professor), pelo menos

---

331 FERRO, A. "Transformações em sonho e personagens no campo analítico". In: *Revista Brasileira de Psicanálise*. Vol.43, n.2, pp.89-107.

em alguma parte do dia. Isso significava a necessidade de ainda conviver com suas defesas, a necessidade de colocar a fantasia e vestir a máscara. Tentamos validar e reconhecer suas outras partes, e ele surpreendeu ao escrever um texto extenso durante a sessão sobre outras atuações do "professor", que começava assim (texto original, inclusive a ortografia):

Hoje eu tive um sonho que não era professor de História. Como cidadão brasileiro eu me dedicava ao mercado de trabalho vendendo frutas nas feiras livres. Essas frutas eram compridas, largas, suculentas e no mercado de trabalho eram valorizadas bastante. Poderia citar uvas, maçãs, bananas, melancias e muitos pêssegos. Foi vendendo frutas que eu ganhava algum dinheiro para poder sobreviver [...].

Essa narrativa provocou-lhe grande impacto, pois, através do sonho, embora o texto seja de extrema concretude, pôde começar a ampliar seu modo de estar no mundo, permitindo-se sair das amarras da posição delirante.

Disse-me que esse texto escrito lhe fizera muito bem: que, no fim de semana, quando foi passear em um *shopping*, ele se sentou várias vezes e tirou o papel do bolso para ler. O *sonho no papel* era um modo real de começar a se reconhecer.

Embora a escuta analítica não se prenda ao manifesto, interessa-se por ele na medida em que, simbolizando o texto do paciente, nos possibilita, em primeiro lugar, reconhecê-lo e, em segundo, procurar o não representado, o que insiste em fazer passagem do processo primário para o secundário.

sobre a interpretação

O trabalho de interpretação na psicose difere dos demais e, por isso, se diz não haver interpretação nos moldes clássicos, pois esta deverá ter um caráter constitutivo e subjetivante, o que dependerá da *capacidade do terapeuta* se identificar com o paciente na situação delirante e alucinatória da psicose, assumindo, como ensina Herrmann,[332] *a posição de um delírio lúcido.*

Minha concepção de interpretação na psicose conduz-me ao início da epígrafe de Carlos Drummond de Andrade, que nos remete aos *poemas que esperam ser escritos [...] sós e mudos, em estado de dicionário...,* ou seja, inertes.

O que significa interpretar esse estado anterior à palavra? Penso que, ao se aceitar representar o papel na psicose em outro tempo e lugar, do lugar onde se encontra o paciente, já iniciamos uma comunicação, ou seja, *se estou com você, onde você está, existe uma possibilidade de compreendê-lo.*

Dar forma, insuflando vida nesse estado embrionário, inerte, para que, enfim, possa germinar, é criar como vimos, no dizer de Benedetti, "porções de existência", dando início ao que falta, que é a possibilidade de simbolizar.

Isso ocorre porque *a criação do símbolo do self encontra-se no nível das imagens do paciente, nas quais resta ainda, embora delirante, algo do self verdadeiro do paciente.*[333]

Como o eu fragmentado do psicótico não é capaz de observar, depende da imersão do terapeuta em seu mundo caótico, para que as imagens fantasmáticas do terapeuta, sobretudo as que estão no limiar dos sonhos, possam, de dentro do lugar significativo do paciente, transformá-las.

Portanto, as imagens do terapeuta são fundantes na colheita de fragmentos da identidade do paciente, para que ele, ao se ver, possa ir se criando e se descobrindo.

---

332 HERRMANN, *Clínica Psicanalítica: a arte da interpretação; teoria dos campos*, p.135.

333 ANDREOLI, L. "L'image du corps, le transfert". Benedetti, Pankov, Matte Blanco. In: *Autour de Gaetano Benedetti. Une nouvelle approche des psychoses*, p.176.

Se o dicionário nos diz que interpretar, entre outras coisas, significa atuar no sentido de desempenhar o papel em uma peça ou ainda traduzir ou verter de língua estrangeira (estranha, no sentido de não poder ser representada) ou antiga (arcaica), penso que isso é tudo o que fazemos quando interpretamos na psicose. O que não pode ser dito tem então que ser mostrado, o que é uma outra forma do dizer.

Como diz Ferro, ao aceitar trabalhar os personagens que surgem como protagonistas da sessão, *entre dizer e fazer nem sempre há o mar no meio*.[334]

Forlenza Neto esclarece que se

> interpretar também significa representar um papel (aquilo que faz um ator) [...] sempre é bom indagarmos sobre o papel que representamos para o paciente ou o que ele quer que representemos. Neste sentido estamos sendo criados pelo paciente como objetos subjetivos dele (Winnicott-1971).[335]

Fazemos essa interpretação de outro modo, identificados com o paciente, a partir de um estado onírico presente na sessão, participando do mesmo tempo e lugar em que se encontra, interpretando o papel em que somos colocados nesse mundo significativo, até que algo possa se movimentar, em razão do compartilhamento da experiência.

Por exemplo, no caso do professor de História, meu papel durante um bom tempo foi ser aluna e, a partir daí, provocar pequenas intervenções,

---

334 FERRO, A. *Técnica e criatividade*, p.87. Referência a um ditado italiano que diz *fra il dire e il fare c'è di mezzo Il mare*: entre dizer e fazer há no meio o mar.
335 FORLENZA NETO, "Interpretação: revelação ou criação?". In: *Bion em São Paulo: ressonâncias*/org. Maria Olympia de A. F. França. S.B.P.S.P., p.128.

trazendo um elemento surpresa por meio de expressões, perguntas significativas, falas simbólicas, narrativas a respeito de algum personagem... O que também era feito por meio da pintura, até que pudesse falar de seu *autorretrato interior*, título dado por ele à pintura da Figura 23 e ao texto escrito durante a sessão, ambos apresentados a seguir.

Auto retrato

As nuvens indicam um estado de tempo e clima. Ontem me vi com um corpo tão pequenininho. A pele estava rasgada. O rosto estava machucado e alma dilacerada. A voz estava rouca. Todavia, às vezes eu grunia comigo mesmo sem olhar as nuvens eu... o meu próprio corpo. Todavia, eu sempre tive uma vontade de chupar Graviola, a menina que estava dentro de mim e chorei pela primeira vez na minha vida. Todavia, eu ainda era um feto menor de idade e sempre esperando mentalmente uma melhoria. Gostaria de frisar que eu nunca pedi para ser um feto com cabeça, tronco, membros, braços e pernas ou até mesmo aprender o b a bá desde criancinha. Valdemar foi o nome que me deram antes de nascer. A priori eu gostei, mas na longevidade animal dentro de uma família fui ficando encomodado com esse nome até o dia em que fui apelidado de menino sem cabeça, ou seja acéfalo que muitos entendiam como mais um no nosso meio social. O que eu quero dizer com essa gravura é que ao pintar foi a mesma coisa que pintar o meu auto retrato interior. M.S.C.

Então, nesse sentido, também traduzimos uma língua estrangeira, arcaica (pré-verbal), pois estamos transpondo imagens em palavras, dando nomes e criando lugares para o que não pôde ser inscrito.

Como as palavras estão nascendo para o paciente em seu sentido simbólico, o cuidado há de ser redobrado, pois, no início, elas têm apenas o sentido concreto do que significam. Isso equivale a dizer que qualquer

Figura 23

sentido dúbio empregado pelo analista, um tom mais forte e vigoroso, sem uma delicadeza extrema, pode pôr todo o trabalho a perder.

A esse respeito, gostaria de trazer uma passagem relativa aos meus primeiros tempos na instituição. Ao chamar uma nova paciente pelo nome, ela se surpreendeu, perguntando-me como eu sabia como ela se chamava [...] se nunca tinha estado ali... Então brinquei, e rindo, como sempre costumo fazer, disse-lhe sem ter o devido cuidado: *Ah, sou uma mágica, sou uma bruxa!* E ela apavorada respondeu: *BRUUUXA?!?!?!*

Aqui, percebe-se um grande déficit de função α,[336] pois ainda não existe função simbólica, o que já não acontece com os pacientes mais antigos.

Para ela, eu realmente era uma bruxa e, como o significado da palavra na psicose é único, foi muito difícil convencê-la do contrário.

As palavras do analista, em um primeiro tempo, apenas ensaiam o que seria uma interpretação clássica. Nesse fazer interpretativo, reconhece-se o lugar, explora-se o tempo, reconhecem-se os afetos, as circunstâncias, as possibilidades de se sair dali (do lugar ocupado pelo sintoma ou posição delirante). Refiro-me, de preferência, aos personagens que emergem na sessão, mesmo que eles e a pessoa do paciente estejam claramente sobrepostos.

Isso inclui um anteparo, pois nada é visto como crítica, mas como um ponto de interesse por sua figura. Compreendo que respeitar os personagens criados em uma perspectiva de narrativa histórica ou mesmo fictícia é de suma importância, pois é respeitar o grau de exposição possível e a necessidade de comunicação do *self*. Estaremos aqui nos defrontando

---

336 Conceito bioniano empregado por Ferro que tem a função de metabolizar, transformando em imagens os elementos sensoriais (elementos β).

também com a *verdade/mentira*, conceito que Ferro aproxima do verdadeiro e falso *self* de Winnicott.[337] Isso leva, ainda de acordo com o autor, a conceitos como o da *verdade tolerável ao pensamento* e até mesmo de *uníssono* com as comunicações manifestas do paciente e o da capacidade preliminar do analista de tolerar graus de mentira e distorção.[338]

Ferro fala sobre a importância de o analista

> [...] aventurar-se em compartilhar o "dialeto" do paciente para contar e saber mais a respeito [...] de interagir com o texto do paciente, num encontro que respeite toda a sua riqueza semântica potencial, que coloque em movimento um processo de alfabetização dos elementos β [...].[339]

O tom de voz também tem grande importância, uma vez que, aqui, torna-se o veículo da vida, também está a serviço de povoar *áreas de morte*. Um dos pacientes sempre se referia ao meu timbre de voz, dizendo que *o timbre da voz lhe fazia muito bem*. A esse respeito, Ferro comenta que "um aspecto importante é também a tonalidade afetiva, a qualidade emocional da voz. De fato, essa tonalidade é percebida antes de qualquer possível conteúdo".[340]

---

337 FERRO, A. *Fatores de Doença e Fatores de Cura*, p.111.

338 FERRO, A. "Transformações em sonho e personagens no campo analítico". In: *Revista Brasileira de Psicanálise*. Vol.43, n.2, pp.89-107.

339 Elementos β são formados pela sensorialidade, protoemoções à espera de metabolização pela função α, capaz de transformar em imagens "os fatos não digeridos". In: FERRO, A. *Na sala de análise. Emoções, relatos, transformações*, p.141.

340 FERRO, A. *Técnica e criatividade*, p.24.

Além disso, a escuta do infantil também se faz de outra maneira, exige grande sensibilidade para poder estar em ressonância e não afastar a criança que ali se apresenta.

Retomando o discurso inicial, Chaput, um dos comentadores da obra de Benedetti, também questiona-se a esse respeito: *interpretação ou intervenção terapêutica?* De acordo com ele, parece-lhe

> [...] que a interpretação para Benedetti consiste em uma espécie de redescrição dos conflitos presentes no delírio [...] parece que o que ele (Benedetti) chama de interpretação é uma espécie de resposta por parábola, história simbólica para o terapeuta, com finalidade simbolizante para o paciente [...].[341]

Isso nos indica que a interpretação na psicose passa também por um caminho paradoxal, pois encontra-se, de certa maneira, conectada à ilusão: é o cuidado e o uso de outra terminologia mais apropriada, por exemplo feita por meio de imagens contidas em personagens, como as metáforas que nos fazem contar uma história a respeito do que observamos. Por meio da história, fazemos com que o paciente possa se ver dentro, deixando-o de fora, ou seja, sem implicá-lo diretamente.

podemos falar de simetria?

Isso significa incluí-lo, mas de modo livre, sinalizando que estamos ali, não para ameaçar, mas para nos aproximar. Contar uma história ou uma parábola a respeito do que vemos também põe em jogo um outro fator,

---

341 ANDREOLI, L. "L'image du corps, le transfert". Benedetti, Pankov, Matte Blanco. In: *Autour de Gaetano Benedetti. Une nouvelle approche des psychoses*, p.186.

que considero de suma importância: colocamo-nos nesse momento como iguais, capazes de *sentir com* ele e compartilhar seus afetos em razão da *simetria*, que nos situa como pares humanos.

Embora aqui também tenhamos que sustentar a posição assimétrica do analista, fundamental para que se possa ocupar essa função, a *história* é capaz de introduzir algo novo na relação, ao nos tornar coparticipantes da dimensão humana, e isso tem um efeito ímpar para a construção do vínculo.

Não obstante a posição assimétrica do analista nunca deva ser negligenciada, em algum momento ela tem que se fazer mais próxima, para que o paciente possa se sentir compreendido e aceito além da doença.

O paciente precisa sentir um pouco mais essa proximidade, para que possa haver um começo de comunicação. Lembro-me de como os encontrava calados e encolhidos no início de nossas sessões, como se pertencêssemos a mundos muito diferentes... E de como começavam a se interessar por algo quando, ao compartilhar os seus relatos, eu me incluía como igual, introduzindo sempre uma expressão comum a nós, como por exemplo, falando *quando a gente sente isso*, [...] ao invés de quando vocês (que eles poderiam escutar como vocês pacientes, portadores de doenças mentais...).

E, muitas vezes, também me dei conta de garantir a posição assimétrica do analista simultaneamente, por meio da posição corporal. Por exemplo, quando nos sentávamos (o grupo e eu) ao redor de uma mesa, eu me mantinha de pé para poder vê-los todos (às vezes, até 15 ou mais pessoas), mas também percebi que necessitava me manter de pé para sustentar a assimetria do analista, ao mesmo tempo em que me incluía.

Isso tinha a faculdade de tornar o grupo mais desperto e interessado, pois, ao me incluir, colocava-os dentro da vida em que eu vivia, transmitindo-lhes a esperança da condição humana, como possibilidade de estarem vivos. Ferro nos reitera várias vezes em seus textos sobre a *escuta da escuta* ou sobre a importância de prestarmos atenção às respostas do paciente, que são como nossa estrela-guia.[342]

Então, emociono-me ao lembrar aqui um bilhete deixado por um paciente de muito tempo, no qual me comunicava, de modo muito seco para a nossa lógica (embora eu soubesse o quanto devia estar ansioso, mas feliz), que não iria mais comparecer porque voltaria (depois de muitos anos) a trabalhar. Entretanto, a esquizofrenia também surpreende, e, por isso, emociono-me, percebo que ali um pouco de emoção já "pulsava" em um *post-scriptum* que dizia com letras maiúsculas: "VIVA À VIDA".

Cito, a seguir, dois exemplos clínicos que merecem ser lembrados por nós analistas, para que possamos fazer algum trabalho que minimize essa dificuldade de aproximação entre as figuras do médico/terapeuta e paciente, no sentido de trabalhar essa diferença, a fim de permitir que essa relação possa ser vista de maneira menos ameaçadora e distante por alguns pacientes.

Na Figura 24, o paciente desenhou-se como médico, rosto vermelho e, depois de poder entrar em contato com a emoção da raiva[343], voltou à tela e colocou a fumaça, saindo do ouvido... É de se notar também a relação de tamanho entre o paciente ao fundo, à esquerda, e o médico... Percebe-se também a situação de impotência a que se acham submetidos, a paralisia e a passividade, simbolizada pelo doente ao fundo,[344] à esquerda, sentado

---

342 FERRO, A. *Técnica e criatividade: o trabalho analítico*, p.121.

343 Essa raiva pôde ser expressa depois de alguma interação com o analista, representada de forma sutil, por meio de pequenos toques, como descrevo a seguir, até que ele pudesse se apropriar do que sentia.

344 Tanto o médico quanto o doente ao fundo são personagens da narrativa dele.

Figura 24

em uma cadeira de rodas, escutando um *walkman*... Ter-se pintado no lugar do médico também não foi uma ação consciente.

Ao perguntar-lhe é *você?*, respondeu-me: *não, é um médico!* Porém, os outros participantes do grupo também se manifestaram no sentido de acharem a semelhança muito grande.

O respeito ao texto do paciente é fundamental para o despertar de sua subjetividade, para que ele comece a se sentir *autor*. Sobre respeitar o texto do paciente, Ferro esclarece que, na verdade, o que o paciente pretende de nós é outra coisa, ou seja, que sejamos capazes de dividir com ele suas próprias narrações com as quais podemos contribuir com algo nosso, em vez de substituir seu texto com a "versão oficial da verdade psicanalítica".[345]

Entretanto, essa semente de dúvida implantada pelo outro já é o bastante para que ele possa começar a se indagar sem se sentir ameaçado. Penso que a forma desse despertar de consciência, nos casos de pacientes difíceis, tem que acompanhar suas possibilidades de transformação, pois, nesses casos, há de se pesar sempre o risco de desagregação.

Assim, a interpretação da pintura pressupõe um processo de reconhecimento e escuta por parte do analista em relação aos comentários do paciente sobre o que *ele* fez. Em seguida, se possível, e com a maior delicadeza, posso me surpreender com algumas estranhezas, comunicando-as.

Por exemplo, eu poderia dizer: *Noossa, que homem vermelho!* Só com essa exclamação de surpresa eu lhe comunicaria que homens não costumam ser vermelhos assim e que gostaria de saber a razão de ele ter escolhido essa cor para pintá-lo. Entretanto, isso ficará nas subliminares,

---

345 FERRO, A. *Na sala de análise: emoções, relatos, transformações*, p.140.

pois o texto lhe é passado de outra maneira, é sugerido com um *fazer*, em que o *dizer* é transmitido pela expressão, pela tonalidade da voz e, sobretudo, pelo afeto e pela brincadeira, com minha demonstração verdadeira de interesse pelo que faz, reconhecendo sempre algo do sujeito, algo que é seu ("Por que o *seu* médico é vermelho?").

Posso também "ajudá-lo" interagindo, participando do contexto, perguntando se aquele que está sentado ao fundo está contente, que *me parece que sim, pois está até escutando música!* Com esse tipo de comentário, por exemplo, vou permitindo que ele mesmo vá se dando conta das áreas conflitivas colocadas ali. (A relação de tamanho entre as figuras do paciente e do médico, a vontade de se ocupar outro lugar, a raiva e a impotência do doente simbolizada pela cadeira de rodas).

Afinal, não é isso que as mães fazem com seus bebês? Uma conversa de caras e vozes, em que demonstram todo seu afeto e batem palmas a cada progresso, e assim vão ensinando e reconhecendo seus filhos?

Então caberia indagar: por que não se pode falar mais? Porque infiro que eu poderia estar *arrombando portas*, precipitando algo como um sentimento de invasão, e ele, que está chegando e só me abriu o *olho mágico da porta*, bateria em retirada.

Quando o vínculo estiver estabelecido, ele será o primeiro a me contar os porquês, pois já estará pronto para confiar e poder lentamente se entregar ao processo de regressão terapêutica.

Trago outro exemplo clínico ilustrativo sobre essa questão do poder e da assimetria, em que um paciente pintou um rosto ameaçador de médico (Figura 25) que lhe impunha a cura...

Costumo, então, entrar na cena analítica que se apresenta afastando-me do entorno e, como se eu estivesse realmente presente ali com ele, vendo esse médico, posso perguntar: *que cara brava, por que ele está assim?*

Figura 25

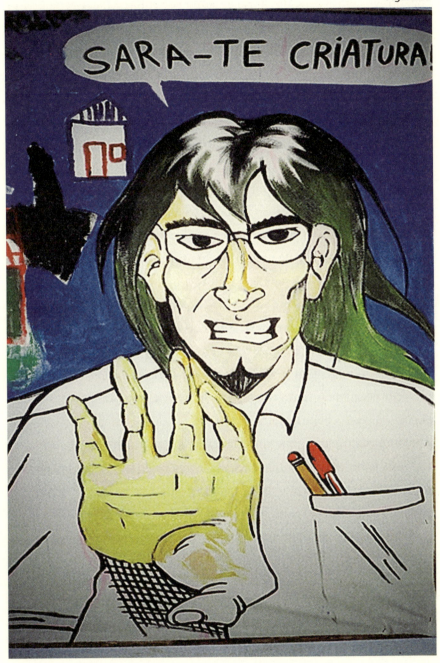

Lembro-me que falou então de como se sentia, de sua vergonha ao chegar sempre com o mesmo problema: *parece que ele fica cheio, que não aguenta mais.* Isso permite que seu autor comece a se apropriar das emoções presentes, que aqui aparecem claramente como uma transferência de *não ser suportado*, que se transmite também no gesto da mão, que parece afastá-lo.

Ferro também nos fala desses pacientes atormentados por

> [...] um Superego muito severo que sugere que as coisas que ele dirá serão julgadas "bobas", "pouco interessantes". Um outro problema é o da "vergonha", e do "desinteresse" do outro. Tudo isso nos fala de uma situação originária insuficiente de rêverie por parte dos pais.[346]

Um outro problema é o medo de que suas emoções sejam criticadas por um analista que não seja capaz de aceitá-lo.[347]

Parece que o analista vê o que ele sente e coloca, mas que ele, nem sempre, pode observar. A função da tela é a de facilitar esse caminho de observação que se inicia com o analista ao lado, na função de um personagem, que faz o duplo do paciente, que atua, muitas vezes, sentindo por ele, de um outro lugar, devolvendo-lhe o que ele sozinho ainda não pode experimentar.

Tudo isso acontece no *aqui e agora*, a partir da análise conjunta dos símbolos ou protossímbolos carregados de sensorialidade primitiva e dos resultados provocados por essa incorporação, por meio da transformação em imagens visuais.

346 FERRO, A. *Técnica e criatividade*, p.173.
347 *Op.Cit.*, p.173.

ainda sobre a interpretação

Acredito que essa forma de interpretar, por meio de pequenas intervenções, dentro *de um teatro afetivo*, apropriando-me da expressão de Ferro,[348] tenha uma função simbolizante para o paciente, provoque um fortalecimento de ego (caso o ego seja precário e necessite apropriar-se de suas emoções) ou ainda a possibilidade de germinação de ego (nos casos mais graves, onde há carência de função α e necessidade de *rêverie*). Nesse sentido, espero que as respostas partam deles, para que possa lhes acrescentar algum significado, a fim de promover alguma transformação.

Penso também que essa aproximação indireta, um lento trabalho de formiga, seja necessária para induzir um sentimento de confiança, uma segurança capaz de possibilitar a entrega e, assim, possibilitar a experiência, através de partes que vão sendo reintegradas, sempre conforme o ritmo e a possibilidade de cada um.

Então, à semelhança de Benedetti,[349] também me proponho a uma *redescrição dos conflitos presentes (no delírio)* [...], quando um conteúdo psíquico é mostrado mais do que dito, muitas vezes por meio de personagens, identificando-me mais uma vez com a teoria e técnica de Ferro, onde me vejo respeitando o texto do paciente, porém acrescentando algo às suas percepções.

348 FERRO, A. *Reverie: problemas de teoria e prática. As reveries do psicanalista na sessão*, p.6. Antonino FERRO, César BOTELLA, Michael PARSONS e Thomas OGDEN – reunidos em *"Debate sem fronteiras"* no site da Sociedade Psicanalítica de Paris. A discussão foi trazida até nós, por iniciativa do Fórum Internet da SPB. Os textos originais em francês poderão ser encontrados no site da SPB (http://www.spbsb.org.br/forum2/forum.htm), último acesso em 17 de julho de 2010.

349 Remeto o leitor à página 263 do texto.

Quanto à questão da interpretação, percebo também uma identidade entre meu trabalho e o pensamento de Benedetti, Ferro e Winnicott, no que tange à opção pelas interpretações não saturadas, desnecessárias, feitas de modo não decodificador e que possibilitem transformação. Outro ponto de ligação que reconheço entre Ferro e Benedetti é o uso de metáforas, histórias, parábolas que tenham função simbolizante para o paciente, uma vez que também fazem uso de personagens.

O trabalho de interpretação vai ser, pois, segundo Benedetti, um lento trabalho de *positivação*, trabalho efetuado pela *via de porre*,[350] *por uma espécie de enxerto de uma causalidade racional do terapeuta sobre as raízes de uma causalidade delirante do paciente*, que passa também por um registro em que as interpretações apresentam ao paciente reações afetivas do terapeuta, em relação à integração de conteúdos intrapsíquicos do paciente, dependendo sempre de nossos limites para dar essas respostas sem nos tornarmos divididos.[351]

Também posso compreender, embora sob uma ótica diferente (sempre ressaltando a ótica de funcionamento mental mais próxima de Bion e de

---

350 *Via de porre* (pelo caminho de colocar-se) é a expressão utilizada para distinguir a terapia que se dá por acréscimos, como o pintor ao recobrir com camadas de tinta a tela branca. O *self* se transforma *per via de porsi*, por um processo de personalização progressiva, em que ideias delirantes incluem a pessoa do terapeuta e também introjetam no paciente elementos de realidade de outro modo não passíveis de ser integrados.

351 Positivação é um conceito de Benedetti relativo à capacidade de construir (colocar, pela *via de porre*) sobre a área de *não existência* da psicose. A primeira positivação é a presença do terapeuta, mas a presença *que dá rosto*, pois o reconhecimento e a percepção do outro são capazes de criar uma positividade na experiência psicótica, nas áreas em que se apresenta como pura negatividade.

Ferro), uma aproximação entre os conceitos de *positivação* e *sujeito transicional*[352] de Benedetti e o de *experiência emocional transformadora* de Ferro, por meio da *rêverie* e presença da mente do outro (em que os elementos β são transformados em elementos α), em que também se dá uma transformação de aspectos muito primitivos do paciente, assim como o de *holding*, através da presença da "mãe suficientemente boa" de Winnicott e de sua capacidade de suporte. Outro valor comum é o da intersubjetividade, a *sala da relação*, como chama Ferro [...].[353] Isso porque, *a propósito da interpretação*, como compreendida na psicose, depende e muito *da capacidade do terapeuta em se identificar com o paciente na situação delirante e alucinatória* [...].[354]

É essa identificação, capaz de fazer o terapeuta imergir no delírio do paciente, sem se deixar levar por ele, que o capacita para assumir o papel integrativo que falta ao paciente e que o delírio tenta remediar. O que se pode então inferir aqui, no dizer de Andreoli,[355] é que *outro é o setting, outra é a contratransferência, outras são as modalidades de interpretação* para dar conta de podermos transformar as "áreas de morte"[356] depositadas no inconsciente terapêutico.

---

352 Sujeito transicional: conceito explicitado à p.240.

353 Entrevista com Antonino FERRO. Entrevista concedida à SPPA em 1/7/2010. Disponível em: www.sppa.org.br/entrevista.php?id_entrevista=5, acesso em 15 de julho de 2010.

354 FAUGERAS, P. Postface: Traduire Benedetti.In: *Autour de Gaetano Benedetti, Une nouvelle approche des psychoses*, p.205. (Texto retirado do prefácio do livro de Gaetano Benedetti, *Le sujet emprunté. Le vécu psychotique du patient et du thérapeute*).

355 *Op.Cit.*, p.192.

356 BENEDETTI, G. "Psychothérapie de la schizophrénie:existence et transfert". In: *La mort dans l'âme*, Paris: p.26. As "áreas de morte" são entendidas por Benedetti como o

um pouco sobre o setting e a instituição

[...] descobri naquele lugar a palavra abandono. A palavra funcionava dentro e fora das pessoas. Eu não sabia se era o lugar que transmitia o abandono às pessoas ou se eram elas que transmitiam o abandono ao lugar. Eu conhecia a palavra só de nome. Mas não conhecia o lugar que pegava abandono. Por antes a força da palavra é que me dava noção. Mas em vista do que vi o olhar reforça a palavra. O olhar segura a palavra na gente. O cheiro e o amor do lugar também participam. Todos os seres daquele lugar me pareciam perdidos na terra, bem esquecidos como um lápis numa península. Mas Nhá Velina Cuê me falou: este abandono me protege. Acho que esse paradoxo reforça mais a poesia do que a verdade.

Manoel de Barros[357]

Ao olhar para a instituição como lugar, a imagem que me vem é de abandono e também parecida com a frase de Milner do início deste capítulo: [...] talvez aqui também devêssemos *olhar por trás do tema da perda,*

lugar de potencialidades humanas que não conseguiram se desenvolver, em que informações essenciais à vida faltaram e certas experiências estruturantes do eu primordial nunca tiveram lugar: há zonas mudas no inconsciente, uma ausência de estruturação psíquica (comparáveis como metáfora aos "buracos negros do universo").

357 BARROS, M. de. Abandono. In: *Memórias inventadas: a segunda infância.* São Paulo: Ed. Planeta do Brasil, 2006.

perda do objetivo de que se necessita, para o desejo do sonhador, para o contato direto de seu próprio sentido do ser.[358]

Ferenczi, citado por Kupermann, também vê uma relação entre o abandono e a clivagem psíquica quando fala do "*homem abandonado pelos deuses*" que "*escapa totalmente à realidade e cria para si um outro mundo no qual, liberto da gravidade terrestre, pode alcançar tudo o que quiser*".[359]

Como Manoel de Barros, *eu não sabia se era o lugar que transmitia o abandono às pessoas ou se eram elas que transmitiam o abandono ao lugar*, em virtude da *sensação de não existir* que nos passam os pacientes.

Percebo que a sensação de não existência, esse *nada existencial* de que nos fala Benedetti, pode muito bem se reportar a um *nada afetivo*, que teria marcado um tempo precoce. Então, um enquadre entendido aqui como na técnica clássica não faz nenhum sentido, se, em princípio, não temos ali presente um *self* existente. Aliás, na visão do autor, quanto mais nos comportamos com regras e interpretações saturadas, mais aumentamos o peso que esses pacientes devem suportar.[360]

A psicanálise, *tal qual conhecemos na técnica clássica*, é realmente aqui totalmente dispensável, porque, como dito na poesia, o lugar protege, funciona também como um refúgio, *onde posso lutar com meus sintomas e permanecer neles*, no sentido de que os pacientes têm outras necessidades, como a de se manter ligados aos seus conflitos para se sentirem vivos.

---

358 MILNER, M. Uma discussão do estudo "Em Busca da Experiência Onírica", de Masud Khan. In: *A Loucura Suprimida do Homem São*, p.272.

359 KUPERMANN,D. "Trilogia Ferencziana". In: *Presença Sensível*, p.155.

360 BENEDETTI, G. "La schizophrénie comme existence negative". In: *La mort dans l'âme, Psychothérapie de la schizophrénie: existence et transfert*, p.25.

A defesa contra a *não existência* deve ser criada por nós, analistas, construída passo a passo com o paciente, de modo que, no início, não se deve analisar as experiências que o levaram à *não existência*: "ela começa pela tentativa do terapeuta de existir dentro da não existência do paciente, pela tentativa de transformá-la em existência ao colocar-se como presença nela".[361]

Isso para mim soa tão verdadeiro que considero difícil (mas não impossível) a organização de um cuidado multidisciplinar, no sentido de que toda equipe possa ter essa visão do paciente, essa sensibilidade... da necessidade, em primeiro lugar, de se *preencher essas zonas de morte com a trama viva da relação dialógica psicanalítica*.[362] Isso significaria trabalhar menos em função dos remédios, das injeções, dos horários, dos cotidianos familiares, e mais em prol dos pacientes, no sentido de trabalhar para convocar o sujeito que se "encontra fora, afastado".

Desse modo, a importância de um *setting* corporal, que acolha essa inexistência e plante nela a semente da sua própria existência, é fundamental para que algo possa ser criado. Entretanto, como esclarece Figueiredo,[363] *entender o corpo como setting*, como eu também o entendo, *independe do setting utilizado como trabalho analítico*.

O espaço físico é composto de uma sala com uma grande mesa no centro, onde se reúnem de 12 a 15 pacientes. É importante também que a porta fique semiaberta para lhes assegurar a possibilidade de ir e vir a qualquer momento. Costumo sempre começar as sessões lendo textos e poesias capazes de instigar-lhes respostas por meio da palavra ou das tintas.

Ferro comenta sobre a importância do papel do analista

361 *Ibidem*, pp.25-26.

362 *Ibidem*, p.26.

363 FIGUEIREDO, L. C. "Psicanálise, corpo e setting". In: Ética e Técnica em Psicanálise, p.98.

> [...] favorecer a criação de coordenadas afetivo-climáticas que ativem as capacidades imagino-poïéticas do paciente; isto acontece fazendo-o "proceder a sua aprendizagem no "atelier do analista", ali onde se formam imagens, a partir do relato e a partir do não dito.[364]

Também coloco, quando é possível, uma música ao fundo e, como sempre lhes falo dela e de seus autores, e, às vezes, me surpreendo quando ouço pedirem a música celta ou para que toque Bach. Evidentemente, não são todos que têm o mesmo nível de compreensão, mas me emociono ao lembrar o quanto puderam progredir. Existe na sala, também, uma grande tela, que hoje é comum, e que tem o intuito de trabalhar o intra e o inter-subjetivo. O espaço físico também pode variar, caso eu entenda que precise de algo a mais para motivá-los, para que se possa trabalhar de outro modo. Toda vez que isso acontecia, algo significativo se dava com os pacientes, em virtude da mudança de espaço.

Foi em uma dessas idas ao jardim que Taylor, o paciente do caso clínico relatado neste livro, teve a oportunidade de entregar-se a uma regressão profunda (relatada nas páginas 150 e 151), e suponho que o jardim possa ter sido um cenário que contribuiu para isso de alguma forma, com uma maior flexibilidade e um maior continente para a escuta do infantil.

---

364 FERRO, A. *Reverie: problemas de teoria e prática. As reveries do psicanalista na sessão,* p.7. Antonino FERRO, César BOTELLA, Michael PARSONS e Thomas OGDEN - reunidos em "Debate sem fronteiras" no site da Sociedade Psicanalítica de Paris. A discussão foi trazida até nós, por iniciativa do Fórum Internet da SPB. Os textos originais em francês poderão ser encontrados no site da SPB (http://www.spbsb.org.br/forum2/forum.htm), acesso em 17 de julho de 2010.

Infelizmente, na instituição, os pacientes diferem muito quanto ao grau de precariedade de limites, o que equivale a dizer que há sujeitos com alguma estrutura já organizada, capazes de elaborar, embora com alguma fragilidade; outros estão imersos em suas atuações ou cindidos. Em muitos, a pele é quase imperceptível. Penso que esse espaço absolutamente comum aos profundamente regredidos e aos que já têm alguma estrutura seja muito prejudicial para os últimos, que já ultrapassaram grandes períodos de desorganização.

Entretanto, como há falta de espaço e profissionais, sinto que há uma limitação no sentido de serem todos nivelados por igual nos trabalhos grupais, e, assim, os sujeitos que "emergem" são impossibilitados de ser reconhecidos como deveriam.

Nas minhas sessões, uma preocupação constante é tratá-los de modo singular, de modo a mostrar-lhes também a diferença, dando a César o que é de César, como se diria, pois não posso tratar igualmente os que já conseguem elaborar e os que estão completamente desestruturados.

Um fato que me afetou profundamente foi ver, na festa de Natal, os pacientes muito mais estruturados misturados aos profundamente regredidos, em encenações e gestos, eu diria, infantilizados, a título de se apresentarem para a família.

Dificilmente, olhando-os, alguém veria ali algum progresso terapêutico, que dirá eles, se ali foram colocados por figuras de poder. A minha sensação é a de que não existe uma crença na possibilidade de recuperação das patologias, na transformação, e, então, trabalha-se com a parte mais infantilizada, como se ela fosse a única possível de ser encontrada ali.

Penso a técnica na instituição sempre como o meio disponível no momento, capaz de promover o encontro analítico, dependendo dos pacientes que se encontrem no grupo: com todos é de suma importância o manejo, a representação do papel que me cabe, de modo a poder participar de seus sintomas e posições delirantes, embora com alguns possa ir mais além, arriscando uma interpretação.

Embora não reconheça o enquadre ideal como uma prescrição absoluta, o fato de o espaço físico ser o mesmo vem a ser de grande importância para esses pacientes, que precisam de uma invariância do ambiente para se sentirem seguros.

e o corpo do analista, onde fica?

Retomando o fio da meada e voltando à importância do corpo como *setting*, como sendo a única maneira de promover uma transformação nessas patologias mais precoces, concordo com a afirmação de Figueiredo ao dizer que ser analista é oferecer o seu próprio corpo em sacrifício para o outro.[365]

Benedetti, citado por Fontaine, em sua obra *Le sujet emprunté*, explicita que *a psicopatologia dita "progressiva" se apoia sobre a possibilidade de identificação do terapeuta aos núcleos morbidos de seu paciente* e que esse processo, o de *acolher os elementos do paciente nele* (terapeuta) *para que o paciente possa acolher os seus* (porções de existência), não passa desapercebido, pois

> [...] não é privado de sofrimentos [...] que podem se manifestar por dores, náuseas, pavor de ser morto, confusão mental, uma despersonalização ou desaparecimento da consciência de si, de seu próprio sistema espaço-temporal [...].[366]

---

365 FIGUEIREDO, L.C. "Psicanálise, corpo e *setting*". In: *Ética e Técnica em Psicanálise*, p.103.

366 FONTAINE, A. "L'homme de Sicile" *Autour de Gaetano Benedetti. Une nouvelle approche des psychoses*, p.32.

Gostaria de trazer um exemplo de como o corpo do analista pode ser afetado, principalmente ao trabalhar com pacientes difíceis. Falando aqui especificamente de minha vivência experimentada no caso clínico relatado no Capítulo 3, quero me referir a um sonho que tive, do qual tinha me esquecido a metade (p.158).

Achando minhas notas, pude retomá-lo. Sonhei com uma mala entreaberta, na qual se via dentro algo meio rosa, com penas, que começava a se esticar para fora, com umas garras afiadas.

Eu tinha medo de abri-la, porque julgava aquilo morto e, para minha surpresa, vivia... Tinha medo de abri-la e que aquilo cheirasse por estar morto, e também tinha vontade de matá-lo, mas tinha medo que o cheiro me denunciasse.

Ao parar para refletir sobre esse sonho, ele me pareceu tão estranho, que a única associação que me veio foi o livro de Mia Couto, por causa do bicho de penas rosa, intitulado *O último vôo do flamingo*, que abre o caso... Lembrei-me de que fui dormir pensando no caso e associei-o com as passagens perfeitas ali escritas sob medida *para mim*.

Então, mais tarde, pude perceber o que estava depositado em mim. O fato de ter medo de ser denunciada atribuía-me uma culpa de morte, pois eu também queria matá-lo. Pude compreender então essa vivência de *quase morte* (que muito me surpreendia pelo fato de estar vivo) aliada a essa culpa do agressor, o que percebi bem mais tarde, quando soube da vivência do abuso. Ali estavam, em mim, as áreas de morte do paciente mais sua identificação com o agressor, talvez sobreposta à figura da mãe como assassina. Essa figura da vítima e do agressor já havia aparecido na Figura 6 (ver Capítulo 3), em que a cruz se esvai de sangue, simbolizando o morto, e o carimbo vermelho da mão, simbolizando o assassino. (Eu o vi em estado alterado no banheiro lavando a tinta vermelha da mão, como se se limpasse de um crime. Após isso, entrou na enfermaria e pediu para ser medicado).

Observei que eu o acolhia em meu corpo para que ele pudesse ver em mim, além de suas áreas de morte e de sua identificação com o agressor, também a minha parte viva e, assim, pudesse também preencher sua negatividade, sua *não existência*, através da minha parte viva.

Sobre essa vivência corporal com os pacientes difíceis, Benedetti esclarece que a situação de "osmose" que se cria entre paciente e terapeuta no tratamento da esquizofrenia equivale às vezes a uma assunção de morte por parte do terapeuta.

Entretanto, essas vivências têm uma dinâmica completamente diferente para o paciente e para o terapeuta.

> Enquanto para o paciente [...] parece uma assunção de morte, uma permeabilidade a todas as representações destrutivas presentes na família, na sociedade, na irracionalidade do inconsciente do outro, para o terapeuta o movimento é o oposto: a assunção de morte é um processo voluntário, não nocivo, dialógico, de liberação, que transcende uma criação de vida, a qual não poderia surgir se a morte que está na origem não fosse "absorvida" pela unidade-dual terapeuta-paciente.[367]

Eu lutava, em minhas experiências, com essa alternância de tempos e espaços e com os limites da formação desse eu em um corpo próprio.

---

367 BENEDETTI, G. "L'osmose thérapeute-patient". In: *La mort dans l'âme, Psychothérapie de la schizophrénie: existence et transfert*, p.239.

Essa foi uma das posições (contra)transferenciais mais sofridas durante o processo: experimentar na pele, no enrijecimento de meus músculos, de forma muito dolorida, a luta que ele travava para se sustentar, mantendo os limites desse eu separado do resto, não mais fusionado, mas portador de uma subjetividade própria... Houve momentos, ao escrever, que me perguntava qual seria o lugar que eu ocupava agora, até conscientizar-me de que era meu próprio corpo o lugar de suporte dessa falta de identidade ou desse ser que nascia.

Essa capacidade de ser levada ao miolo do furacão tinha um preço, que cedo começou a ser pago com o corpo.

Poder colocar fora de si a força destrutiva de um trauma vai criando a possibilidade de ser cuidado, gerando o tempo da cicatrização, à medida que o encontro entre analista e paciente traga a resposta de suas expectativas, há muito tempo abandonada e ausente. A resposta, a meu ver, para a cura, no sentido epistemológico da palavra, o de permitir ser cuidado, está articulada com o sentimento de verdade que emana da relação analítica.

Então me pergunto se a vivência conjunta da psicose não é também necessária para a compreensão da verdade do paciente. Essa vivência é tão importante que só a partir dela é que se consegue dar um passo, ensaiar um movimento. O conceito de Benedetti sobre sujeito transicional refere-se exatamente a isso: o terapeuta com sua presença "empresta" seu corpo para que o paciente ali deposite suas áreas de morte. Ao ver-se, pode perceber essa morte aliada à vida do terapeuta, e isso promove a vida também no paciente.

Dar figurabilidade a esses fragmentos pressupõe uma experiência conjunta, uma vivência do delírio também por parte do analista. Gosto de pensar no exemplo citado por Ferro, que concebe essa interação como uma *função de fronteira*, citando o exemplo do filme *Dança com os lobos, em que o protagonista se deixa envolver pelas histórias dos índios, torna-se o protagonista delas para depois tornar a separar-se e voltar à própria história após uma dupla transformação: a dos índios e a dele mesmo.*[368]

Para que haja uma possível transformação, quando lidamos com os pacientes ditos difíceis, é necessário que o paciente possa sentir essa permeabilidade do analista ao acolher seus personagens, os únicos capazes de contar um pouco de sua história. Uma interpretação prematura seria capaz de afugentá-los, e perderíamos a oportunidade dessa colheita de fragmentos do eu.

Entendo que uma das condições básicas para se tratar esses estágios mais primitivos é compreender a criança que ali comparece: é preciso escutar e aprender a língua do infantil, pois, muitas vezes, só temos ali o menino vestido de adulto, e é com ele que devemos estar, para depois podermos falar. Outras vezes, é necessário estar junto com as pequenas percepções do paciente, como o riso provocado pelo reflexo do sol em meu relógio na parede. Parece pouco? Mas quem trabalha com pacientes difíceis, que muitas vezes se apresentam profundamente apáticos, que têm suas figuras corporais congeladas, tem de estar atento ao menor sinal de movimento e ser capaz de apanhar o fio de vida que o amarra ao presente.

---

368 FERRO, A. *Na sala de análise: emoções, relatos, transformações,* nota de rodapé da página 101.

Pourquoi docteur, pourquoi docteur, n'écoutes-tu pas mes hallucinations, pourquoi docteur, écoutes-tu mes rêves et pas mes hallucinations?[369]

Uma das grandes ferramentas que temos, ao invés de querer interpretar o sintoma de acordo com a nossa lógica verbal, é poder nos colocar junto ao paciente a partir do que nos mostra e, desse lugar, procurar compreendê-lo. Isso requer uma abolição temporária de nossas representações, de modo que possamos nos transportar para a lógica inconsciente do interior do sintoma.

Benedetti, ao nos falar sobre o *sintoma* em seu livro *La mort dans l'âme*, esclarece que o sintoma quer nos dizer algo impossível de se exprimir de outra maneira.

É preciso, então, compreender a dinâmica do sintoma psicótico, *que tem uma dupla função e uma dupla face intersubjetiva*, pois pretende se defender e se comunicar. O eu psicótico, embora queira muito viver e participar, acaba se alienando, pois não tem capacidade de elaborar, tampouco de compreender e comunicar os conteúdos que o ameaçam e o fragmentam. E *como não pode haver existência sem alguma forma de comunicação*, essa é a razão do temor de uma relação: cria-se, de acordo com Benedetti, um *impasse [...] em que ele não teme nada tanto quanto o que ele mais necessita*, e, assim, *nasce o sintoma psicótico* como uma *comunicação bizarra e insensata*.[370]

---

[369] *Por que doutor, por que doutor, não escutas minhas alucinações, por que doutor, escutas meus sonhos e não minhas alucinações?* Observação clínica feita à comunidade terapêutica de Peñalolen, Santiago do Chile. In: FONTAINE, A. L'homme de Sicile. In: *Autour de Gaetano Benedetti. Une nouvelle approche des psychoses*, p.36.
[370] "BENEDETTI, G. L' "être-avec" comme réponse du thérapeute à l'existence négative" In: *La mort dans l'âme. Psychothérapie de la schizophrénie: existence et transfert*, pp.210-211.

Ele se encontra dessa maneira protegido por um sintoma, que nunca chega a ser totalmente compreendido nem mesmo por seu criador. Se o sintoma constitui a única maneira de comunicação possível, além de também ser uma fonte do desenvolvimento potencial, deve ser preservado, pois é a partir dele que podemos operar. *Estar no sintoma* é a única maneira de nos aproximarmos sem que, a princípio, o paciente corra o risco de desagregação. Nossa ferramenta, ainda segundo o autor, é tentar nos *manter no sintoma, respondê-lo e escutá-lo*, explorá-lo, *vivendo com o paciente todos os afetos e emoções que ele não pode experimentar senão a partir do sintoma.*[371]

Inúmeras passagens do hospital-dia nos colocam imediatamente dentro de um sintoma e nos mostram a importância de poder vivenciar com o paciente esse nicho de vida organizado para sobreviver, de modo a poder explorá-lo, expandi-lo e não recusá-lo por sua estranha lógica, afastando-o ao tratá-lo também como um ser estranho a nós.

Para citar apenas um exemplo, recordo-me de uma vez em que uma pessoa desconhecida (que logo imaginei ser um paciente, como de fato era) entrou na minha sala enquanto estávamos reunidos e me perguntou:

Você sabia que essa mesa é feita de pó? (algo me dizia que deveria responder que sim).

Disse: *Sabia...*

Paciente: *Sabia?*

Analista: *Sabia.*

Paciente: *Você sabia que a parede é feita de pó, o vidro é feito de pó, essa porta é feita de pó [...]?*

Analista: *Sabia.*

---

371 *Op.Cit.*, p.211.

Paciente: *Todo mundo me diz que estou louco, que a porta é feita de madeira, que o vidro [...] que o mundo não é feito de pó...*
Analista: *Acho que você dá um outro nome para o que todo mundo chama de átomo.*
Paciente: *Puxa, você é a primeira pessoa que me entende.*

Comunicar-lhe todo o sentido do sintoma dentro de nossa lógica verbal,
caso o sintoma pudesse se fazer totalmente inteligível, seria privá-lo de
uma zona de liberdade necessária para sua própria existência nesse momento. Cito outros exemplos de como o sintoma pode se revelar por meio
de imagens visuais e nos permitir a criação de uma história, a partir, por
exemplo, de uma única imagem ou de um encadeamento delas (pictogramas na linguagem de Ferro).

A Figura 26 é de *um cérebro visto de cima* e exprime a necessidade de
o paciente comunicar o que sentia, a *pressão sentida na cabeça*, segundo
seu autor. A partir dela, é possível um contato com o paciente.

A Figura 27 (página 288) foi feita por um paciente que já havia deixado
o hospital e dizia que, embora se sentisse bem, tinha muita necessidade
de pintar: é a do *peso sentido pela cabeça*, que revela sem palavras o tamanho dessa sensação que o oprimia e fazia pressão.

Melhor seria se pudéssemos *viver com ele o símbolo aproximando-
-nos do interior do sintoma em vez de tentar [...] trazê-lo para nossa rede
lógica.*[372]

---

372 BENEDETTI, G. L' "être-avec" comme réponse du thérapeute à l'existence
négative" In: *La mort dans l'âme. Psychothérapie de la schizophrénie: existence
et transfert*, p.211.

Figura 26

Figura 27

Caso encontremos o paciente aprisionado em alguma cena congelada, o que podemos fazer é *acender para ele um fósforo*, no dizer de Benedetti, a fim de fazê-lo compreender que podemos sentir sua dor e desespero e que podemos perceber que *"prometer" ali uma tocha seria no mínimo uma mentira*, mas que pode contar com aquela nossa pequena chama para ajudá-lo a derreter o gelo.[373]

Roussillon fala em seu texto "Agonia e desespero na transferência paradoxal" sobre *a importância de se acolher o núcleo doloroso da*

---

[373] *Op.Cit.*, p.213.

experiência subjetiva, sobre essa tarefa de suportabilidade por parte do analista, ao invés de se tentar abreviar o (nosso) sofrimento. Cita, a propósito, um princípio *técnico* que lhe foi passado por uma de suas analisandas, quando ainda era um iniciante, o qual reproduzo:

> Quando encontramos um homem completamente desidratado, abandonado no deserto, dar-lhe de beber demais e muito rápido pode matá-lo. É preciso saber contentar-se em simplesmente molhar seus lábios com algumas gotas dágua, até que suas funções recuperem suas capacidades plenas.[374]

Essa concepção de interpretação sonhante feita a partir de um teatro afetivo do *sintoma, das atividades alucinatórias e do delírio,* como possibilidade de comunicação na psicose, insere-se como uma forma de articulação com a obra de Antonino Ferro, cujas raízes teóricas se apoiam em Bion, não obstante sejam desenvolvidas sob um cunho próprio.

Um modelo usado por mim nesse campo delirante e do sintoma é o de acolher esse sonho congelado do paciente e, a partir daí, colocando-me dentro da patologia, tentar, como coprotagonista, movimentar algo, o que tem se mostrado possível a partir do compartilhamento afetivo percebido como verdadeiro pelo paciente. Um dos conceitos que mais utilizo e vivo durante as sessões é o "pensamento onírico do estado de vigília",[375]

---

374 ROUSSILLON, R. "Agonia e desespero na transferência paradoxal". In: *Revista de Psicanálise da SPPA,* v.11, n. 1, p.26.

375 "Sequência de um contínuo formar-se de elementos α, que sincretizam visualmente o que está sendo mentalizado, mas com o qual entramos somente em contato através das rêveries que fazemos na sessão" (In: FERRO, A. *Fatores de Doença, Fatores de Cura,* p.73).

que é o resultado das operações de *rêverie*[376] na sessão, pois ali tudo acontece como se fosse um sonho.

A importância da aceitação como função terapêutica desses conteúdos refere-se à aceitação do próprio *self*, uma vez que o delírio guarda resquícios do *self* verdadeiro. Então, encontra-se, como no dizer de Winnicott, o lugar de onde é possível operar, pois o eu verdadeiro é encontrado. Mutilado, é verdade, clivado, fragmentado, mas podemos ainda ali recolher as *sobras de substâncias* de que fala Mia Couto, na epígrafe da introdução deste livro, *porque de um explodido sempre resta alguma sobra de substância.*

Assim, aceitamos a hipótese de Benedetti, segundo a qual

> [...] certos fenômenos psicopatológicos, como alucinações e delírios, podem se transformar durante o processo analítico [...] e adquirir uma nova dinâmica que se coloca a serviço da restauração do eu, mesmo se a síndrome continua formalmente psicopatológica.[377]

---

376 "Operações mentais que o analista deve 'fazer' e não 'dizer': isso quer dizer que o analista deve ativar sua própria função α, ele deve transformar os elementos β em α e deve, sobretudo, passar ao paciente, dia após dia, o método que permite esta transformação (In: FERRO, A. *Reverie: problemas de teoria e prática. As reveries do psicanalista na sessão*).

"*Debate sem fronteiras*" no site da Sociedade Psicanalítica de Paris. A discussão foi trazida até nós, por iniciativa do Fórum Internet da SPB. Os textos originais em francês poderão ser encontrados no site da SPB (http://www.spbsb.org.br/forum2/forum.htm), último acesso em 17 de julho de 2010.

377 "BENEDETTI, G. "La psychopathologie comme vecteur de progress thérapeutique". In: *La mort dans l'âme. Psychothérapie de la schizophrénie: existence et transfert*, pp.249-251.

conversando com as referências de Antonino Ferro

Encontro na obra de Antonino Ferro o modo como consigo operar a partir do sonho manifesto, que é a imagem colocada na tela. Retornamos, então, ao início do capítulo, com as observações feitas por Milner a respeito do manifesto, sobre *os vazios indiferenciados dos sonhos* e como esse manifesto, no caso dos pacientes difíceis, torna-se o caminho que pode nos levar mais além. Esse caminho de respeito ao manifesto encontra-se diretamente conectado com a necessidade de não superarmos o limiar de tolerabilidade à dor, como nos ensina Ferro.[378] Caso isso aconteça, a brecha tão difícil de ser encontrada tende a se fechar.

Bion, citado por Ferro,[379] *afirma que o sonho parece ter na vida mental um papel semelhante ao dos processos digestivos.*

A sensorialidade e os conteúdos primitivos infantis, quando depositados na mãe, têm necessidade de um acolhimento, de uma transformação que inclua também o método, de como esses elementos desconhecidos podem vir a ser transformados em elementos figuráveis.

Essa função materna, a *rêverie*, chamada de função α, tem, pois, a potencialidade de inserir o movimento de transformação da sensorialidade, chamada de elementos β em elementos α, que são as imagens visuais, os chamados pictogramas emocionais. Então, tudo o que fazia pressão enquanto sensorialidade, no dizer de Ferro,[380] pode encontrar uma figurabilidade. Essa figurabilidade tem um potencial de tornar pensáveis esses conteúdos

---

378 FERRO, A. "Transformações em sonho e personagens no campo analítico". In: *Revista Brasileira de Psicanálise.* Vol.43, n.2, pp.89-107.

379 FERRO, A. *Fatores de Doença, Fatores de Cura*, p.93.

380 FERRO, A. *Reverie: problemas de teoria e prática. As reveries do psicanalista na sessão, passim.*

por meio dos derivados narrativos. Os derivados narrativos são as narrações que se tecem a partir dos pictogramas e *podem estar muito próximos em relação à sequência* de pictogramas emocionais ou *podem ir se afastando progressivamente* [...]. Como um exemplo de narração próxima, tecida a partir de um pictograma, temos a imagem apresentada a seguir, desenvolvida por uma paciente que se encontrava em uma depressão pós-parto.

Ao olhar a imagem (Figura 28), ela disse: *nossa, pensei que desenhava um barco e só agora vejo que é um carrinho de nenê no meio de uma tempestade!*

Figura 28

Tema de pesquisa de quatro renomados psicanalistas - Antonino FERRO, César BOTELLA, Michael PARSONS e Thomas OGDEN - reunidos em "Debate sem fronteiras" no site da Sociedade Psicanalítica de Paris. A discussão foi trazida até nós, por iniciativa do Fórum Internet da SPB. Os textos originais em francês poderão ser encontrados no site da SPB (http://www.spbsb.org.br/forum2/forum.htm), acesso em 17 de julho de 2010.

As imagens que se seguem pertencem a outra série de derivados narrativos, os que se tecem a partir dos pictogramas e que, por meio de um encadeamento, podem ir se afastando progressivamente...

A partir de uma leitura que fiz de uma fábula de Florian, intitulada *A fábula e a verdade*,[381] essa paciente pintou a verdade, simbolizada pela Figura 29.

A verdade era simbolizada pela máscara verde abaixo do barco. Disse-me não suportá-la. Então perguntei-lhe: *O que você pode fazer então?* Ela colocou um véu sobre ela e fez uma ponte...

Pintou em seguida o barco e o amarelo logo acima (estamos ainda na Figura 29). Ponderou que não suportava aquele amarelo tão vazio... Começou a preenchê-lo com bolinhas (Figura 30). Tinha muita necessidade disso. Pedi-lhe que representasse esse vazio...

Fez, então, três cenas sobrepostas (Figura 31), à maneira de uma tela cinematográfica em movimento, quase que instantaneamente: ela dormindo e sonhando na cama... depois casas e fogo queimando... era um seu delírio, que pôde enfim me apresentar, *o de ver sua casa na guerra, queimando no Iraque...* Sobrou apenas a última cena, que pode ser vista representada pela figura vermelha, respingada, ao centro (p.296).

Ferro nos alerta sobre a importância de valorizarmos e acolhermos também o manifesto desses derivados narrativos, mesmo que completamente distorcidos.[382]

É que, mesmo muito afastados da sequência dos pictogramas iniciais, podem nos levar para além do manifesto, em direção ao "*conhecível*", por meio de uma *reaproximação sucessiva* à sequência original, a partir da trama tecida entre os protagonistas (paciente e analista).

---

381 In: FINGERMANN, S. *Fragmentos de um Dia Extenso.*

382 FERRO. A. *Fatores de Doença, Fatores de Cura*, pp.38-39.

Figura 29

Figura 30

Figura 31

Essa trama vai, segundo o autor, desde simples *fiapos narrativos* (muitas vezes no início é só o que temos) *até as tramas definitivas* [...].[383]

---

[383] *Op.Cit.*, p.30.

Antes de passarmos para a compreensão das patologias, gostaria de me deter em um tipo que nos interessa de modo específico, pois trata-se de patologias originadas de um trauma.

Essas patologias teriam como origem, em virtude de situações traumáticas, uma quantidade maior de estimulações sensoriais ou de elementos β, que ultrapassariam a capacidade da função α de transformá-las e torná-las pensáveis. Poderíamos fazer aproximação com as ideias do casal Botella[384] sobre o trauma, que o compreendem como a *incapacidade de tornar psíquico um estado que, devido a essa própria incapacidade, torna-se excedente de energia.*

Ferro[385] esclarece que, quando há um excesso de elementos β em relação à quantidade possível de ser metabolizada, é que surgem os mecanismos de defesa. O excesso desses elementos, *os fatos não digeridos*, fica aguardando sua metabolização por meio do trabalho de significação ou ressignificação do analista.

Mas, no caso de pacientes difíceis, é necessário que se faça um trabalho anterior, que seja relacionado com as respectivas carências: pode haver uma função alfa adequada, porém é possível que haja uma impossibilidade de administração posterior por ausência de lugar onde colocá-la e do modo como utilizá-la. Ou ainda, pode haver *uma deficiência [...] da função alfa*, e, então, conforme Ferro, *será preciso refazer, ou fazer pela primeira vez, aquele trabalho* β→α, de modo que elementos β possam ser transformados em elementos α e possa também ser introjetado o modo de fazê-lo.[386]

---

384 Remeto o leitor à página 248 do texto.

385 FERRO, A. *Fatores de Doença, Fatores de Cura*, pp.32-33.

386 Op.Cit., p.33.

Para uma melhor compreensão da utilização da técnica como referência em meu trabalho, reproduzo o Quadro 1, esquema simplificado desse modelo de aparelho psíquico, feito pelo próprio Ferro, em um texto intitulado *Rêverie: problemas de teoria e prática. As rêveries do psicanalista na sessão*, tema de pesquisa efetuada com Botella, Ogden e Parsons.[387]

Quadro 1

ESTIMULAÇÕES EXTERO--PROPRIOCEPTIVAS SENSORIALIDADE	FUNÇÃO DIGESTIVA-IMAGINO--POÉTICA DO APARELHO PSÍQUICO	CAPACIDADE DE TESSITURA NARRATIVA DO APARELHO PSÍQUICO
	PICTOGRAMAS	
a	b	c

Na coluna "a" do Quadro 1, Ferro coloca tudo o que tem acesso à nossa mente, toda a sensorialidade que ainda não foi digerida, que são "*os fatos não digeridos*" de Bion, à espera de metabolização. Corresponde aos estados protoemocionais, os que fazem pressão no aparelho psíquico.[388]

Na coluna "b", está a função de metabolização do aparelho psíquico, onde uma imagem é capaz de trazer o que ainda não era figurável (irrepresentável), dando forma ao que fazia pressão: são os chamados *pictogramas, a substância visual do que fazia pressão*. Ferro faz aqui também uma referência ao trabalho do casal Botella, quando compara o pictograma a algo *facilmente utilizável como tijolo elementar do pensamento*.[389]

387 FERRO, A. *Reverie: problemas de teoria e prática. As reveries do psicanalista na sessão, passim.*

388 *Op.Cit.*, p.3.

389 *Op.Cit.*, p.3.

Os pensamentos são "derivados narrativos" do elemento α.[390] Ferro opta por essa expansão referente ao desenvolvimento narrativo, ao invés da interpretação com função decodificadora.[391]

Na coluna "c", consta a capacidade de construir a narrativa aproximadamente condizente com os pictogramas. O Quadro 2 apresenta uma adaptação do esquema anterior ao *léxico de Bion*.

Quadro 2

ELEMENTOS BETA	FUNÇÃO ALFA ELEMENTOS ALFA	CONTINENTE – CONTEÚDO PS→D CN→FS
a	b	c

Na coluna "a" do Quadro 2, estão os elementos β, as protoemoções e as protossensações, *fontes de toda transformação (...)*. Sua evacuação pede um acolhimento por parte de um aparelho psíquico que seja capaz de metabolizá-los – *transformá-los e devolvê-los elaborados*, juntamente com o método –,[392] para que possam se transformar em imagens visuais portadoras de sentido, por meio da função α.[393]

---

390 FERRO, A. *Na sala de análise: emoções, relatos, transformações*, p.110.

391 *Ibidem*, p.101.

392 FERRO, A. In: *Fatores de Doença, Fatores de Cura*, p.94.

393 FERRO, A. *Reverie: problemas de teoria e prática. As reveries do psicanalista na sessão*. Tema de pesquisa de quatro renomados psicanalistas - Antonino FERRO, César BOTELLA, Michael PARSONS e Thomas OGDEN - reunidos em "Debate sem fronteiras" no site da Sociedade Psicanalítica de Paris. A discussão foi trazida até nós, por iniciativa do Fórum Internet da SPB. Os textos originais em

Na coluna "b", está a função α, *a origem da matriz visual do pensamento*, que tem por finalidade *transformar os elementos β não representáveis e não figuráveis em imagens visuais*, ou em *pictogramas emocionais*, que darão forma e figurabilidade aos elementos β, os elementos sensoriais que faziam pressão até encontrarem a possibilidade de metabolização, por meio dos elementos α.[394] Ferro esclarece que

> [...] o aparelho psíquico da pessoa que opera essas transformações não transforma somente o caos proto-sensorial e protoemocional em uma figuração emocional dotada de sentido, mas, graças à repetição contínua dessa operação, ela transmite também 'o método' para fazê-lo. (Bion, 1962, 1963, 1965, 1987).[395]

Na coluna "c", encontramos o continente, que é o lugar que tem *a capacidade de conter as emoções e permitir o desenvolvimento de α*. Estamos aqui nos defrontando com as "ferramentas do pensar", como a possibilidade de *oscilação entre PS (posição esquizoparanoide/níveis mais fragmentados) e D (posição depressiva/níveis mais compactos de emoções e pensamentos)*. Por CN (capacidade negativa)[396] e FS (fato sele-

---

francês poderão ser encontrados no site da SPB (http://www.spbsb.org.br/forum2/forum.htm), acesso em 15 de julho de 2010.

394 *Op.Cit.,* pp.3-4.

395 FERRO, A. (2007). "Implications cliniques de la pensée de Bion". In: Guignard F. et Bokanowski. *Actualité de la pensée de Bion,* p.35.

396 "Capacidade negativa", de acordo com Bion, é a possibilidade de escutar, em um estado mental de dúvida não persecutória, até que se estruture um sentido imprevisto e novo (In: *Fatores de Doença, Fatores de Cura,* p.126).

cionado), entendemos, sempre de acordo com o autor, *a não saturação ou a definição exaustiva de pensamentos e emoções*.[397] Aqui, é importante que o analista tolere a dúvida e a imprevisibilidade. O fato selecionado comporta a renúncia *ao que não é*, ou seja, às demais expansões existentes em PS, e surge derivado de uma emoção que aponta claramente em sua direção.[398]

No próximo esquema (Quadro 3), Ferro acrescenta os fatores de cura que estão relacionados a cada coluna da tabela.

Por exemplo, se a patologia tem como causa única uma quantidade tal de *fatos não digeridos*, que superou a capacidade de ser metabolizada e transformada em emoções ou pensamentos pelo aparelho psíquico, a ferramenta terapêutica principal é a interpretação.[399]

---

397 FERRO, A. *Reverie: problemas de teoria e prática. As reveries do psicanalista na sessão*. Tema de pesquisa de quatro renomados psicanalistas - Antonino FERRO, César BOTELLA, Michael PARSONS e Thomas OGDEN - reunidos em "Debate sem fronteiras" no site da Sociedade Psicanalítica de Paris. A discussão foi trazida até nós, por iniciativa do Fórum Internet da SPB. Os textos originais em francês poderão ser encontrados no site da SPB (http://www.spbsb.org.br/forum2/forum.htm), acesso em 15 de julho de 2010.

398 FERRO, A. *Na sala de análise: emoções, relatos, transformações*, p.115.

399 FERRO, A. *Reverie: problemas de teoria e prática. As reveries do psicanalista na sessão, passim*. Tema de pesquisa de quatro renomados psicanalistas - Antonino FERRO, César BOTELLA, Michael PARSONS e Thomas OGDEN - reunidos em "Debate sem fronteiras", p.4, no site da Sociedade Psicanalítica de Paris. A discussão foi trazida até nós, por iniciativa do Fórum Internet da SPB. Os textos originais em francês poderão ser encontrados no site da SPB (http://www.spbsb.org.br/forum2/forum.htm), acesso em 15 de julho de 2010.

Quadro 3

INTERPRETAÇÃO	OPERAÇÕES DE RÊVERIE	UNÍSSONO DESENVOLVIMENTO DO CONTINENTE
a	b	c

Caso haja uma carência da função α – *incapacidade de transformar elementos β em α, com evacuações de elementos β, como patologias alucinatórias etc.* –,[400] como acontece nos casos mais graves, e aqui estamos já na coluna "b", nosso principal instrumento terapêutico será a "capacidade de *rêverie* do analista, que consiste, de acordo com Ferro:

> [...] em operações mentais que o analista deve 'fazer' e não 'dizer': isto quer dizer que o analista deve ativar sua própria função α, ele deve transformar os elementos β em α e deve sobretudo passar ao paciente, dia a dia, o método que permite esta transformação.[401]

[400] FERRO, A. *Na sala de análise: emoções, relatos, transformações*, p.111.

[401] FERRO, A. *Reverie: problemas de teoria e prática. As reveries do psicanalista na sessão*. Tema de pesquisa de quatro renomados psicanalistas - Antonino FERRO, César BOTELLA, Michael PARSONS e Thomas OGDEN - reunidos em "Debate sem fronteiras", p.4., no site da Sociedade Psicanalítica de Paris. A discussão foi trazida até nós, por iniciativa do Fórum Internet da SPB. Os textos originais em francês poderão ser encontrados no site da SPB (http://www.spbsb.org.br/forum2/forum.htm), acesso em 15 de julho de 2010.

Muitas vezes o elemento α está formado, porém ainda não dispõe de um aparelho para pensar os pensamentos [...] consiste na incapacidade de manejar [...][402], o que seria semelhante ao trabalho de um diretor criativo a quem cabe selecionar, reorganizar, entre milhares de fotogramas, aqueles necessários para a montagem de um filme.

Se a patologia estiver então relacionada com a coluna "c", a função terapêutica do analista será a de "estar em uníssono" com o paciente, a fim de que se possa desenvolver o continente, além da capacidade de luto e da criatividade do analista, que deve ser capaz de oscilar entre as posições esquizoparanoide e depressiva, entre a sua capacidade negativa e o fato selecionado. Isso permite ao analista visitar a precariedade dos *aspectos mais regredidos* e modular sua presença junto a esses estados mais fragmentados do paciente, além de saber esperar, de modo a *captar* as verdadeiras *angústias* e as emoções da narração.[403] O desenvolvimento do continente se faz, de acordo com o autor, por adição de "fios" que representam as emoções que podem ser recolhidas por meio de repetidas experiências de "estar em uníssono".[404]

A consequência disso, segundo o autor, é uma alteração da técnica clássica, pois outras serão nossas ferramentas: aqui vão importar "[...] a receptividade do analista, as transformações que ele faz, sua tolerância

---

402 FERRO, A. *Na sala de análise: emoções, relatos, transformações*, p.111.

403 Entrevista com Antonino Ferro. Entrevista concedida à SPPA em 20/7/2010. Disponível em: www.sppa.org.br/entrevista.php?id_entrevista=5, acesso em 15 de julho de 2010.

404 FERRO, A. In: *Fatores de Doença, Fatores de Cura*, p.114.

com relação à dúvida (as interpretações não saturadas e as interpretações narrativas), que se tornam a chave terapêutica [...].[405]

A seguir, gostaria de poder fazer algumas considerações mais implicadas entre o desenvolvimento clínico do caso apresentado neste estudo e os referenciais teóricos com os quais me identifico.

Trago em pequenos quadros, tal qual um filme, cujas cenas vão se sucedendo, um breve histórico do caso relatado neste livro, com a função de mostrar como foi se dando o processo de simbolização e a importância dos *pictogramas emocionais* no desenvolvimento do caso: ao se fazerem representar, puderam me dizer o quanto foi necessário o respeito *aparente*[406] ao texto manifesto, em virtude do limite de tolerabilidade à dor, e, assim, ensinar-me também a suportar a espera e a dúvida por muito tempo (CN),[407] até que a confiança pudesse ser instaurada e permitisse uma regressão à dependência.

Para que os elementos β pudessem ser metabolizados, houve necessidade de uma modulação interpretativa específica, como poder iluminar com uma *pequena chama*[408], alguns aspectos, de modo a incitar o movimento, poder vivenciar o que acontecia estando com o paciente e adicionar algum comentário significativo, reconhecendo sempre as emoções presentes na cena e da sessão, além de respeitar o tempo da cena, como o tempo do *aprisionado* infantil.

---

405 FERRO, A. *Reverie: problemas de teoria e prática. As reveries do psicanalista na sessão.* p.5.

406 Digo aparente porque é graças ao texto manifesto que, no caso de pacientes difíceis, podemos ir mais além.

407 Referência ao conceito de capacidade negativa de Bion.

408 Remeto o leitor à página 288 do livro.

Falar com ele, e não sobre ele, foi uma técnica fundamental para instaurar o movimento, ampará-lo e dotar de sentido o que não podia ser representado, até que se fizessem possíveis as chamadas *transformações narrativas*, que *passam a habitar*, segundo Ferro, *o mundo interno do paciente [...], resultado* [do analista] *de poder assumir para si as identificações projetivas do paciente*.[409]

Kupermann esclarece que

> Falar "com" implica, portanto, o estabelecimento de um espaço de jogo para o qual influem não apenas o "conteúdo" do que é dito, mas também o tom de voz, o ritmo da fala bem como a gestualidade que a acompanha, os silêncios e os risos, o que exige do psicanalista o pleno exercício da sua sensibilidade. [...] A marca da delicadeza proposta por Ferenczi à clínica psicanalítica reside assim, no alerta para que o abandono traumático sofrido pelo analisando não se reproduza na experiência transferencial.
>
> Justamente, a figura mais cruel do abandono constatada ao longo da história da psicanálise é a da insensibilidade do psicanalista – isto é, a recusa dos seus próprios afetos e do modo como é afetado e como pode afetar seu analisando.

---

409 Entrevista com Antonino FERRO. Entrevista concedida à SPPA em 20/7/2010. Disponível em: www.sppa.org.br/entrevista.php?id_entrevista=5, acesso em 15 de julho de 2010.

Diante de um analista insensível, só restará ao analisando o descrédito em relação à sua dor, configurando, através de uma espécie de anestesia mortífera, o derradeiro abandono-de-si.[410]

Retomando, por exemplo, a primeira imagem do caso trazida por Taylor,[411] encontramos uma pobreza narrativa (de imagens) e uma estagnação que nos remetem a um encapsulamento autístico. (Lembremos que originalmente não havia nem a porta nem a janela.)[412]

Figuras 1, 2 e 3 do texto.

Entretanto, posso entender a repetição dessas imagens (em número muito maior, aqui representadas por apenas quatro, incluindo a primeira do esquema seguinte), referentes ao menino aprisionado, o *escravo-prisioneiro*, nome dado a esse personagem pelo paciente, como uma procura de insistência de vida, não obstante "escute" das imagens aí também uma

---

410 KUPERMANN, D. *Presença sensível: cuidado e criação na clínica psicanalítica*, p.121.
411 Nome fictício de um personagem de filme com o qual ele (paciente) se identificou e escolheu para a narração do caso.
412 Remeto o leitor à página 97 do livro.

porção de ataque aos afetos primários. *É a repetição como insistência, nas palavras de Figueiredo, [...] na procura de um objeto vivo e saudável na restauração dos objetos danificados ou mortos.*[413] Eu o via diante de algo intolerável, em uma postura de quase morte, encolhendo-se em um canto em que mantinha *uma relação especial com a realidade, nem totalmente aceita nem totalmente negada.*[414]

A metabolização dessas protoemoções pela função *alfa* foi capaz de metabolizar o que pressionava ao longo do tempo, através de operações de *rêverie* do analista, *operações que o analista deve fazer, e não dizer.* Com o desenvolvimento da sua capacidade da função alfa, o que pressionava pôde ser transformado em imagens visuais, mas necessitava também de um lugar capaz de conter essas emoções. A vivência em *uníssono* com a posição delirante, com o *teatro afetivo*, possibilitou o desenvolvimento do *continente*,[415] que pressupõe outra postura do analista, como [...] a sua permeabilidade, acolhimento ao conteúdo do paciente, as suas

---

413 FIGUEIREDO, L.C. "Transferência, contratransferência e outras coisinhas mais, ou a chamada pulsão de morte". In: *Psicanálise: elementos para a clínica contemporânea*, p.153.

414 STEINER, J. *Refúgios psíquicos: organizações patológicas em pacientes psicóticos, neuróticos e fronteiriços*, p.18.

415 FERRO, A. *Reverie: problemas de teoria e prática. As reveries do psicanalista na sessão*, p.4. Tema de pesquisa de quatro renomados psicanalistas - Antonino FERRO, César BOTELLA, Michael PARSONS e Thomas OGDEN - reunidos em "Debate sem fronteiras" no site da Sociedade Psicanalítica de Paris. A discussão foi trazida até nós, por iniciativa do Fórum Internet da SPB. Os textos originais em francês poderão ser encontrados no site da SPB (http://www.spbsb.org.br/forum2/forum.htm), acesso em 17 de julho de 2010.

transformações (...) sua tolerância com relação à dúvida (as interpretações não saturadas e as interpretações narrativas) [...]".[416]

As coisas, então, puderam lentamente ir se movimentando, como se depreende dos elos abertos da segunda figura seguinte[417] (em que se vê um menino espiando da janela), não obstante aqui ele ainda se mantivesse passivo, só olhando as crianças brincarem... E da cena verde, em que o corpo da mãe se encontra à esquerda, saindo do quadro... (Figura 4).

Figuras: (A) Figura 4, (B) não elencada no livro.

A aceitação de seus personagens, que foram surgindo como possibilidade de se encontrar em suas partes cindidas, foi possibilitando, por meio da função alfa, que se reconhecesse, descolando-se de aspectos cruéis, relativos à *identificação com o agressor*, ocorrida em virtude do abuso sofrido. Pode então se deparar com o ódio da mãe e matá-la em cena, nas duas figuras (Figuras 5 e 6) aqui representadas pelo coração furado da mãe e pela representação do personagem da banda Pink Floyd, onde une a figura do personagem (cruz esvaída de sangue, montanha e buraco negro) à

---

416 *Op.Cit.*, p.5.

417 Esta figura não foi elencada no texto.

sua mão carimbada de tinta, que atua na tela como assassina, o que sinto ao vê-lo lavando as mãos de tinta vermelha, em estado alterado.

Figuras 5 e 6 do Capítulo 3

Essas figuras puderam ser recebidas até encontrarem na mente, depois de metabolizadas as suas razões, um lugar adequado. A partir da apropriação desse ódio, outras imagens são trazidas (Figuras 7, 9 e 10), que refletem possíveis transformações: a transformação de uma casa morta (era uma casa pintada por outro paciente simbolizada apenas por uma mancha verde), a transformação da palavra deficiente em eficiente, o lenço da avó, lembrada em um texto escrito por ele (p.126-127) como a *mãe boa*, o que reflete também a atualidade da situação relacional, a criação de um objeto subjetivo, *a mãe suficientemente boa*, representada por mim.

Figuras 7, 9 e 10

Torna-se, então, capaz de, no esquema seguinte, trazer uma imagem de vida, representada pelo renascimento da árvore morta, seguida de uma imagem de reparação, em que a garrafa do mar traz a possibilidade de perdão da mãe, e outra em que tira a máscara, como o reconhecimento de suas defesas, ao dizer que foi com ela que sobreviveu o período em que esteve no quarto. Começa a dar corpo às suas emoções por meio de vários textos escritos durante as sessões e transcritos, em seu inteiro teor, no relato de caso.

Figura 11, 14 e 12

Na próxima série de figuras, o encadeamento dos pictogramas e de seus derivados narrativos vai proporcionar um conteúdo que revela uma integração, como o armário rosa, que simboliza, segundo ele, a mala de sua história. Ferro relata, em uma metáfora, o que aqui foi pintado:

> [...] quando não forçados, "as gavetas e os armários" tendem a abrir-se sozinhos diante do hóspede discreto, e o que sairá deles será certamente uma função da história e do mundo fantasmático do paciente, mas também da qualidade do olhar do analista.[418]

---

[418] FERRO, A. *Na sala de Análise*, p.65.

Nas figuras apresentadas a seguir (16, 15 e 17), nota-se também (na Figura 16) a quantidade de prateleiras de cobertores, à direita, que remetem à fragilidade do invólucro psíquico.[419] A figura do meio traz um conteúdo polêmico discutido no texto nas p.129-130, mas também induz a uma regressão (Figura 15), que remete à divisão celular, pois, segundo ele, lembra-lhe *gêmeos* (ele tem uma irmã gêmea). A amarela trouxe-lhe uma lembrança boa do trabalho (caixote da laranjas, representando o tempo em que almoçava com o chefe, no Ceasa).

Figuras 16, 15 e 17

Nas próximas figuras (19 e 20), a da esquerda representa a imagem do *homem sem cara porque vestido de mulher*.[420] Traz também a representação de uma foice contra si mesmo (objeto sempre presente no quarto), como destruidora do rosto, e hoje posso ver aí a *identificação com o agressor*, em virtude do abuso. Os braços encontram-se convertidos em armas.

Essa figura híbrida, metade homem, metade mulher, pode ser pensada, hoje, por mim, como duas possibilidades: a primeira como identificação com a mãe, em sua relação simbiótica, acrescentada da identificação

---

419 Remeto o leitor à página 134 do texto.

420 Remeto o leitor às páginas 143 a 145 do livro.

com o agressor, simbolizada pela autodestruição; a segunda como um protossímbolo, talvez anterior à identidade sexual, que surge, quem sabe, como uma impossibilidade de apropriação do *self*.

A figura da direita nos leva diretamente ao abuso, porque representa (o que foi dito bem mais tarde) os seios grandes da Margarida,[421] figura que simbolizava uma "amiga" da mãe, na relação de abuso.

Figuras 19 e 20

Depois dessas imagens, o paciente começa a ser capaz de simbolizar, construir suas narrativas e de sonhar. Embora o *"pensamento onírico do estado de vigília"* consista num trabalho contínuo de metabolização da função α sobre a protossensorialidade, não podemos conhecer inteiramente os pictogramas (imagens visuais) senão através de uma aproximação, que são os derivados narrativos. Penso que a pintura também favoreça essa aproximação com as imagens. A transformação, pois, ocorre favorecendo a narração.[422]

---

421 Remeto o leitor às páginas 147-148 do livro.
422 FERRO, A. "Transformações em sonho e personagens no campo analítico". In: *Revista Brasileira de Psicanálise*. Vol.43, n.2, 2009, pp.89-107.

A importância disso, de acordo com Ferro, "é que a psicanálise pode ser o método que permite diluir as emoções em narrativas e criar narrativas que dão corpo às emoções e as tornam visíveis".[423]

Minha intenção, neste capítulo, foi, por meio de alguns recortes, poder explorar e ilustrar alguns aspectos relativos ao penoso trabalho de simbolização, na instituição ou fora dela. Aqui, são de suma importância as qualidades negativas de *não perseguição, não intrusão, não decodificação, ou seja, sua tolerância em relação à dúvida.*[424]

Isso significa que o analista, ao desenvolver sua capacidade de estar em uníssono com o paciente, tem que aprender a esperar os seus movimentos, não se colocando antes dele, mas apenas no momento justo. Inclui também poder fazer dele *parte ativa* do processo psicanalítico, como nos lembra Ferro, e *não somente sob exame*, o que lhe permite sentir as descobertas a seu tempo, e não antecipadas pelo analista.[425]

As transformações que podemos gerar vão depender, portanto, de nossa qualidade de escuta, de nosso respeito ao tempo do paciente e da consequente habilidade em tecermos imagens por meio de *interpretações*

---

423 FERRO, A. *Reverie: problemas de teoria e prática. As reveries do psicanalista na sessão.* Tema de pesquisa de quatro psicanalistas - Antonino FERRO, César BOTELLA, Michael PARSONS e Thomas OGDEN - reunidos em "Debate sem fronteiras" no site da Sociedade Psicanalítica de Paris. A discussão foi trazida até nós, por iniciativa do Fórum Internet da SPB. Os textos originais em francês poderão ser encontrados no site da SPB (http://www.spbsb.org.br/forum2/forum.htm), acesso em 17 de julho de 2010.

424 FERRO, A. *Na sala de Análise*, p.65.

425 *Op.Cit.*, p.162.

narrativas e não saturadas, o que pode propiciar a ativação do campo e nos conduzir a resultados inesperados.[426]

Penso que, na realidade, essas transformações surpreendentemente ocorrem, mas, para isso, temos que respeitar as defesas do paciente (o que inclui participarmos de sua lógica) e fazer delas nossa porta de entrada. Nesse sentido, cito as palavras de Ferro, incluindo o pensamento de Rocha Barros:

> Considero agora mais vivo, mais criativo, mais útil ao paciente, acompanhar o seu relato, favorecendo-o e apaixonando-me pelo mesmo; consciente de que existe também um outro nível da fala e que será preciso muito tempo e muito caminho antes que os dois níveis possam coincidir e que se possa construir uma nova língua original comum a ambos, sem colonização emocional ou lingüística de nenhum dos dois.[427]

Ao podermos nos fazer acompanhar do afeto nesse teatro vivo que nos espera ao trabalharmos com pacientes difíceis, vamos ter que, no início, pacientemente, *ecoar os estados internos do bebê*,[428] sendo a plateia que não sai de cena: seletiva, crítica, interessada, interativa, ou talvez, quem sabe, até mesmo uma figura de "ponto" (a que lembra ou traz falas ausentes), esperando sempre uma chance de entrar em cena, para poder ali substituir alguém ou representar as emoções clivadas da criança.

---

426 *Op.Cit.*, p.65.

427 *Op.Cit.*, p.66.

428 ROUSSILLON, R. "A função limite da psique e a representância". In: *Revista de Psicanálise da SPPA*, v.14, n.2, p.269.

O analista tem que se apresentar, a meu ver, em duas vertentes, e como esclarece Roussillon:

> [...] escolher a interpretação dos movimentos de transferência segundo o modo de deslocamento – o analista interpreta que personagem parental da história do sujeito ele chega a representar – ou, ao contrário, segundo um modo de inversão – o próprio analista é posto no lugar da criança que foi o analisando – quando os dois modos existem, mas clivados. [...] Neste caso, o inconsciente não remete ao que foi percebido e recalcado, mas àquilo que não conseguiu encontrar lugar subjetivo para se inscrever. O analisando não vem simplesmente fazer com que seja reconhecido aquilo que, dele, permaneceu letra morta em sua história, vem também fazer com que seja ouvido, visto ou sentido aquilo que não pôde se realizar, convida o analista para ser o espelho daquilo que foi negativado em sua história: o espelho do negativo de sua vida psíquica. Vem fazer com que seja compartilhado e refletido aquilo que está à espera de apropriação subjetiva e fica negativado, por não o ter sido historicamente.[429]

Será então essa qualidade da presença do terapeuta, a responsável, *não por um eco, mas por um rosto*, que corresponde ao conceito de *inversão positiva* de Benedetti,[430] que, aqui, vai se tornar necessária. Fazer germinar o tempo de gestação subjetiva corresponde ao ato de conferir imagens

429 *Op.Cit.*, pp.268-269.
430 Ver páginas 244 e 245 do livro.

vivas onde elas não puderam viver, ou seja, nas áreas de *não existência*, ainda conforme Benedetti, que *são o ponto nuclear da psicose.*

O meio talvez seja emprestar nossos corpos como moradas vivas, até que possam se apropriar de sua história e se descolar de nós, já interessados na peça, quando as cortinas puderem, enfim, começar a se abrir.

Essa oficina de atores, entretanto, vai depender da construção do vínculo e da confiabilidade para que pacientes regredidos, *próximos a reviver situações de sonho e de memória*, como nos diz Winnicott,[431] possam chegar à atuação do sonho: dependemos, assim, dessa *rendição ao outro*,[432] para que essa regressão aconteça e forneça, então, esse ponto de partida, chamado por Winnicott de *lugar*, a partir de onde se pode, enfim, operar.[433] Só então, seremos recebidos como coprotagonistas convidados realmente a fazer parte do drama, até que o roteiro possa se desenrolar sozinho. Muitas vezes, não será possível, nos casos de psicose, que os atores se desprendam totalmente de seus auxiliares de cena.

Mas terão se tornado autores e serão eles, já, a escrever seus roteiros e a dirigir seus dramas, o que nos confere, no caso, a alegria de ter-lhes incutido o sabor pela vida. E eu completaria com as palavras de Benedetti:

> Entrar na patologia do paciente para nela construir áreas de dualidade, inícios de troca com o paciente, é no fundo um dos

---

431 WINNICOTT, D.W. "Aspectos Clínicos e Metapsicológicos da Regressão no Contexto Analítico" (1954). In: *Da Pediatria à Psicanálise: obras escolhidas*, p.385.
432 FIGUEIREDO, L.C. "A tradição ferencziana de Donald Winnicott. Apontamentos sobre regressão e regressão terapêutica". In: *Revista Brasileira de Psicanálise*, vol. 36, n.4, 2002, pp.909-927.
433 *Op.Cit.*, p.388.

maiores segredos da arte psicoterapêutica. Nenhum manual, nenhuma regra, nenhuma técnica pode ensinar ao terapeuta como proceder nessas áreas de delírio, são sempre os fantasmas inconscientes do terapeuta que permitem que se diga a palavra decisiva.[434]

434 FAUGERAS, P. Postface: Traduire Benedetti. In: *Autour de Gaetano Benedetti, Une nouvelle approche des psychoses*, p.204. (Texto retirado do prefácio do livro de Gaetano Benedetti, *Le sujet emprunté. Le vécu psychotique du patient et du thérapeute*).

Considerações finais

> *"Que estranha cena descreves e que estranhos prisioneiros.*
> *São iguais a nós"*[432]

Para finalizar, utilizo a imagem da caverna de Platão, que comparo a uma metáfora do refúgio psíquico, revisitada por Saramago (2000), e, aqui, re-criada como uma zona de sobreposição a este trabalho, com a exploração da vida dos simulacros. Podemos ver esses estranhos prisioneiros no personagem do caso clínico relatado neste estudo, o *escravo prisioneiro*, acorrentado, preso a uma imagem gerada pela sombra na parede, na ausência de espelho humano...

Os *bonequinhos de barro*, de Saramago, nos lembram a incansável busca pela criação de si mesmo, as várias fornadas do eu, o processo de imitação do humano a que não teve acesso, a não ser pela via das sombras. Tateando aqui e ali, modelando a partir do visto, a partir da estranha cena

---

432 Citação da República de PLATÃO, livro VII.

transcrita, em que os prisioneiros se encontram de costas para a entrada, acorrentados, privados do movimento, com o olhar dirigido para a parede do fundo da caverna, onde são projetadas apenas sombras de outros homens, que além do muro, mantêm acesa uma fogueira. Os *bonequinhos de barro*, de Saramago, remetem-me ainda ao *boneco sem cabeça* do sonho da análise do caso clínico, uma metáfora do falso *self*, que, na caverna do autor português, de acordo com Gonçalves,[433] *"tem um nível patético de realidade, o da paródia"*, que, entre outras coisas, *"revela e anula a partir da revelação"*; traz algo do sujeito, como as emoções não reconhecidas, mas que são colocadas fora, ou seja, *apareço mas desapareço* em um personagem, até serem passíveis de integração.

Na caverna, existe ainda uma fresta, por onde passa um feixe de luz exterior, uma brecha de realidade, que comparo aqui à luz da vela que acende o analista, quando tentamos nos aproximar dessas áreas escuras de encapsulamento.

Na presença do personagem da loucura, que vai tomando vulto e conta da cena, na adesão à figura parental doente, aqui simbolizada pela identificação com o agressor, a máscara toma a frente, e sua progressiva retirada vai depender da possibilidade de construção de um tempo ausente, agora partilhado e assistido, de construção do humano. Ou seja, presumo, ainda de acordo com Figueiredo,[434] que *há uma dimensão de vida psíquica, um estágio do processo de constituição do aparelho*

---

433 GONÇALVES, C. S. "Prospecção da Caverna". In: BARONE, L.M.C. (coord.); ARRUDA, P. BARROS, FRAYZE-PEREIRA, SADDI, L., SOUZA FREITAS (orgs.). *A psicanálise e a clínica extensa*. São Paulo: Casa do Psicólogo, 2005.
434 FIGUEIREDO, L. C. "Ruptura de campo em Winnicott". In: L. HERRMANN et al. (org.). *Ruptura de campo: crítica e clínica*, pp.71-83.

mental e, mais propriamente falando, da unidade psicossomática, que periga ficar de fora [...]", caso não se esteja atento a esse processo, que diz respeito "*às necessidades do paciente em termos de dependência infantil*", como esclarece Winnicott.[435]

Assim, ao nos defrontarmos *com esse tipo estranho de caso*, de estranhas cenas e estranhos prisioneiros, temos de nos tornar psicanalistas capazes de ir ao encontro ao preenchimento dessas necessidades. Essa é a importância de paciente e *setting* se fundirem *na situação original de sucesso do narcisismo primário*:[436] um recuo à vida primordial do indivíduo, a uma indiferenciação que concebo tal qual a nota de Figueiredo[437] como a noção de uma "*realidade materna, [...] uma experiência primária com a matéria no sentido preciso do termo (...)* experiências que se façam corpo-matéria antes de se fazerem psíquicas, ou ainda, para poderem se fazer psíquicas". Em suma, o começar de novo implica um processo de transformação que conduz o analista a ocupar o lugar de uma presença que sustente o analisando a tomar posse da vida, ancorando o sentido na criação da possibilidade de se fazer passagens: *que os afetos*

---

435 WINNICOTT, D.W. "Os objetivos do tratamento psicanalítico" (1962). In: *O Ambiente e os Processos de Maturação: estudos sobre a teoria do desenvolvimento emocional*, p.155.

436 WINNICOTT, D.W. Aspectos Clínicos e Metapsicológicos da regressão no Contexto Analítico (1954). In: *Da Pediatria à Psicanálise: obras escolhidas*, pp.374-392.

437 FIGUEIREDO, L. C. Remeto o leitor à nota de rodapé nº 12 do texto "A tradição ferencziana de Donald Winnicott. Apontamentos sobre regressão e regressão terapêutica". In: *Revista Brasileira de Psicanálise*, vol. 36, n.4, pp.909-927.

passem às linguagens, que as linguagens passem aos corpos, que os corpos passem aos afetos, como nos diz Figueiredo.[438]

Essa reunião de partes dissociadas convoca um extremo cuidado por parte do terapeuta, um longo processo de construção na espera, para que se desenvolva esse processo de revelação em imagens, pois, tal como se dá no processo de revelação fotográfica, um *excesso de exposição à luz faz com que o surgimento da imagem sobre o papel seja imediatamente seguido de seu obscurecimento e desaparição,*[439] tendo-se em vista que o papel básico das cisões é o de proteção.

Esse tempo de espera, em que a figura do analista vai iluminando as partes cindidas para que o paciente possa começar a recolhê-las, diz respeito a um processo de integração da vida psíquica alocada fora, ou ainda, do que foi alocado *numa espécie de vida paralela na região do não-ser.*[440] Em um trabalho em que incluo a arte como mola propulsora da experiência conjuntamente com o trabalho analítico, não gostaria de finalizar no plano mental, pois estaria retirando o sentido que lhe foi atribuído: a função da imagem e dos textos imagéticos como metáforas, instrumentos do método.

Assim, após refletirmos sobre a análise modificada, podemos observar que nem só de *manejo* é preenchido esse tempo de sustentação, mas, sobretudo, da presença maciça do analista disposta a uma implicação no

---

438 FIGUEIREDO, L. C. "Modernidade, trauma e dissociação: a questão do sentido hoje". In: *Psicanálise: elementos para a clínica contemporânea,* p.36.

439 ELIOT, citado por FIKER, 2000, In: GONÇALVES, C. S. "Prospecção da Caverna". *A psicanálise e a clínica extensa,* p.95.

440 FIGUEIREDO, L. C. "Modernidade, trauma e dissociação: a questão do sentido hoje". In: *Psicanálise: elementos para a clínica contemporânea,* p.38.

campo imagético dos sintomas e delírios do paciente, o que pode significar uma cooperação inconsciente para que seja possível reconhecer as áreas de morte da psicose. Penso que a qualidade de transformação do analista esteja na possibilidade de poder acolher essa imagem de morte do paciente e a ela agregar a sua própria imagem, devolvendo-lhe, pois, uma terceira imagem, que é a síntese da imagem do paciente acrescentada da imagem viva do analista.[441] Essa identificação do analista com a imagem da dor do paciente que não se recusa a acolher induz ao reconhecimento da disposição de se compartilhar o afeto, o que permite que se criem condições para o advento da autointelegibilidade da vivência da agonia psíquica, a fim de torná-la mais tolerável, no dizer de Roussillon.[442]

E é essa fusão de imagens, dotada de transicionalidade, que é capaz de promover um recuo à vida primordial do indivíduo, constitutiva, porque feita "*no nível fantasmático da primeira infância, onde o self se constitui por meio de imagens concretas e visuais do outro*".[443] Estamos no campo da *realidade materna*, em um tempo de germinação desse sentir no mundo, ou seja, de tomada de posse da vida, por meio "*de uma experiência primária com a matéria*",[444] em que se reconhece a possibilidade de

---

441 BENEDETTI, G. "L'identification du thérapeute avec le patient". In: *La mort dans l'âme, Psychothérapie de la schizophrénie:existence et transfert*. p.231.

442 ROUSSILLON, R. "Agonia e desespero na transferencia paradoxal". In: *Revista de Psicanálise da SPPA*, v.11, n. 1, pp.26-27.

443 BENEDETTI, G. "L'identification du thérapeute avec le patient". In: *La mort dans l'âme, Psychothérapie de la schizophrénie:existence et transfert*, p.232.

444 FIGUEIREDO, L. C. Remeto o leitor à nota de rodapé nº 12 do texto "A tradição ferencziana de Donald Winnicott. Apontamentos sobre regressão e regressão terapêutica." In: *Revista Brasileira de Psicanálise*, vol. 36, n.4, 2002, pp.909-927.

emprestar-se o sujeito,[445] de emprestar-se o corpo, para nascer em companhia do outro, ao se inscrever sentido compartilhado, o que antecede à *compreensão da cabeça*, como nos diz Saramago,[446] em um trecho de *A caverna*:

> *Na verdade, são poucos os que sabem da existência de um pequeno cérebro em cada um dos dedos da mão, algures entre a falange, a falanginha e a falangeta. Aquele outro órgão a que chamamos cérebro, esse com que viemos ao mundo, esse que transportamos dentro do crânio e que nos transporta a nós para que o transportemos a ele, nunca conseguiu produzir senão intenções vagas, gerais, difusas, e sobretudo pouco variadas, acerca do que as mãos e os dedos deverão fazer. Por exemplo, se ao cérebro da cabeça lhe ocorreu a ideia de uma pintura, ou música, ou escultura, ou literatura, ou boneco de barro, o que ele faz é manifestar o desejo e ficar à espera, a ver o que acontece. Só porque despachou uma ordem às mãos e aos dedos, crê, ou finge crer, que isso era tudo quanto se necessitava para que o trabalho, após umas quantas operações executadas pelas extremidades dos braços, aparecesse feito. Nunca teve a curiosidade de se perguntar por que razão o resultado final dessa manipulação, sempre complexa até nas suas mais simples expressões, se assemelha tão pouco ao que havia imaginado antes de dar*

Experiência primária com a matéria, no sentido preciso do termo, o que decorre do radical latino *mater*, segundo o autor.

445 Referência à obra *Le sujet emprunté* de BENEDETTI.

446 SARAMAGO, J. (1922). *A caverna*, pp.82-84.

instruções às mãos. Note-se que, ao nascermos, os dedos ainda não têm cérebros, vão-nos formando pouco a pouco com o passar do tempo e auxílio do que os olhos vêem. O auxílio dos olhos é importante, tanto quanto o auxílio daquilo que por eles é visto. Por isso o que os dedos sempre souberam fazer de melhor foi precisamente revelar o oculto. O que no cérebro possa ser percebido como conhecimento infuso, mágico ou sobrenatural, seja o que for que signifiquem sobrenatural, mágico e infuso, foram os dedos e seus pequenos cérebros que lho ensinaram. Para que o cérebro da cabeça soubesse o que era a pedra, foi preciso primeiro que os dedos a tocassem, lhe sentissem a aspereza, o peso e a densidade, foi preciso que se ferissem nela. Só muito tempo depois o cérebro compreendeu que daquele pedaço de rocha se poderia fazer uma coisa a que chamaria faca e uma coisa a que chamaria ídolo. O cérebro da cabeça andou toda a vida atrasado em relação às mãos, e mesmo nestes tempos, quando nos parece que passou à frente delas, ainda são os dedos que têm de lhe explicar as investigações do tacto, o estremecimento da epiderme ao tocar o barro, a dilaceração aguda do cinzel, a mordedura do ácido na chapa, a vibração subtil de uma folha de papel estendida, a orografia das texturas, o entramado das fibras, o abecedário em relevo do mundo. E as cores. Manda a verdade que se diga que o cérebro é muito menos entendido em cores do que crê. É certo que consegue ver mais ou menos claramente visto o que os olhos lhe mostram, mas as mais das vezes sofre do que poderíamos designar por problemas de orientação sempre que chega a hora de converter em conhecimento o que viu. Graças à inconsciente segurança com que a duração da vida acabou por dotá-lo pronuncia sem hesitar os nomes das cores a que chama elementares e complementárias, mas imediatamente se perde perplexo, duvidoso, quando tenta formar palavras que possam servir de rótulos ou dísticos explicativos de algo que toca o inefável, de algo que roça o indizível, aquela cor ainda de todo não nascida que, com o assentimento, a cumplicidade, e não raro a surpresa dos próprios olhos, as mãos e os dedos vão criando e que provavelmente nunca chegará a receber o seu justo nome. Ou talvez já o tenha mas esse só as mãos o conhecem, porque compuseram a tinta como se estivessem a decompor as partes constituintes de uma nota de música, porque se sujaram na sua cor e guardaram a mancha no interior profundo da derme, porque só com esse saber invisível dos dedos se poderá alguma vez pintar a infinita tela dos sonhos.

Referências bibliográficas

ANDRADE, C. DRUMMOND. Os dias lindos. Rio de Janeiro: Record, 2003.

_____. Antologia Poética. Rio de Janeiro: Record, 2002.

ANDREOLI, L. "Croisements". In: Autour de Gaetano Benedetti. Une nouvelle approche des psychoses. Paris: Éditions CampagnePremiére, 2008.

_____. "L'image du corps, le transfert". Benedetti, Pankov, Matte Blanco. In: Autour de Gaetano Benedetti. Une nouvelle approche des psyhcoses. Éditions CampagnePremiére, 2008.

_____. "Identité négative et positivation dans la théorie de la psychose de Benedetti". In: Autour de Gaetano Benedetti. Une nouvelle approche des psyhcoses. Éditions CampagnePremiére, 2008.

AULAGNIER, P. O intérprete em busca de sentido. Vol. II. São Paulo: Escuta, 1990.

ANZIEU, F. Eu-pele. São Paulo: Escuta, 1989.

BACON, F. Study for three heads. 1962. The Museum of Modern Art (MoMA).

_____. Study for the head of George Dyer. 1967. Private collection.

_____. Self-portrait. 1971. Oil on canvas, Paris, Center Georges Pompidou.

_____. Sun Dune. 1983. Private collection.

BARONE, L.M.C. (coord.). ARRUDA P. BARROS, et al. (orgs.). A psicanálise e a clínica extensa. São Paulo: Casa do Psicólogo, 2005.

BARROS, M. de. Abandono. In: Memórias inventadas: a segunda infância. São Paulo: Ed. Planeta do Brasil, 2006.

BENEDETTI, G. "Psychothérapie de la schizophrénie: existence et transfert". In: La mort dans l'âme: Psychothérapie de la schizophrénie:existence et transfer Editions Erès, 1995.

_____. "L'osmose thérapeute-patient". In: La mort dans l'âme: Psychothérapie de la schizophrénie: existence et transfert. Editions Erès, 1995.

_____. "La schizophrénie comme existence negative". In: La mort dans l'âme: Psychothérapie de la schizophrénie: existence et transfer. Editions Erès, 1995.

BENEDETTI, G. "L'identification du thérapeute avec le patient". In: La mort dans l'âme, Psychothérapie de la schizophrénie:existence et transfert. Editions Erès, 1995.

_____. La Psychothérapie des psychoses comme défi existentiel. Editions Eres, 2002.

_____. L' "être- avec" comme réponse du thérapeute à l'existence négative". In: La mort dans l'âme. Psychothérapie de la schizophrénie: existence et transfert. Editions Erès, 1995.

_____. Le sujet emprunté. Le vécu psychotique du patient et du thérapeute. Érès, Coll., 1998.

_____. "La psychopathologie comme vecteur de progress thérapeutique". In: La mort dans l'âme. Psychothérapie de la schizophrénie: existence et transfert. Editions Erès, 1995.

_____. "Les délires schizophréniques". In: La mort dans l'âme. Psychothérapie de la schizophrénie: existence et transfert. Editions Erès, 1995.

BICK, E. "The experience of the skin in the early object relations" (1962). In: Surviving Space- Papers on infant observation, Briggs, A. (org.). Londres: Karnac, 2002.

_____. Further considerations on the function of the skin in early object relations (1986). In: Surviving Space- Papers on infant observation, Briggs, A. (org.). Londres: Karnac, 2002

BLEGER, J. "Psicanálise do enquadramento psicanalítico" (1968). In: Simbiose e ambiguidade. Rio de Janeiro: Francisco Alves, 1988.

BOTELLA, C. & BOTELLA, S. La figurabilidad psíquica: figuras y paradigma. Buenos Aires: Amorrortu, 2003.

_____. Irrepresentável: mais além da representação. Porto Alegre: Sociedade de Psicologia do Rio Grande do Sul/Criação Humana, 2002.

BRITTON, R. "O outro quarto e o espaço poético". In: Crença e imaginação. Rio de Janeiro: Imago, 2003.

CALVINO, I. As cidades invisíveis. São Paulo: Companhia das Letras, 2009.

CANELAS NETO e SCHAFFA, S. "A urgência e o poder da fala dentro da análise". In: trauma e construção da subjetividade" in Percurso 34 , 1º sem., 2005.

CARDOSO, Marta Rezende. Limites. São Paulo: Escuta, 2004.

CECCON, P. "Le concept de "positivation" dans l'oeuvre de Benedetti". In: Autour de Gaetano Bene-detti. Une nouvelle approche des psychoses . Ed. Campagne Première, 2008.

CESAR, F. FLORIDO. Asas Presas no Sotão – Psicanálise dos Casos intratáveis. Aparecida, 2009.

COSTA, M. Tintas e fragmentos. Monografia. [p. 120] São Paulo: Sedes Sapientiae. Formação em Psicodrama, 2000.

COUTO, M. O último vôo do flamingo. São Paulo: Companhia das Letras, 2005.

CYRULNICK, B. Resiliência e trauma. 1º Seminário de Boris Cyrulnik no Brasil, apresentado na Sociedade Brasileira de Psicanálise: 22/3/2007. São Paulo.

_____. Falar de amor à beira do abismo. São Paulo: Martins Fontes, 2006.

DAVIS, M. Limite e espaço: uma introdução à obra de D.W. Winnicott. Rio de Janeiro: Imago, 1982.

DIAS, Z.HERICKA., RUBIN R.,DIAS V.ALESSANDRO, GAUER J.GABRIEL "Relações visíveis entre pele e psiquismo: um entendimento psicanalítico". In: Psicol. Clín. vol.19, nº 2. Rio de Janeiro. Dec. 2007.

DIAS, E. OLIVEIRA: A teoria do amadurecimento de D.W.Winnicott. Rio de Janeiro: Imago, 2003.

ELGERBERG DE MORAES, A.A.R. A Contribuição Winnicottiana para a teoria e Clínica da Depressão. Tese de doutorado, São Paulo, PUC-SP, 2005.

FAUGERAS P. Postface: traduire Benedetti. In: Autour de Gaetano Benedetti. Une nouvelle approche des psychoses. Paris: Editions Campagne-Première, 2008

FÉDIDA, P. Depressão. São Paulo: Escuta, 1999.

_____. Amor e morte na transferência. In: Clínica Psicanalítica: estudos. São Paulo: Escuta, 1988.

FERENCZI, S. Prolongamentos da 'técnica ativa' em psicanálise. In: Sándor Ferenczi Obras completas. Psicanálise III. São Paulo: Martins Fontes, 1993.

_____. Análise de crianças com adultos (1931). In: Sandor Ferenczi.Psicanálise IV - Obras Completas. São Paulo: Martins Fontes, 1993.

_____. Perspectivas da Psicanálise. In: Sándor Ferenczi Obras completas. Psicanálise III. São Paulo: Martins Fontes, 1993.

_____. "O sonho do bebê sábio". In: Sándor Ferenczi Obras completas. Psicanálise III. São Paulo: Martins Fontes, 1993.

_____. "Elasticidade da técnica psicanalítica" (1928). In: Sandor Ferenczi. Psicanálise IV - Obras Completas. São Paulo: Martins Fontes, 1993.

_____. "A insensibilidade do analista" (1932). In: Diário Clínico. São Paulo: Martins Fontes, 1990.

_____. "Trauma e clivagem da personalidade: ruptura entre sentimento e inteligência" (1932). In: Diário Clínico. São Paulo: Martins Fontes, 1990.

_____. "Fragmentação" (1932). In: Diário Clínico. São Paulo: Martins Fontes, 1990.

_____. A criança mal acolhida e sua pulsão de morte (1929). In: Sandor Ferenczi. Psicanálise IV - Obras Completas. São Paulo: Martins Fontes, 1993.

_____. "Contra-indicações da técnica ativa". In: Sándor Ferenczi. Obras completas, Psicanálise III. São Paulo: Martins Fontes, 1993.

_____. Diário Clínico. São Paulo: Martins Fontes, 1990.

_____. Confusão de línguas entre os adultos e a criança. (1933). In: Sandor Ferenczi. Obras Completas Psicanálise IV. São Paulo: Martins Fontes, 1992, p.97.

FERRO, A. Fatores de doença Fatores de cura. Rio de Janeiro: Imago Editora, 2005.

_____. Na sala de análise: emoções, relatos, transformações. Rio de Janeiro: Imago, 1998.

_____. Transformações em sonho e personagens no campo analítico. In: Revista Brasileira de Psicanálise, v.43, n.2, São Paulo, 2009.

_____. Técnica e Criatividade: o trabalho analítico. Rio de Janeiro: Imago Editora, 2008.

_____. Rêverie: problemas de teoria e prática. As rêveries do psicanalista na sessão. Antonino Ferro, César Botella, Michael Parsons e Thomas Ogden. In: "Debate sem fronteiras" no site da Sociedade Psicanalítica de Paris. A discussão foi trazida até nós, por iniciativa do Fórum Internet da SPB. Os textos originais em francês poderão ser encontrados no site da SPB (http://www.spbsb.org.br/forum2/forum.htm).

_____. A psicanálise como Literatura e Terapia. Rio de Janeiro: Imago Editora, 2000, p.87.

_____. Entrevista com Antonino Ferro. Entrevista concedida à SPPA em 1/7/2010. Disponível em: www.sppa.org.br/entrevista.php?id_entrevista=5-.

FIGUEIREDO, L.C. "O paciente sem esperança e a recusa da utopia". In: Psicanálise: elementos para a escuta contemporânea. São Paulo: Escuta, 2003, p.174.

_____. "A tradição ferencziana de Donald Winnicott. Apontamentos sobre regressão e regressão terapêutica. In: Revista Brasileira de Psicanálise, vol. 36, n.4, 2002, pp. 909-927.

_____. "Psicanálise, corpo e setting". In: Ética e Técnica em Psicanálise. São Paulo: Escuta, 2008.

_____. "Modernidade, trauma e dissociação: a questão do sentido hoje". In: Psicanálise: elementos para a escuta contemporânea. São Paulo: Escuta, 2003.

_____."Intersubjetividade e mundo interno". In: As diversas faces do cuidar. Novos ensaios de psicanálise contemporânea. São Paulo: Escuta, 2009.

_____. "A metapsicologia do cuidado". In: As diversas faces do cuidar. Novos ensaios de psicanálise contemporânea. São Paulo: Escuta, 2009.

_____. "A questão do sentido, a intersubjetividade e as teorias das relações de objeto". In: As diversas faces do cuidar. Novos ensaios de psicanálise contemporânea. São Paulo: Escuta, 2009.

_____. "Três teses sobre o paradoxo em psicanálise". In: As diversas faces do cuidar. Novos ensaios de psicanálise contemporânea. São Paulo: Escuta, 2009.

_____. "Ao redor do processo analítico e suas variedades". In: As diversas faces do cuidar. Novos ensaios de psicanálise contemporânea. São Paulo: Escuta, 2009.

_____. "Confiança. A experiência de confiar na clínica e na cultura. In: As diversas faces do cuidar. Novos ensaios de psicanálise contemporânea. São Paulo: Escuta, 2009.

_____. "Transferência, contratransferência e outras coisinhas mais, ou a chamada pulsão de morte". In: Psicanálise: elementos para a clínica contemporânea. São Paulo: Escuta, 2008.

_____. Ruptura de campo em Winnicott" In: L. Herrmann et al. (org.). Ruptura de campo: crítica e clínica. São Paulo: Casa do Psicólogo, 2008, pp. 71–83.

FIGUEIREDO, L.C. & COELHO JR. N. Ética e técnica em psicanálise. São Paulo: Escuta, 2008.

FONTAINE, A. "L'homme de Sicile". Autour de Gaetano Benedetti. Une nouvelle approche des psyhcoses. Ed. Campagne Première, 2008.

FORLENZA NETO. "Interpretação: revelação ou criação?". In: Bion em São Paulo: ressonâncias/org. Maria Olympia de A. F. França. S.B.P.S.P., 1997. São Paulo: Casa do Psicólogo, 2004.

GONÇALVES, Camila Salles. "Chôra, em Platão, Dérrida e Fédida" In: Revista Percurso, nº 31/32. São Paulo, 2004.

_____. "Prospecção da Caverna". In: Barone, L.M.C. (coord.) et al. (orgs.). A psicanálise e a clínica extensa. São Paulo: Casa do Psicólogo, 2005.

GREEN, A. Narcisismo de vida, narcisismo de morte. São Paulo: Escuta: 1988.

_____. Sobre a loucura Pessoal. Rio de Janeiro: Imago, 1998.

_____. "O trabalho do Negativo" (1927). In: Orientações para uma psicanálise contemporânea. Rio de Janeiro: Imago, 2008.

HAYNAL, ANDRÉ E. A técnica em questão: controvérsias em psicanálise: de Freud e Ferenczi a Michael Balint. São Paulo: Casa do Psicólogo: Clínica Roberto Azevedo, 1995.

HERRMANN, F. A Psique e o Eu. São Paulo: Ed. Hepsyché, 1999.

_____. Andaimes do real: Psicanálise do quotidiano. São Paulo: Casa do Psicólogo, 2001.

_____. Clínica Psicanalítica. A Arte da Interpretação. 3.ed. São Paulo: Casa do Psicólogo, 2003.

_____. O Divã a Passeio. À procura da psicanálise onde não parece estar. 2.ed. São Paulo: Casa do Psicólogo, 2001.

_____. O que é psicanálise — para iniciantes ou não. São Paulo: Psique, 1999.

LISPECTOR, C. Para não esquecer. Rio de Janeiro: Rocco, 1999.

KAHTUNI, H.C. Dicionário sobre o pensamento de Sandor Ferenczi: uma contribuição à clínica psicanalítica contemporânea. Rio de Janeiro: Elsevier; São Paulo: FAPESP, 2009.

KUPERMANN, D. "A progressão traumática: algumas conseqüências para clínica na contemporaneidade". In: Revista Percurso, 36 – 1/2006.

_____. "Trilogia Ferencziana". In: Presença sensível: cuidado e criação na clínica psicanalítica. Rio de Janeiro: Civilização Brasileira, 2008.

LAING, R. D. O eu dividido: estudo existencial da sanidade e da loucura. Petrópolis: Vozes, 1983.

LEJARRAGA, A.L. O trauma e seus destinos. Rio de Janeiro: Revinter, 1996.

LISPECTOR, Clarice. Para não esquecer. Rio de Janeiro: Rocco, 1999.

LISPECTOR, Clarice. Água viva. Rio de Janeiro: Rocco, 1998.

MACDOUGALL, J. Em defesa de uma certa anormalidade — teoria e clínica psicanalítica. Porto Alegre: Artes Médicas, 1989.

MATISSE, Henri. Escritos e reflexões sobre arte. São Paulo: Cosac & Naify, 2007.

_____. The Piano Lesson, 1916. Oil on canvas. The Museum of Modern Arts, New York, NY, USA.

_____. The silence that lives in houses. 1947. (61 x 51 cm). Private Collection.

_____. Yellow and blue interior.1946. (116 x 81 cm). Musée National d'Art Moderne Georges Pompidou Center, Paris.

_____. A Pink Nude Seated. (92 x 73 cm). 1935. Private Collection.

_____. Kathy with a yellow dress. (81 x 60 cm). 1951. Private Collection.

MEIRELLES, Cecília. Flor de poemas. Rio de Janeiro: Nova Fronteira, 2003.

MILNER, M. A loucura suprimida do homem são. Rio de Janeiro: Imago, 1987.

MORIN, E. "Problemas de uma epistemologia complexa". In: O Problema Epistemológico da Complexidade. Portugal: Publicações Europa-América, 1983.

NAFFAH NETO, A. Winnicott: uma psicanálise da experiência humana em seu devir próprio. In: Natureza Humana 7(2):433-454, [jul-dez], 2005.

_____. O terceiro analítico e o sem-fundo corporal: um ensaio sobre Thomas Ogden. In: Revista Psicanálise e Universidade, PUC/SP - São Paulo, v. 9 e 10, p. 185-204, 1999.

_____. "A problemática do falso self em pacientes de tipo borderline – revisitando Winnicott". In: Revista Brasileira de Psicanálise; v.41, n.4, pp.77-88. São Paulo: ABP, 2007.

_____. "O divã psicanalítico e o corpo materno: Algumas considerações sobre o holding em processos de regressão psicanalítica". In: Trieb Nova série- vol.II (nº 1): pp. 109-126, 2003.

_____. "A noção de experiência no pensamento de Winnicott como conceito diferencial na história da psicanálise". In: Natureza Humana; v.9, n.2, pp.221-242. São Paulo: PUC, 2007.

_____. "A pesquisa psicanalítica". In: Jornal de Psicanálise, v.39, Instituto de Psicanálise, 2006.

_____. O inconsciente como potência subversiva. São Paulo: Escuta, 1991.

_____. A elaboração imaginativa das funções corporais e o holding materno: Winnicott e a constituição do psicossoma. Dimensões da Intersubjetividade: Psicologia do Desenvolvimento e Psicanálise [Simpósio]. 2009.

_____. "As funções da interpretação psicanalítica em diferentes modalidades de transferência: as contribuições de D. W. Winnicott". In: Jornal de Psicanálise, São Paulo, v.43 (78):1-22, 2010.

NOSEK, L. O terror da vida quotidiana. In: Leituras psicanalíticas da violência. Sandler, Org. São Paulo: Casa do Psicólogo, 2004.

PAULA, C.M. A função terapêutica da consulta no campo da relação médico-paciente In: A Psicanálise e a clínica extensa. BARONE (coord.), ARRUDA A.P.B, FRAYZE-PEREIRA J.A.,SADDI L., FREITAS M. SOUZA (orgs.). São Paulo: Casa do Psicólogo, 2005.

PESSOA, Fernando. Quando fui outro. Rio de Janeiro: Objetiva, 2006.

PETIT, M. A arte de ler ou como resistir à adversidade, p.139.

PIRANDELLO, L. Henrique IV(1922) e Seis Personagens em Busca de Autor (1921). Lisboa: Relógio d'Agua, 2009.

REZENDE CARDOSO, M. "A insistência do traumático no espaço psíquico e psicanalítico". In: Revista de Psicanálise, ano XIX, n. 185, PP. 7-19. São Paulo: Ed. Pulsional, 2006.

ROUSSILLON, R. "A perlaboração e seus modelos", trabalho apresentado no Congresso da IPA, Berlim, 27 de Julho de 2007.

_____. "Agonia e desespero na transferencia paradoxal". In: Revista de Psicanálise da SPPA, v.11, n. 1, pp.13-33.

_____. "A função limite da psique e a representância. In: Revista de Psicanálise da SPPA, v.14, n.2, pp.257-273.

SÁ-CARNEIRO, Mário de. Correspondência com Fernando Pessoa. São Paulo: Cia das Letras, 2004. pp.370-371.

SARAMAGO, J. (1922) A caverna. São Paulo: Companhia das letras, 2000.

STEINER J. Refúgios Psíquicos: Organizações Patológicas em Pacientes Psicóticos, Neuróticos e Fronteiriços. São Paulo: Imago, 1997.

TAFFAREL, M. "Relação entre Teoria e Clínica: a questão da interpretação". In: Jornada da Teoria dos Campos, realizada pela Sociedade Brasileira de Psicanálise de São Paulo em 11/08/2007.

_____. A alta teoria: uma proposta para a recorrente questão da relação-prática. In: A Psicanálise e a Clínica Extensa. III Encontro Psicanalítico da Teoria dos Campos por Escrito, Barone, C. (coord.). São Paulo: Casa do Psicólogo, 2005.

TAFFAREL, M. & SISTER, B.M. Isaias Melsohn: a psicanálise e a vida: setenta anos de histórias... São Paulo: Escuta, 1996.

WINNICOTT, D.W. "Contratransferência". In: O Ambiente e os Processos de Maturação: estudos sobre a teoria do desenvolvimento emocional. Porto Alegre: Artes Médicas, 1983.

_____. "O verdadeiro e o falso self". In: O Ambiente e os Processos de Maturação: estudos sobre a teoria do desenvolvimento emocional. Porto Alegre: Artes Médicas, 1983.

_____. "O temor ao colapso". In: Explorações Psicanalíticas: D.W.Winnicott /Clare Winnicott, Ray Sheperd & Madeleine Davis. Porto Alegre: Artmed, 1994.

_____. "Retraimento e regressão". In: Da Pediatria à Psicanálise: obras escolhidas. Rio de Janeiro: Imago Ed., 2000.

_____. "Objetos e fenômenos transicionais". In: Da Pediatria à Psicanálise: obras escolhidas. Rio de Janeiro: Imago Ed., 2000; "O Brincar e a Realidade". Rio de Janeiro: Imago, 1975.

_____. "A importância do setting no encontro com a regressão na psicanálise". In: Explorações Psicanalíticas: D.W.Winnicott /Clare Winnicott, Ray Sheperd & Madeleine Davis. Porto Alegre: Artmed, 1994.

_____. "O papel de espelho da mãe". In: "O Brincar e a Realidade". Rio de Janeiro: Imago, 1975.

_____. "As raízes da agressão e o ódio na contratransferência". In: Da Pediatria à Psicanálise: obras escolhidas. Rio de Janeiro: Imago Ed., 2000.

_____. "A interpretação em psicanálise". In: Explorações Psicanalíticas: D.W.Winnicott/Clare Winnicott, Ray Sheperd & Madeleine Davis. Porto Alegre: Artmed, 1994; "O Brincar e a Realidade". Rio de Janeiro: Imago, 1971.

_____. "O uso de um objeto". In: Explorações Psicanalíticas: D.W.Winnicott/Clare Winnicott, Ray Sheperd & Madeleine Davis. Porto Alegre: Artmed, 1994.

_____. "Os objetivos do tratamento psicanalítico" (1962). In: O Ambiente e os Processos de Maturação: estudos sobre a teoria do desenvolvimento emocional. Porto Alegre: Artes Médicas, 1983.

_____. "Aspectos Clínicos e Metapsicológicos da regressão no Contexto Analítico (1954). In: Da Pediatria à Psicanálise: obras escolhidas. Rio de Janeiro: Imago Ed., 2000.

_____. Consultas terapêuticas em psiquiatria infantil. Rio de Janeiro: Imago, 1984.

_____. A criança e o seu mundo. Rio de Janeiro: LTC, 1982.

_____. Tudo começa em casa. São Paulo: Martins Fontes, 2005.

WINNICOTT, D.W. Holding e interpretação. São Paulo: Martins Fontes, 2001.

_____. Da Pediatria à Psicanálise: obras escolhidas. Rio de Janeiro: Imago Ed., 2000.

_____. O Brincar e a Realidade". Rio de Janeiro: Imago, 1975.

WINNICOTT, CLARE. Explorações Psicanalíticas: D.W.Winnicott/Clare Winnicott, Ray Sheperd & Madeleine Davis. Porto Alegre: Artmed, 1994.

FONTES: Acto e Acta
PAPEL: Polén Bold 90g/m²
IMPRESSÃO: Edelbra